Reihe Rechtswissenschaft
Band 182

Der Widerruf der Strafaussetzung zur Bewährung wegen der Begehung einer neuen Straftat nach § 56f Abs. 1 Satz 1 Nr. 1 StGB

Thomas Blumenstein

Centaurus Verlag & Media UG 1995

Die Deutsche Bibliothek – CIP-Einheitsaufnahme

Blumenstein, Thomas:
Der Widerruf der Strafaussetzung zur Bewährung
wegen der Begehung einer neuen Straftat nach
§ 56f Abs. 1 Satz 1 Nr. 1 StGB / Thomas Blumenstein. –
Pfaffenweiler : Centaurus Verl.-Ges., 1995
(Reihe Rechtswissenschaft ; 182)
Zugl.: Giessen, Univ., Diss., 1995

ISBN 978-3-8255-0047-4 ISBN 978-3-86226-342-4 (eBook)
DOI 10.1007/978-3-86226-342-4

NE: GT

ISSN 0177-2805

Satz: Vorlage des Autors

Für Silvia

Vorwort

Diese Arbeit hat der Rechtswissenschaftlichen Fakultät der Justus-Liebig-Universität Gießen im Wintersemester 1994/95 als Dissertation vorgelegen.
Mein besonderer Dank gilt meinem verehrten Lehrer und Förderer, Herrn Professor Dr. Theo Vogler, der das Thema dieser Arbeit angeregt und die Bearbeitung in ermutigenden und fruchtbaren Gesprächen begleitet hat.
Herrn Professor Dr. Dr. Kristian Kühl bin ich für die Übernahme und rasche Erstellung des Zweitgutachtens sehr verbunden.
Mein Dank gilt nicht zuletzt Frau Morgenstern und Frau Wieschmann, die das Manuskript zu dieser Arbeit angefertigt haben.

Kassel, im April 1995 Thomas Blumenstein

INHALTSVERZEICHNIS

ABKÜRZUNGSVERZEICHNIS

a.A.	anderer Ansicht
Abs.	Absatz
AcP	Archiv für die civilistische Praxis
a.F.	alte Fassung
AG	Amtsgericht
Anm.	Anmerkung
AK	Alternativkommentar
AöR	Archiv des öffentlichen Rechts
arg.	Argument aus
Art.	Artikel
AT	Allgemeiner Teil
Aufl.	Auflage
AuslG	Ausländergesetz
AuslVwV	Allgemeine Verwaltungsvorschriften zur Ausführung des Ausländergesetzes
Az.	Aktenzeichen
BayOblG	Bayerisches Oberstes Landesgericht
Bd.	Band
BGBl.	Bundesgesetzblatt
BGE	Entscheidungen des schweizerischen Bundesgerichts (Amtliche Sammlung)
BGH	Bundesgerichtshof
BGHSt	Entscheidungen des Bundesgerichtshofs in Strafsachen
BT-Drucks.	Bundestags-Drucksachen
BtMG	Betäubungsmittelgesetz
BVerfG	Bundesverfassungsgericht

BVerfGE	Entscheidungen des Bundesverfassungsgerichts
BVerfGG	Gesetz über das Bundesverfassungsgericht
BVerwG	Bundesverwaltungsgericht
BVerwGE	Entscheidungen des Bundesverwaltungsgerichts
BZRG	Gesetz über das Zentralregister und das Erziehungsregister (Bundeszentralregistergesetz)
bzw.	beziehungsweise
DAR	Deutsches Autorecht
ders.	derselbe
dies.	dieselben
Diss.	Dissertation
d.h.	das heißt
DJ	Deutsche Justiz
DRiZ	Deutsche Richterzeitung
DVJJ	Deutsche Vereinigung für Jugendgerichte und Jugendgerichtshilfen
E	Entscheidung
E 1962	Entwurf eines Strafgesetzbuches (StGB) mit Begründung, BT-Drucks. IV/650
EGMR	Europäischer Gerichtshof für Menschenrechte
Einf.	Einführung
Einl.	Einleitung
EKMR	Europäische Kommission für Menschenrechte
EMRK	Konvention zum Schutze der Menschenrechte und Grundfreiheiten
EuGRZ	Europäische Grundrechte-Zeitschrift
EvBl.	Evidenzblatt
f.	folgende
ff.	fortfolgende

Fn.	Fußnote
GA	Goltdammer's Archiv für Strafrecht
GG	Grundgesetz
GnadenO	Gnadenordnung
GVG	Gerichtsverfassungsgesetz
HAG	Gesetz über die Rechtsstellung heimatloser Ausländer im Bundesgebiet
h.L.	herrschende Lehre
h.M.	herrschende Meinung
Hrsg.	Herausgeber
hrsg.	herausgegeben
i.d.F.	in der Fassung
IntKomm EMRK	Internationaler Kommentar zur Europäischen Menschenrechtskonvention
i.S.	im Sinne
i.V.m.	in Verbindung mit
JGG	Jugendgerichtsgesetz
JMBlNW	Justizministerialblatt für das Land Nordrhein-Westfalen
JR	Juristische Rundschau
Jura	Juristische Ausbildung
JZ	Juristenzeitung
Kap.	Kapitel
KG	Kammergericht
KK	Karlsruher Kommentar
KMR	Kommentar zur Strafprozeßordnung

LG	Landgericht
lit.	Buchstabe
LK	Leipziger Kommentar
LR	Löwe-Rosenberg
Ls.	Leitsatz
MDR	Monatsschrift für Deutsches Recht
MRK	Menschenrechtskonvention
m.w.N.	mit weiteren Nachweisen
NdsRPfl	Niedersächsische Rechtspflege
n.F.	neue Fassung
NJW	Neue Juristische Wochenschrift
Nr.	Nummer
NStE	Neue Entscheidungssammlung für Strafrecht
nStGB	niederländisches Strafgesetzbuch
NStZ	Neue Zeitschrift für Strafrecht
NZV	Neue Zeitschrift für Verkehrsrecht
OGH	Oberster Gerichtshof
ÖJZ	Österreichische Juristen-Zeitung
OLG	Oberlandesgericht
OLGSt	Entscheidungen der Oberlandesgerichte in Straf-, Ordnungswidrigkeiten- und Ehrengerichtssachen
öStGB	österreichisches Strafgesetzbuch
OVG	Oberverwaltungsgericht
Rec.	Recueil de Décisions
Rdn.	Randnummer
RGBl.	Reichsgesetzblatt

Rpfl.	Der Deutsche Rechtspfleger
RPflG	Rechtspflegergesetz
Rz.	Randziffer
S.	Seite
SchlHA	Schleswig-Holsteinische Anzeigen
Schweiz. Zs. f. Strafrecht	Schweizerische Zeitschrift für Strafrecht
SK	Systematischer Kommentar zum Strafgesetzbuch
sLK	systematischer Leitsatzkommentar
sog.	sogenannte
StÄndG	Strafrechtsänderungsgesetz
StGB	Strafgesetzbuch
StPO	Strafprozeßordnung
1. StrRG	Erstes Gesetz zur Reform des Strafrechts vom 25.6.1969 (BGBl. I, S. 645)
2. StrRG	Zweites Gesetz zur Reform des Strafrechts vom 4.7.1969 (BGBl. I, S. 717)
StV	Strafverteidiger
1. StVRG	Erstes Gesetz zur Reform des Strafverfahrensrechts vom 9.12.1974 (BGBl. I, S. 3393)
usw.	und so weiter
v.	von
vgl.	vergleiche
VRS	Verkehrsrechts-Sammlung
Yearbook	Yearbook of the European Convention of Human Rights

WaffG	Waffengesetz
wistra	Zeitschrift für Wirtschaft, Steuer, Strafrecht
z.B.	zum Beispiel
Ziff.	Ziffer
ZPO	Zivilprozeßordnung
ZRP	Zeitschrift für Rechtspolitik
ZStW	Zeitschrift für die gesamte Strafrechtswissenschaft

Einleitung

I. Problemstellung

Die Strafaussetzung zur Bewährung gehört zu den bedeutendsten Errungenschaften moderner Kriminalpolitik nach dem 2. Weltkrieg[1]. Sie beruht auf dem Grundgedanken, daß das Damoklesschwert des Vollzugs der zur Bewährung ausgesetzten Freiheitsstrafe den Verurteilten entscheidend motivieren werde, sich künftig normgemäß zu verhalten. Ihre praktische Bedeutung zeigt sich in der großen Zahl der Fälle, in denen die Richter von diesem Instrument Gebrauch machen und Freiheitsstrafen zur Bewährung aussetzen[2].

Der Bedeutung des Rechtsinstituts entspricht das Publikationsinteresse hinsichtlich dieser Thematik. Allerdings befassen sich die Abhandlungen zumeist mit kriminologischen Aspekten der Aussetzung und ihren Folgen einschließlich des Widerrufs[3]. Demgegenüber wird die Untersuchung der in § 56f StGB normierten Voraussetzungen, unter denen die Strafaussetzung widerrufen werden kann, deutlich vernachlässigt. Insbesondere zu dem in der Praxis wichtigsten[4] und juristisch interessantesten Widerrufsgrund, der Begehung einer neuen Straftat (§ 56f Abs. 1

---

1 Die Strafaussetzung zur Bewährung wurde durch das 3. StÄndG vom 4.8.1953 (BGBl. I, S. 735) als §§ 23-26 in das StGB eingefügt und trat am 1.1.1954 in Kraft. Seit 1975 ist die Strafaussetzung zur Bewährung in den §§ 56-58 StGB gesetzlich verankert (BGBl. I, S. 1).

2 Für 1990 ergibt die Strafverfolgungsstatistik, Statistisches Bundesamt, Rechtspflege, Fachserie 10, Reihe 3 Strafverfolgung, 1990, S. 44, folgendes Bild: Es wurden nach allgemeinem Strafrecht zu Freiheitsstrafen verurteilt 102454 Personen, davon wurden 69705 Strafen zur Bewährung ausgesetzt (= 68 %). Der Anteil der ausgesetzten Strafen an den Gesamtverurteilungen (615089) betrug 11,3 %.

3 Genannt seien hier - ohne Anspruch auf Vollständigkeit - die Untersuchungen von Klaus Meyer, Sydow, Zugehör, Wittig, Feltes, Kober und Eisenberg/Ohder.

4 Von den zur Bewährung ausgesetzten Freiheitsstrafen werden ca. 34 % widerrufen. Dies ergibt im Jahr etwa 23700 Widerrufe. Der Anteil der Widerrufe wegen der Begehung einer neuen Straftat an den Widerrufen insgesamt ist im Laufe der Jahre kontinuierlich angestiegen. Betrug er 1965 "nur" 64,8 %, so stieg er bis zum Jahr 1970 auf 66,8 %, bis zum Jahr 1980 auf 81,6 % und bis zum Jahr 1989 auf 88,2 % (Zahlenmaterial nach Schöch, NStZ 1992, 364, 368, Tabelle 4; statistische Angaben finden sich ferner bei Dölling, ZStW 104 [1992], 259, 276).

Somit ergibt sich ein jährliches Widerrufspotential von etwa 20900 zur Bewährung ausgesetzten Freiheitsstrafen, die wegen des Widerrufsgrundes der Begehung einer neuen Straftat widerrufen werden.

Satz 1 Nr. 1 StGB)[5, 6], liegen - soweit ersichtlich - monographische Abhandlungen nicht vor[7].

Die Arbeit will die in Rechtsprechung und Literatur gleichermaßen umstrittene Frage aufgreifen, was unter der "Begehung einer neuen Straftat" zu verstehen ist[8]. Dieses Problem wird dann praxisrelevant, wenn die neue Tat zum Zeitpunkt der Widerrufsentscheidung Gegenstand eines noch anhängigen Strafverfahrens ist. Ist dann für den deliktsbedingten Widerruf der Strafaussetzung eine Verurteilung wegen dieser Straftat erforderlich und wenn ja, muß diese gar rechtskräftig sein? Oder sind geringere Anforderungen an den Nachweis der widerrufsbegründenden Straftat zu stellen, genügt insbesondere die Überzeugung des über den Widerruf entscheidenden Gerichts von der Tatbegehung? Damit eng verknüpft ist die Frage, welches Gericht für die Feststellung der neuen Straftat - soweit es um den Widerruf der Strafaussetzung geht - zuständig ist. Darf die Gewißheit von der Begehung der neuen Straftat von dem Widerrufsgericht selbst gewonnen werden oder darf die Begehung der neuen Straftat nur von dem für die Anlaßtat zuständigen Gericht - mit bindender Wirkung für das Widerrufsgericht? - festgestellt werden? Ersteres hätte zur Folge, daß ein von dem Widerrufsgericht ausgesprochener Widerruf vor der Feststellung der neuen Straftat durch das hierfür zuständige Gericht nicht wegen der Begehung, sondern in Wirklichkeit wegen des mehr oder weniger stark ausgeprägten Verdachts einer neuen Straftat ausgesprochen werden würde.

Die Frage, wann eine neue Straftat "begangen" ist, stellt sich jedoch nicht nur für den Widerruf der Strafaussetzung. Sie wird gleichermaßen relevant für den Wider-

---

5 In § 56f Abs. 1 Satz 1 Nr. 1 StGB heißt es: "Das Gericht widerruft die Strafaussetzung, wenn der Verurteilte
1. in der Bewährungszeit eine Straftat begeht und dadurch zeigt, daß die Erwartung, die der Strafaussetzung zugrunde lag, sich nicht erfüllt hat,".

6 Die übrigen Widerrufsgründe, die in Verstößen gegen richterliche Anordnungen ihre Grundlage haben (Weisungsverstoß, Bewährungshilfeentzug (§ 56f Abs. 1 Satz 1 Nr. 2 StGB) und Auflagenverstoß (§ 56f Abs. 1 Satz 1 Nr. 3 StGB) spielen demgegenüber nur eine untergeordnete Rolle und können in dieser Untersuchung vernachlässigt werden.

7 Die umfangreichsten Arbeiten bilden noch ein Festschriftbeitrag von Vogler, in Festschrift für Tröndle, S. 423 ff. und aus jüngster Zeit ein Aufsatz von Stree, NStZ 1992, 153 ff.

8 Als Beleg für die Aktualität des Themas in der Rechtsprechung sollen an dieser Stelle lediglich die beiden diametral entgegengesetzte Standpunkte vertretenden Entscheidungen des OLG Düsseldorf, NStZ 1992, 300 einerseits und des OLG Koblenz, StV 1991, 172 f. andererseits beispielhaft genannt werden. Ein vollständiger Überblick über die Rechtsprechung zu dieser Problematik wird auf S. 36 ff. gegeben. In den letzten Jahren hatte sich auch die Europäische Kommission für Menschenrechte zweimal mit der Widerrufsvorschrift des § 56f Abs. 1 Satz 1 Nr. 1 StGB zu befassen (Beschwerde-Nr. 12748/87 und Beschwerde-Nr. 15871/89); vgl. dazu unten S. 56 ff.

ruf der Reststrafenaussetzung[9]. Bedeutung erlangt sie ferner unter dem Aspekt des "Vorlebens des Verurteilten" für die Prüfung der Frage, ob eine Freiheitsstrafe zur Bewährung auszusetzen oder (sogleich) zu vollstrecken ist. Schließlich geht ihre Reichweite über die eigentliche Strafaussetzung noch hinaus. Bei der Verwarnung mit Strafvorbehalt wird für die Verurteilung zu der vorbehaltenen Strafe auf § 56f StGB verwiesen (§ 59b StGB). Für den Widerruf der Aussetzung der Unterbringung (§ 67g StGB) und den Widerruf der Aussetzung des Berufsverbotes (§ 70b StGB) ergibt sich eine gleichgelagerte Problematik[10].

II. Gang der Untersuchung

Was den Gang der Untersuchung anbelangt, so wird zunächst ein kurzer historischer Rückblick über die Entwicklung der Strafaussetzung zur Bewährung vorangestellt, bevor dieses Rechtsinstitut in seiner gegenwärtigen Form im Überblick dargestellt wird.

Im Anschluß daran werden die weiteren nicht unmittelbar den Gegenstand dieser Untersuchung bildenden Voraussetzungen für den Widerruf der Strafaussetzung wegen der Begehung einer neuen Straftat vorgestellt.

Danach folgt eine ausführliche Bestandsaufnahme des gegenwärtigen Meinungsstandes zu dem Kernproblem dieser Arbeit.

Der Versuch einer Lösung dieses Problems beginnt mit einer Auslegung der den Widerruf wegen der Begehung einer neuen Straftat beinhaltenden Widerrufsvorschrift des § 56f Abs. 1 Satz 1 Nr. 1 StGB, bezieht danach die Rechtslage in ausgewählten europäischen Ländern in die Betrachtungen mit ein und vergleicht andere nationale Widerrufsvorschriften mit dem Widerruf der Strafaussetzung zur Bewährung.

Anschließend wird erörtert, welche Anforderungen insbesondere die h.M. an die richterliche Überzeugungsbildung von der neuen Straftat stellt und wie die Rechtsstellung des Verurteilten im Widerrufsverfahren ausgestaltet ist. Besonderes Gewicht wird hierbei auf die Frage gelegt, ob der Grundsatz des fairen Verfahrens im Verfahren des Widerrufs hinreichend gewahrt ist. Ferner wird untersucht, ob der Grundsatz der Unschuldsvermutung eine rechtskräftige Verurteilung wegen der

---

9 Die §§ 57 Abs. 3 Satz 1, 57a Abs. 3 Satz 2 StGB verweisen insoweit auf § 56f StGB.

10 Modifiziert durch das den Maßregeln der Besserung und Sicherung immanente Fehlen der Schuld des Verurteilten.

Nachtat vor einem Widerruf der Strafaussetzung zur Bewährung wegen der Begehung einer neuen Straftat gebietet.

Abschließend erscheint erörterungswürdig, ob sich ein im Verfahren wegen der neuen Tat als unrichtig herausstellender Widerruf unter Anwendung des Wiederaufnahmerechts korrigieren läßt.

Das Ergebnis dieser Untersuchung wird im Schlußkapitel zusammengefaßt, und es wird gezeigt, welche reformpolitischen Lösungsmöglichkeiten in Betracht kommen.

Erstes Kapitel - Entwicklung und Darstellung des Rechtsinstituts der Strafaussetzung zur Bewährung

I. Die historische Entwicklung bis zur ersten Kodifikation im Jahr 1953

Kriminalpolitische Bestrebungen zur Zurückdrängung der Vollstreckung kurzer Freiheitsstrafen lassen sich bis zum Ende des 19. Jahrhunderts zurückverfolgen[11]. Bereits um die Jahrhundertwende prägte Franz v. Liszt das Wort: "Wenn ein Mensch ein Delikt begeht und wir lassen ihn laufen, dann ist die Wahrscheinlichkeit, daß er rückfällig wird, geringer, als wenn wir ihn ins Gefängnis setzen"[12]. Dieser Ausspruch mag zwar in dieser Allgemeinheit heute überspitzt klingen; ihm liegt aber die zutreffende Erkenntnis zugrunde, daß der Vollzug einer Freiheitsstrafe nicht immer die richtige staatliche Reaktion auf ein Fehlverhalten darstellt. Denn insbesondere die Vollstreckung kurzzeitiger Freiheitsstrafen bringt häufig mehr Schaden als Nutzen, da der kurzzeitige Freiheitsentzug einerseits in der Regel nicht ausreicht, um eine nachhaltige erzieherische Wirkung auf den Verurteilten auszuüben, andererseits ihm aber häufig das Gefühl des Ausgestoßenseins vermittelt, indem er ihn aus Familie und Beruf reißt und darüber hinaus durch Kontakte zu anderen kriminellen Elementen die Gefahr des weiteren Abgleitens in sich birgt[13].

Der Gedanke des Verzichts auf Strafe geriet jedoch in den kriminalpolitischen Schulenstreit zwischen der von Franz v. Liszt geführten "modernen Schule" und der klassischen Schule und wurde von den Anhängern der konsequenten Vergeltungsstrafe zurückgewiesen[14]. Als (unzulänglicher) Kompromiß fand die bedingte

---

11 Erste Entwürfe für eine richterlich ausgesprochene bedingte Verurteilung stammen aus den Federn von Wirth, v. Liszt, Aschroth und v. Hippel; vgl. dazu Lorenz, JR 1949, 393, 399. Zu den zahlreichen weiteren Entwürfen für eine Strafaussetzung zur Bewährung aus den Jahren 1909 bis 1935 siehe Klaus Meyer, S. 6 ff.

12 Zitiert nach Amelunxen, DRiZ 1953, 148.

13 Vgl. hierzu Bruns, GA 1956, 193, 196; Grünhut, ZStW 64 [1952], 127; Kunert, MDR 1969, 705; Lackner, JZ 1953, 428, 429; Zugehör, S. 11.

14 Binding, § 85, S. 203 ff.; Merkel, § 69, S. 187 ff.; Nagler, § 26, S. 557 ff.

Aussetzung Eingang in das Gnadenrecht[15, 16]. Das Gnadenrecht wurde zunächst durch die Staatsanwaltschaften ausgeübt, seit 1919 durch die Gerichte. Die Richter fungierten jedoch lediglich als Organe der Justizverwaltung nicht als unabhängige Rechtsprechungsorgane[17]. Durch die Gnadenordnung vom 6.2.1935[18] (bis dahin war das Gnadenrecht Ländersache) wurde die Rechtszersplitterung aufgehoben, um in allen Teilen des Deutschen Reiches eine einheitliche Handhabung zu gewährleisten, und die Zuständigkeit der Staatsanwaltschaften wiederhergestellt. Die bedingte Begnadigung führte zum Straferlaß, wenn sich der Verurteilte in der Bewährungszeit bewährte (§§ 20 ff. GnadenO).

Gegen das Gnadensystem wurde nach dem 2. Weltkrieg mehr und mehr Kritik laut[19]. Bemängelt wurde insbesondere, daß die Entscheidung über die gnadenweise Aussetzung nicht in die Hände des Tatrichters gelegt, sondern einer nichtrichterlichen Behörde übertragen war und damit eine Verwaltungsmaßnahme darstellte[20].

Neben den zumeist negativen Erfahrungen mit dem Gnadenrecht prägten maßgeblich zwei Entwicklungslinien im Ausland die weitere deutsche Rechtsentwicklung.

Aus dem französisch-belgischen Rechtskreis stammt das sog. "sursis"-System[21]. Danach steht die Verurteilung unter der auflösenden[22] Bedingung der Bewährung

---

15 Den Anfang machten Sachsen und Preußen im Jahr 1895. Zum Wesen der Gnade siehe Lackner, JZ 1953, 428, 429; Junker, ZStW 63 [1951], 428, 433 ff.; Schätzler, S. 122.

16 Neben der bedingten Begnadigung gab es bis zum 3. StÄndG noch die vorläufige Entlassung (§§ 23-26 StGB), die bei längerfristigen Strafen die Möglichkeit des Erlasses eines Teils der Strafe nach Verbüßung von 3/4 der Strafe, mindestens aber einem Jahr, vorsah. Die vorläufige Entlassung wurde ebenfalls von einer Verwaltungsbehörde ausgesprochen und versank bereits in den 20iger Jahren in der Bedeutungslosigkeit. Siehe zu diesem Rechtsinstitut v. Liszt/Eb. Schmidt, § 62, S. 374 f. und (ausführlich) Schumacher, S. 4 ff.

17 Siehe zur rechtshistorischen Entwicklung des Gnadenrechts in Deutschland Junker, ZStW 63 [1951], 428, 444 ff.; Schätzler, S. 189 ff.

18 Abgedruckt in: DJ 1935, 203.

19 Lackner, JZ 1953, 428, 429; Schröder, NJW 1952, 6, 10; Lorenz, JR 1949, 393, 394; Zugehör, S. 12.

20 Für die Beibehaltung der staatsanwaltschaftlichen Zuständigkeit für Gnadenakte jedoch Junker, ZStW 63 [1951], 428, 447.

21 Der "sursis" wurde in Belgien im Jahr 1888, in Frankreich im Jahr 1891 gesetzlich eingeführt. Zum "sursis" siehe Grünhut, ZStW 64 [1952], 127, 128 ff.; Schröder, NJW 1952, 6, 7; v. Liszt/Eb. Schmidt, § 75a, S. 431.

22 Schröder, NJW 1952, 6, 7, nimmt zu Unrecht eine aufschiebende Bedingung an, die in der Nicht-Bewährung des Täters liege.

des Verurteilten. Im Fall der Bewährung entfällt die Strafe und der Täter gilt als nicht vorbestraft. Dieses Modell geht von dem Gedanken aus, daß bei vielen (Erst-)Tätern ein ausreichender kriminalpolitischer Effekt bereits von der bloßen Drohung ausgehe, eine verhängte Strafe zu vollziehen.

Einen anderen Weg schlugen die Länder des angelsächsischen Rechtskreises ein. Hier wird der Arm der Strafrechtspflege bereits zu einem früheren Zeitpunkt aufgehalten. Gefällt wird lediglich der Schuldspruch; die Entscheidung über die Straffestsetzung wird dagegen zur Bewährung ausgesetzt. Statt dessen wird der Täter der "probation" überwiesen, einer Schutzaufsicht durch einen gerichtlichen Fürsorger[23]. Diese besteht aus einem differenzierten Betreuungs- und Erziehungssystem, bei der die aktive pädagogische Einwirkung auf den Täter im Vordergrund steht. Der Verurteilte hat sich nach diesem System in einem weitaus stärkeren Maße zu bewähren, als es nach dem "sursis"-Modell der Fall ist. Bewährt sich der Verurteilte innerhalb der ihm gesetzten Frist, so wird der Schuldspruch getilgt; bewährt er sich nicht, so erfolgt jetzt die zunächst aufgeschobene Festsetzung der Strafe.

Gegen die "probation" wurden verschiedene Einwände vorgebracht[24]: Die Trennung in Schuldspruch und Straffestsetzung bedeute einen Bruch mit der deutschen Prozeßrechtsentwicklung. Die Verhängung einer schuldangemessenen Strafe werde beeinträchtigt, da das Verhalten des Täters nach der Verurteilung eine wichtige Rolle für die Straffestsetzung spiele. Schließlich stelle es einen Verstoß gegen den Grundsatz der Unmittelbarkeit dar, wenn ein anderer Richter später lediglich aufgrund der Akten die Strafe festsetzen müsse.

---

23 Die erste gesetzliche Regelung stammt aus dem Jahr 1879; die Möglichkeit, den Verurteilten unter Schutzaufsicht zu stellen, wurde 1907 eingeführt. Zur "probation" vgl. Grünhut, ZStW 64 [1952], 127, 131 ff.; v. Liszt/Eb. Schmidt, § 75a, S. 430. Eine umfassende Darstellung des englischen Probationssystems hat Dora v. Caemmerer in ihrer Schrift "Probation. Aufbau und Praxis des englischen Systems der Bewährungshilfe" unternommen.

24 Vor allem von Schröder, NJW 1952, 6, 8 und Lorenz, JR 1949, 393, 394.

II. Die Strafaussetzung zur Bewährung bis zur heutigen Rechtslage

Mit der Einführung der Strafaussetzung zur Bewährung (§§ 23-25 StGB a.F.) durch das 3. StÄndG vom 4.8.1953[25] tat der deutsche Gesetzgeber einen großen Schritt vorwärts auf dem Wege moderner Kriminalpolitik und stellte den Anschluß an die kriminalpolitische Entwicklung des Auslands her. Leitmotiv bei der Ausgestaltung der Strafaussetzung zur Bewährung war der Grundgedanke, ein Verfahren zu entwickeln, nach dem dem Straftäter Gelegenheit gegeben werden soll, sich durch Wohlverhalten nach der Tat Straffreiheit zu verdienen, um so einerseits seine Entsozialisierung zu vermeiden bzw. seine Resozialisierung zu fördern und andererseits die negativen Auswirkungen des Vollzugs kurzer Freiheitsstrafen zu verhindern[26]. Die Ausgestaltung des Rechtsinstituts lehnte sich an den "sursis"-Gedanken an, indem sie die Strafe bereits im Urteil festsetzte[27], und entnahm der "probation" die Einrichtung der Bewährungshilfe.

Die Regelung des 3. StÄndG ließ deutlich eine vorsichtige Haltung des Gesetzgebers gegenüber diesem neuen Rechtsinstitut erkennen. § 23 StGB a.F. sah die Aussetzung von Haftstrafen sowie Gefängnis- und Einschließungsstrafen bis zu neun Monaten durch den erkennenden Richter vor[28]. Durch das Erfordernis einer günstigen Sozialprognose sollte sichergestellt werden, daß die Aussetzung auf aussichtsreiche Fälle beschränkt blieb, bei denen die berechtigte Erwartung einer erfolgreichen Bewährung bestand. Daneben wollte der Gesetzgeber durch die formellen Ausschlußgründe des § 23 Abs. 3 StGB a.F.[29] der Gefahr begegnen, daß die

---

25 BGBl. I, S. 735 ff. Vgl. zur gesetzgeberischen Entwicklung den Entwurf der Bundesregierung für ein 3. StÄndG vom 29.9.1952, BT-Drucks. I/3713. Wertvolle Schrittmacherdienste für die Entwicklung der Strafaussetzung leistete das Jugendstrafrecht. Bereits das JGG vom 16.2.1923 (RGBl. I, S. 135) enthielt in den §§ 10 ff. erstmalig im deutschen Recht die Möglichkeit für den Richter, die Vollstreckung der Strafe zur Bewährung auszusetzen. Nach einem zwischenzeitlichen Rückschritt durch das JGG von 1943 wurde durch das JGG vom 4.8.1953 (BGBl. I, S. 751 ff.) die bedingte Strafaussetzung (in §§ 20 ff. JGG) und die dem Probationssystem verwandte Aussetzung der Verhängung der Jugendstrafe (in §§ 27 ff. JGG) (wieder) eingeführt. Vgl. dazu Baumann/Weber, § 43 I 3, S. 692.

26 Vgl. Lackner, JZ 1953, 428, 429; Bruns, GA 1956, 193, 196; Schröder, in Schönke/Schröder, 7. Aufl., § 23 StGB, Anm. II.

27 Allerdings blieb der Täter auch nach erfolgreicher Bewährung vorbestraft. Kritisch hierzu Lorenz, JR 1949, 393, 397 f., der dafür plädierte, das Urteil selbst zu tilgen, um dem Täter den Makel des Vorbestraftseins zu ersparen.

28 Frühere Entwürfe ließen die Strafaussetzung bei Freiheitsstrafen in jeder Höhe zu; vgl. dazu die Begründung zum Gesetzentwurf der Bundesregierung für ein 3. StÄndG vom 29.9.1952, BT-Drucks. I/3713, S. 28.

29 Kritisch zu den Ausschlußgründen der Nr. 2 und 3 des § 23 Abs. 3 StGB a.F. und insoweit für eine Beschränkung auf Vorsatztaten Meister, DRiZ 1953, 218, 219.

Strafdrohungen durch übermäßige Aussetzungen der verhängten Strafen an Gewicht verlieren. Aus den neuen Vorschriften sollte nicht eine Tendenz zur Milde abzuleiten sein. Abgerundet und ergänzt wurde die Strafaussetzung durch die Neugestaltung der bedingten Entlassung nach Verbüßung von 2/3 der Strafe (§ 26 StGB a.F.). Den erfolgreichen Abschluß der Strafaussetzung bildete der Straferlaß nach § 25 Abs. 1 StGB a.F.[30].

Schon bald wurde jedoch deutlich, daß es sich bei der 1953 in das StGB eingeführten Strafaussetzung zur Bewährung nur um einen ersten Schritt zur kriminalpolitischen Neuorientierung handeln konnte und nicht schon um eine endgültige juristische Lösung des Problems. Die Bestrebungen zur Zurückdrängung der Verhängung und Vollstreckung kurzer Freiheitsstrafen wurden daher in der Folgezeit fortgesetzt.

Einen weiteren Meilenstein in der Entwicklung des Strafaussetzungsrechts bildete dann das 1. StrRG vom 25.6.1969[31]. Das 1. StrRG hat den Anwendungsbereich des Instituts erheblich erweitert, indem es die Obergrenze für aussetzungsfähige Freiheitsstrafen auf ein Jahr, in Ausnahmefällen auf zwei Jahre ausgedehnt hat (§ 23 Abs. 1, Abs. 2 StGB i.d.F. des 1. StrRG). Bei Strafen unter sechs Monaten hat es die Aussetzung im Fall einer günstigen Sozialprognose zwingend vorgeschrieben (§ 23 Abs. 1 i.V.m. Abs. 3 StGB)[32]. Die formellen Versagungsgründe des § 23 Abs. 3 Nr. 2, 3 StGB a.F. wurden beseitigt, so daß sich die Entscheidung über die Strafaussetzung künftig allein nach den prognostischen Merkmalen des § 23 Abs. 1 StGB n.F. zu richten hat. Die etwas altbacken klingende Formulierung, daß der Verurteilte künftig "ein gesetzmäßiges und geordnetes Leben" führen werde, hat der Gesetzgeber durch die Formel ersetzt, daß der "Verurteilte sich schon

---

30 Auf die Möglichkeit des Gerichts, im Fall der Nichtbewährung die Strafaussetzung zu widerrufen (§ 25 Abs. 2 StGB a.F.), soll an dieser Stelle noch nicht näher eingegangen werden, da die Behandlung des Widerrufs der Strafaussetzung zur Bewährung den Hauptteil der Arbeit bildet.

31 BGBl. I, S. 645; in Kraft getreten am 1.4.1970. Eine vom 1.9.1969 bis 31.3.1970 geltende Übergangsfassung entsprach im wesentlichen schon der Fassung des 1. StrRG und kann deshalb hier außer Betracht bleiben, vgl. dazu Ruß, in LK, 10. Aufl., Vor § 56 StGB, Rdn. 5; Horstkotte, NJW 1969, 1601 ff., insbesondere 1604 ff.; Kunert, MDR 1969, 705, 706 ff.

32 Gegen die Verhängung von Freiheitsstrafen unter sechs Monaten und damit gegen den Vollzug kurzfristiger Freiheitsstrafen schlechthin hatte sich der im Jahr 1966 im Rahmen der Beratungen zur Großen Strafrechtsreform von 14 Strafrechtslehrern eingebrachte Alternativentwurf zu dem im Jahr 1962 veröffentlichten Regierungsentwurf zu einer Neufassung des Strafgesetzbuches in seinem § 36 ausgesprochen. Die Argumente gegen eine völlige Abschaffung kurzer Freiheitsstrafen sind umfassend in dem Zweiten Schriftlichen Bericht des Sonderausschusses für die Strafrechtsreform, BT-Drucks. V/4095, S. 17-19, wiedergegeben.

die Verurteilung zur Warnung dienen lassen und künftig auch ohne die Einwirkung des Strafvollzugs keine Straftaten mehr begehen wird" (§ 23 Abs. 1 StGB n.F.). Die Erwartung sollte also nicht mehr auf Moralität des künftigen Verhaltens sondern ausschließlich auf Legalität gerichtet sein.

Schließlich hat das 1. StrRG eine detaillierte Regelung und Trennung in Auflagen in den Fällen, in denen es um Genugtuung für das begangene Unrecht geht, und Weisungen in den Fällen, in denen der Täter Lebenshilfe braucht, eingeführt (§§ 24a, b StGB n.F.).

Das 2. StrRG vom 4.7.1969[33] führte im Zuge der Umgestaltung des Allgemeinen Teils des StGB zu einer Neufassung der Vorschriften über die Strafaussetzung zur Bewährung, brachte aber inhaltlich keine nennenswerten Veränderungen[34].

Sieht man einmal von punktuellen Neuerungen ab[35], so liegt der gegenwärtigen Rechtslage der Strafaussetzung zur Bewährung in §§ 56-58 StGB die Fassung des 2. StrRG zugrunde.

III. Die gegenwärtige rechtliche Situation

Nachdem zunächst die rechtshistorische Entwicklung der Strafaussetzung zur Bewährung nachgezeichnet worden ist, soll nun der Inhalt der geltenden Strafaussetzungsvorschriften in Grundzügen dargestellt werden.

---

33 BGBl. I, S. 717. Das 2. StrRG sollte nach der ursprünglichen Konzeption des Gesetzgebers seit dem 1.10.1973 gelten, trat dann aber doch erst am 1.1.1975 in Kraft (BGBl. I, S. 1); vgl. dazu Müller-Emmert/Friedrich, DRiZ 1969, 273 ff.

34 Mit Ausnahme der Widerrufsmöglichkeit in § 56f Abs. 1 Nr. 2 StGB.

35 Das 23. StÄndG vom 13.4.1986, BGBl. I, S. 393, brachte Verbesserungen im Bereich der Halbstrafenaussetzung (§ 57 Abs. 2 StGB) und führte die Reststrafenaussetzung bei lebenslänglichen Freiheitsstrafen gesetzlich ein (§ 57a StGB).

1. Anwendungsbereich

Nach § 56 StGB dürfen vom erkennenden Gericht nur Freiheitsstrafen zur Bewährung ausgesetzt werden; hingegen ist die Aussetzung von Geldstrafen nach dem geltenden Recht unzulässig[36]. Maßgebliche Strafdauer ist die verhängte Strafe, nicht die noch zu verbüßende Strafe, so daß sich beispielsweise die Anrechnung von Untersuchungshaft nicht auf die Strafaussetzung auswirkt. Allerdings kommt nach überwiegender Auffassung eine Aussetzung dann nicht mehr in Betracht, wenn die Strafe durch Anrechnung als voll verbüßt gilt[37].

2. Rechtsnatur

Die Rechtsnatur der Strafaussetzung ist nach wie vor nicht vollständig geklärt. Die Annahme, es handele sich bei der Strafaussetzung um eine Gnadenentscheidung[38], ist abzulehnen, da sie an rechtliche Maßstäbe geknüpft und vom Richter grundsätzlich in Betracht zu ziehen ist. Ebensowenig handelt es sich um eine Maßregel der Besserung und Sicherung, da diese in § 61 StGB enumerativ aufgeführt sind. Die h.M. sieht in der Strafaussetzung nur eine bloße Modifikation der Vollstrek-

---

36 Der Sonderausschuß für die Strafrechtsreform hatte zwischenzeitlich in Anlehnung an frühere Entwürfe erwogen, auch die Geldstrafe zur Bewährung auszusetzen, vgl. den Ersten Schriftlichen Bericht des Sonderausschusses für die Strafrechtsreform, BT-Drucks. V/4094, S. 10. Gegen die Aussetzung von Geldstrafen mit überzeugender Argumentation der Entwurf eines Strafgesetzbuches [StGB] E 1962 mit Begründung, BT-Drucks. IV/650, S. 197, und der Bericht der Bundesregierung zur Beurteilung des strafrechtlichen Sanktionensystems, BT-Drucks. 10/5828, S. 4 f. In jüngster Zeit wird die Aussetzung der Geldstrafe wieder zunehmend befürwortet, vgl. Hirsch, ZStW 102 [1990], 534, 552 ff.; Dölling, JZ 1992, 493, 499; ders., ZStW 104 [1992], 259, 264 ff.; Schmidt-Hieber, NJW 1992, 2001, 2003 f. Die Nichtaussetzbarkeit der Geldstrafe kann im Einzelfall zu der für den Betroffenen mißlichen Situation führen, daß die an sich mildere Geldstrafe ihn schwerer trifft als die ausgesetzte Freiheitsstrafe; jedenfalls dann, wenn er die Geldstrafe nicht bezahlen kann und die sodann an ihre Stelle tretende Ersatzfreiheitsstrafe - bei der nach allgemeiner Meinung eine Aussetzung nicht in Betracht kommt, vgl. nur Ruß, in LK, 10. Aufl., § 56 StGB, Rdn. 4 - vollstreckt werden muß.

37 BGHSt 31, 25, 27, mit ablehnender Anm. Stree, NStZ 1982, 326 f.; Maurach/Gössel/Zipf, § 65 II, S. 639; Horn, in SK, § 56 StGB, Rdn. 8a; Gribbohm, in LK, § 56 StGB, Rdn. 7; a.A. Haberstroh, NStZ 1984, 289, 293 und Stree, in Schönke/Schröder, § 56 StGB, Rdn. 13, die auf registerrechtliche Nachteile für den Verurteilten hinweisen.

38 So Meister, DRiZ 1953, 218, der sich zur Begründung auf § 25 Abs. 2 Nr. 1 StGB a.F. stützt. Gegen ihn überzeugend Bruns, GA 1956, 193, 199.

kung einer Freiheitsstrafe[39]. Demgegenüber hält eine andere Auffassung die Strafaussetzung für ein Rechtsinstitut eigener Art, eine dritte Art strafrechtlicher Reaktionsmittel[40]. Zwar spricht für diese Auffassung der durchaus beachtliche Einwand, daß die Strafe ja eigentlich nicht modifiziert, sondern durch ein inhaltlich anderes Institut - die Anordnung von Bewährungsmaßnahmen - ersetzt werde[41]. Gleichwohl ist sie abzulehnen, da sie zu Ungereimtheiten bei der Frage des Verschlechterungsverbotes führt[42]. Legt nämlich nur der Verurteilte oder zu seinen Gunsten die Staatsanwaltschaft Rechtsmittel gegen die Verurteilung zu einer Freiheitsstrafe ein, so steht das Verbot der "reformatio in peius" (vgl. §§ 331 Abs. 1, 358 Abs. 2 StPO) einer für den Verurteilten ungünstigeren Entscheidung entgegen. Nimmt man eine selbständige (mildere) Strafart an, so hätte dies zur Konsequenz, daß das Rechtsmittelgericht das Strafmaß erhöhen könnte, sofern es nur die Strafe zur Bewährung aussetzen würde. Eine Freiheitsstrafe von sechs Monaten ohne Bewährung könnte danach z.B. in eine Freiheitsstrafe von zehn Monaten mit Bewährung abgeändert werden[43]. Bezieht man die in der Regel mit der Strafaussetzung verhängten Bewährungsmaßnahmen (Auflagen, Weisungen) in die Überlegungen mit ein und charakterisiert diese als "Strafen", so würde der Verurteilte im Fall des Widerrufs der Strafaussetzung "doppelt bestraft", und zwar mit der dann bereits vollzogenen "Bewährungsstrafe"[44] und der sich an den Widerruf anschließenden "Vollstreckungsstrafe"! Das Wesen der Strafaussetzung am treffendsten kenn-

---

39 BGHSt 7, 180, 184; 24, 40, 43; 31, 25, 28; der BGH räumt der Strafaussetzung allerdings eine gewisse "Eigenständigkeit i.S. einer besonderen "ambulanten" Behandlungsart" ein (BGHSt 24, 40, 43). Aus dem Schrifttum Bruns, GA 1956, 193, 201 f.; Sturm, JZ 1970, 81, 84; Preiser, NJW 1956, 1221 f.; Lackner, JZ 1953, 428; Stree, in Schönke/Schröder, § 56 StGB, Rdn. 4; Gribbohm, in LK, § 56 StGB, Rdn. 1.

40 Die Terminologie ist insofern uneinheitlich; vgl. Baumann/Weber, § 43 II 1, S. 694 (Rechtsfolge besonderer Art); Horn, in SK, § 56 StGB, Rdn. 2 (dritte Spur im Strafrecht); Jescheck, § 79, S. 752 (selbständiges strafrechtliches Reaktionsmittel); Jagusch, JZ 1953, 688 (selbständige mildere Strafart); Geerds, JZ 1969, 341, 342 (völlig selbständige Sanktionsart).

41 Horn, in SK, § 56 StGB, Rdn. 2.

42 Zu weiteren Argumenten gegen diese Deutung der Strafaussetzung vgl. Bruns, GA 1956, 193, 201; Grethlein, DAR 1957, 253.

43 Die verschiedenen Fallgruppen, in denen die Problematik des Verschlechterungsverbotes zum Tragen kommt, sollen hier nicht im einzelnen aufgeführt werden, vgl. dazu statt dessen Kaufmann, JZ 1958, 297 ff.

44 Sofern man unterstellt, daß der Verurteilte den Auflagen und Weisungen bereits nachgekommen ist, denn das zur Erfüllung der Auflagen und Weisungen Geleistete wird grundsätzlich nicht zurückerstattet (§ 56f Abs. 3 Satz 1 StGB).

zeichnen dürfte deshalb die Einstufung als Modifikation der Strafvollstreckung, die sich für den Betroffenen als besondere ambulante Behandlungsart darstellt.

3. Die Voraussetzungen der Strafaussetzung zur Bewährung

Nach § 56 StGB sind die Voraussetzungen der Strafaussetzung zur Bewährung von der Höhe der verhängten Freiheitsstrafe abhängig. Dabei unterscheidet das Gesetz drei Stufen mit bei zunehmender Höhe der Strafe zunehmend strengeren Anforderungen: Bei Freiheitsstrafen bis zu sechs Monaten - sofern sie das Gericht nach § 47 Abs. 1 StGB überhaupt verhängt - ist die Aussetzung bei einer günstigen Prognose zwingend. Bei Freiheitsstrafen im Bereich von sechs Monaten bis zu einem Jahr erfolgt die Aussetzung bei einer günstigen Prognose, sofern nicht die Verteidigung der Rechtsordnung die Vollstreckung gebietet. Schließlich dürfen Freiheitsstrafen von ein bis zwei Jahren zusätzlich zu den soeben genannten Voraussetzungen nur bei Vorliegen besonderer Umstände ausgesetzt werden.

a) Günstige Sozialprognose

Unabdingbares Erfordernis einer jeden Strafaussetzung ist das Vorliegen einer günstigen Sozialprognose. Diese ist ausschließlich spezialpräventiv ausgerichtet; generalpräventive Aspekte sind bei der Prognoseentscheidung nicht zu berücksichtigen[45]. Die Kriminalprognose ist günstig, wenn die Wahrscheinlichkeit besteht, daß sich der Verurteilte künftig straffrei verhalten wird[46]; eine sichere Gewähr ist nicht erforderlich[47]. Das Gericht hat zu erforschen, ob zum Zeitpunkt der Entscheidung nach dem Gesamtbild des Täters und seiner Lebensverhältnisse vor, während und nach der Tat erwartet werden kann, daß er allein unter dem Eindruck des Strafausspruchs und ohne die zusätzliche Einwirkung des Strafvollzugs in Zukunft keine Straftaten mehr begehen wird. Allerdings schließt nicht jede zu erwartende Straftat die Strafaussetzung zwingend aus; die zu erwartenden Straftaten müssen vielmehr in ihrer Art oder Schwere den bereits begangenen Taten entspre-

---

45 Vgl. nur Dreher/Tröndle, § 56 StGB, Rdn. 4.

46 Stree, in Schönke/Schröder, § 56 StGB, Rdn. 16; Schäfer, S. 42. Geringere Anforderungen stellt Horn, in SK, § 56 StGB, Rdn. 11 f., der lediglich verlangt, daß die Begehung weiterer Straftaten nicht wahrscheinlich ist; ebenso BGH, NStZ 1986, 27.

47 BGHSt 7, 6, 10; BGH, NStZ 1988, 451, 452; StV 1991, 514; Lackner, § 56 StGB, Rdn. 8; Dreher/Tröndle, § 56 StGB, Rdn. 5; Gribbohm, in LK, § 56 StGB, Rdn. 11; Jescheck, § 79, S. 753.

chen[48]. Die günstige Prognose darf sich nicht nur auf die Bewährungszeit beziehen, sondern muß zeitlich unbegrenzt darüber hinausgehen[49]. Für die der Prognoseentscheidung zugrunde liegenden Tatsachen gilt der Grundsatz "in dubio pro reo"; dagegen kommt ihm für das Prognoseurteil selbst keine Bedeutung zu, da Wortlaut und Zweck des § 56 Abs. 1 StGB ergeben, daß das Gericht von der Wahrscheinlichkeit künftig straffreier Führung überzeugt sein muß[50].

Grundlage der Prognoseentscheidung sind alle Tatsachen, aus denen sich Schlüsse auf das künftige Verhalten des Täters ableiten lassen. § 56 Abs. 1 Satz 2 StGB stellt in einem nicht abschließenden Katalog die wesentlichen Faktoren für die Prognosestellung auf. Für die weitere Untersuchung von Interesse ist lediglich das Merkmal des "Vorlebens des Verurteilten". Neben berücksichtigungsfähigen Vorstrafen[51] ist hier vor allem die Frage von Bedeutung, inwieweit Straftaten bei der Prüfung der Strafaussetzung zu berücksichtigen sind, die vor der Aburteilung der Straftat, deren Aussetzungsfähigkeit zur Disposition steht, begangen worden sind, wegen derer aber (noch) keine rechtskräftige Verurteilung erfolgt ist. Dieses Problem ist ähnlich umstritten[52] wie die den Gegenstand dieser Untersuchung bildende

---

48 Vgl. Stree, in Schönke/Schröder, § 56 StGB, Rdn. 15; Ruß, in LK, 10. Aufl., § 56 StGB, Rdn. 12.

49 BayObLG, VRS 62 [1982], 37; Lackner, § 56 StGB, Rdn. 8; Horn, in SK, § 56 StGB, Rdn. 9.

50 Ruß, in LK, 10. Aufl., § 56 StGB, Rdn. 14; Horn, in SK, § 56 StGB, Rdn. 12; BGH, bei Dallinger, MDR 1973, 900; OLG Düsseldorf, JR 1988, 72, 73; Streng, S. 66. Zur generellen Problematik von Prognoseentscheidungen und zu den einzelnen Prognosemethoden vgl. Baur, MDR 1990, 473, 477 ff.; Frisch, S. 108 ff.

51 Nicht darunter fallen Vorstrafen, deren Eintragungen im Bundeszentralregister bereits getilgt oder tilgungsreif sind, da sie einem Verwertungsverbot unterliegen (§ 51 Abs. 1 BZRG).

52 Für eine Berücksichtigung schwebender Verfahren zuungunsten des Verurteilten BGHSt 34, 209, 210 f.; Gribbohm, in LK, § 56 StGB, Rdn. 19; Dreher/Tröndle, § 56 StGB, Rdn. 6b; Lackner, § 56 StGB, Rdn. 10; Schäfer, S. 44. Im Grundsatz dagegen Bruns, GA 1956, 193, 208; Stree, in Schönke/Schröder, § 56 StGB, Rdn. 21; OLG Köln, NJW 1967, 838, 839. Das OLG Celle, NdsRpfl 1991, 207 f., schließt eine Straftat vor deren rechtskräftiger Aburteilung als Prognosefaktor nur halbherzig aus. Nach ihm darf nicht ein Diebstahl als solcher, wohl aber die Tatsache, daß ein Gefangener, dessen Strafe zur Restaussetzung ansteht, bei einem Ausgang mit sieben unbezahlten Seidenhemden gestellt worden ist, zur Prognose herangezogen werden.

Frage[53]. Seine Lösung soll wegen der nahezu gleichgelagerten Problematik bis zur Beantwortung der Frage, ob der Widerruf wegen einer Straftat vor deren rechtskräftiger Aburteilung zulässig ist, zurückgestellt werden.

b) Verteidigung der Rechtsordnung

§ 56 Abs. 3 StGB schiebt einer Individualprävention um jeden Preis einen Riegel vor, indem er aus generalpräventiven Gründen ein Aussetzungsverbot anordnet. Das Aussetzungsverbot verdankt seine Entstehung der Befürchtung, daß jede schematische Handhabung der Strafaussetzung, beispielsweise bei denen, die zum ersten Mal straffällig geworden sind, zu einer folgenschweren Beeinträchtigung der generalpräventiven Wirkung der Gesetze und damit zu einer Erschütterung des Vertrauens in die Strafrechtspflege schlechthin führen muß[54].

Während die Verteidigung der Rechtsordnung bei Freiheitsstrafen unter sechs Monaten allenfalls die Verhängung einer Freiheitsstrafe erforderlich machen kann, kann sie bei Freiheitsstrafen von sechs Monaten bis zu zwei Jahren auch deren Vollstreckung gebieten. Die Verteidigung der Rechtsordnung gebietet die Vollstreckung, wenn anderenfalls eine ernsthafte Gefährdung der rechtlichen Gesinnung der Bevölkerung als Folge schwindenden Vertrauens in die Funktion der Rechtspflege zu befürchten wäre. Dies wäre der Fall, wenn ein bloßer Strafausspruch ohne anschließende Vollstreckung als ungerechtfertigte Nachgiebigkeit oder als unsicheres Zurückweichen vor Straftaten verstanden würde[55]. Nach der Rechtsprechung ist eine umfassende Abwägung aller Strafzwecke bei § 56 Abs. 3 StGB (im Gegensatz zur früheren Rechtslage) ausgeschlossen; deshalb darf der Gesichtspunkt der Sühne ebensowenig berücksichtigt werden wie Belange des Verletz-

---

53 Zum besseren Verständnis der noch häufiger verwendeten Begriffe "Vortat" und "Nachtat" soll deren in dieser Untersuchung zugrunde gelegter Bedeutungsinhalt kurz erläutert werden. Mit "Vortat" ist eine Straftat gemeint, die vor der Aburteilung der zur Bewährung auszusetzenden Straftat begangen worden ist. Unbeachtlich ist dabei, ob diese "Vortat" vor oder nach der abzuurteilenden Straftat begangen worden ist. "Vortaten" können unter dem Gesichtspunkt des "Vorlebens des Verurteilten" zu einer Versagung der Strafaussetzung führen. Unter "Nachtat" ist eine Straftat zu verstehen, die nach der Aburteilung der zur Bewährung ausgesetzten Tat, d.h. genauer, innerhalb der Bewährungszeit der zur Bewährung ausgesetzten Freiheitsstrafe, begangen worden ist. Eine "Nachtat" kann zum Widerruf der Strafaussetzung führen.

54 Vgl. Bruns, GA 1956, 193, 214.

55 BGHSt 24, 40, 45 f.; 24, 64, 66; LG Koblenz, NStZ 1991, 283, 284; Gribbohm, in LK, § 56 StGB, Rdn. 46; Dreher/Tröndle, § 56 StGB, Rdn. 8.

ten[56]. Bestimmte Deliktsgruppen wie Sittlichkeits- oder Verkehrsdelikte[57] dürfen von der Strafaussetzung nicht generell ausgenommen werden[58]; dies schließt jedoch nicht aus, daß die Verteidigung der Rechtsordnung bei manchen Deliktsgruppen (z.B. bei Sexualstraftaten, Kindesmißhandlungen) eher eine Vollstreckung gebietet als bei anderen, da das Interesse der Allgemeinheit bei den einzelnen Deliktsgruppen unterschiedlich stark ausgeprägt sein kann[59]. Als Gründe für die Versagung der Aussetzung kommen beispielsweise besondere Tatfolgen oder hartnäckiges rechtsmißachtendes Verhalten in Betracht; demgegenüber sprechen für eine Aussetzung unter dem Aspekt der Verteidigung der Rechtsordnung eine Mitschuld des Verletzten oder durch die Tat erlittene eigene Verletzungen des Täters[60].

c) Besondere Umstände

§ 56 Abs. 2 StGB dehnt die Strafaussetzung auf Freiheitsstrafen von ein bis zwei Jahren aus. Hatte es sich unter der Geltung des § 23 Abs. 2 StGB[61] noch um eine Ausnahmevorschrift für ganz besondere Fälle gehandelt[62], so setzte seit Mitte der 70iger Jahre eine Tendenz zu einer großzügigeren Handhabung ein[63]. Die heutige Fassung[64] geht auf das 23. StÄndG[65] zurück, welches der neueren Rechtsprechung des Bundesgerichtshofs Rechnung trägt.

---

56 BGHSt 24, 40, 44. Zustimmend Gribbohm, in LK, § 56 StGB, Rdn. 48; Bruns, Strafzumessungsrecht, S. 352. Kritisch hierzu Schröder, JZ 1971, 241, 242 f., der alle Strafzwecke berücksichtigt wissen will. A.A. auch Preiser, NJW 1956, 1009, 1011, im Hinblick auf das Interesse des Verletzten.

57 Zur Verteidigung der Rechtsordnung bei Trunkenheitsfahrten vgl. die Zusammenstellung der Rechtsprechung bei Molketin, NZV 1990, 289 ff.

58 BGHSt 24, 40, 46; BGH, NJW 1990, 193 f.; Ruß, in LK, 10. Aufl., § 56 StGB, Rdn. 32; Dreher/Tröndle, § 56 StGB, Rdn. 8b; Stree, in Schönke/Schröder, § 56 StGB, Rdn. 40.

59 Vgl. Dreher/Tröndle, § 56 StGB, Rdn. 8b; OLG Hamm, NJW 1974, 1884.

60 Einen kasuistischen Überblick über die Rechtsprechung gibt Bruns, Strafzumessungsrecht, S. 353 ff.

61 I.d.F. des 1. StrRG vom 25.6.1969.

62 Erforderlich war eine besondere Konfliktslage beim Täter (z.B. mißglückter Doppelselbstmord, Kindstötung, Tötung eines unheilbar Kranken); vgl. den Ersten Schriftlichen Bericht des Sonderausschusses für die Strafrechtsreform, BT-Drucks. V/4094, S. 11; BGHSt 24, 3, 4 f.

63 Vgl. zur Entwicklung der Rechtsprechung Schreiber, in Festschrift für Schaffstein, S. 275, 282-285; Dünkel, ZStW 95 [1983], 1039, 1050-1052.

64 Zur Entstehungsgeschichte des § 56 Abs. 2 StGB vgl. Schreiber, in Festschrift für Schaffstein, S. 275, 277-281; Feltes, S. 19-21.

Nach § 56 Abs. 2 StGB müssen besondere Milderungsgründe vorliegen, die sich von den normalen Umständen i.S. des § 56 Abs. 1 StGB deutlich abheben, so daß trotz des erheblichen Unrechts- und Schuldgehalts der Tat ausnahmsweise auf die Verbüßung der Freiheitsstrafe als Reaktion auf ein Fehlverhalten verzichtet werden kann[66]. Beispielhaft seien hier die Fälle genannt, in denen der Täter selbst durch die Tat erhebliche Schäden erlitten hat[67] oder mittels intensiver Beeinflussung durch Polizeiinformanten zur Tat bestimmt worden ist[68, 69].

d) Bewährungsentscheidungen

Das die verhängte Freiheitsstrafe zur Bewährung aussetzende Gericht hat nach § 56a Abs. 1 StGB die Bewährungszeit zu bestimmen. Ihre Dauer ist innerhalb des vom Gesetz eingeräumten Ermessensspielraumes von zwei bis fünf Jahren von der Prognose abhängig zu machen, wie lange der Verurteilte benötigt, um sich künftig straffrei zu verhalten.

Das Gesetz stellt dem Richter in § 56b, c StGB ein reichhaltiges Bewährungsinstrumentarium zur Verfügung.

Auflagen (§ 56b StGB) sollen der Genugtuung für das begangene Unrecht dienen. Als strafähnliche, an das begangene Unrecht und die Schuld des Täters anknüpfende Sanktion[70] haben sie einen Teil der Reaktion auf das Fehlverhalten des Täters zu übernehmen. Der Verurteilte soll mehr tun müssen, als sich künftig straffrei zu verhalten. In der Bevölkerung soll nicht der Eindruck erweckt werden, die vom Täter verursachte Rechtsverletzung sei ohne Sanktion geblieben[71]. Bei der Auswahl der in § 56b Abs. 2 StGB abschließend genannten Auflagen (Schadens-

---

65 BGBl. 1986 I, S. 393.

66 BGHSt 29, 370, 371; BGH, StV 1984, 374, 375; Ruß, in LK, 10. Aufl., § 56 StGB, Rdn. 41; Stree, in Schönke/Schröder, § 56 StGB, Rdn. 28.

67 BGH, StV 1984, 374, 375.

68 OLG Hamburg, StV 1984, 157.

69 Vgl. zu den von der Rechtsprechung anerkannten "besonderen Umständen" die Zusammenstellung bei Schäfer, S. 49 f. Eine nach den einzelnen Delikten geordnete Sammlung der BGH-Entscheidungen hat Feltes, S. 57-59, zusammengetragen.

70 Streng, S. 71; Schäfer, S. 52; Lackner, § 56b StGB, Rdn. 1; verfehlt OLG Frankfurt, NJW 1971, 720: Die Auflage, einen Geldbetrag zu zahlen, diene im wesentlichen der Resozialisierung.

71 Stree, in Schönke/Schröder, § 56b StGB, Rdn. 4.

wiedergutmachung, Zahlung eines Geldbetrages, Erbringung gemeinnütziger Leistungen[72]) hat der Richter darauf zu achten, daß die gewählte Auflage in möglichst engem Zusammenhang zur Tat steht.

Demgegenüber verfolgen Weisungen (§ 56c StGB) eine gänzlich andere Zweckrichtung als Auflagen. Sie sollen dem Verurteilten beim Erreichen des Bewährungsziels helfen, indem sie seine künftige Lebensführung positiv beeinflussen[73]. Weisungen dürfen nur erteilt werden, wenn der Verurteilte dieser Hilfe bedarf. Das ist vor allem beim kriminell gefährdeten Tätertyp der Fall, während für den sozial eingeordneten Täter, dessen Tat einer einmaligen Situation, insbesondere einer Konfliktslage, entsprungen ist, diese Hilfe im Normalfall nicht erforderlich ist.
Die Unterstellung unter einen Bewährungshelfer (§ 56d StGB) ist die kriminalpolitisch wichtigste Weisung und ermöglicht die nachhaltigste Einwirkung auf die Lebensführung kriminell Gefährdeter.

Die die Strafaussetzung flankierenden Maßnahmen nach §§ 56b-d StGB und die Festsetzung der Bewährungszeit (§ 56a StGB) können bis zum Ablauf der Bewährungszeit jederzeit den Bedürfnissen des Verurteilten und den Besonderheiten seiner Situation angepaßt werden, um so ein optimales Maß der Einwirkung und Hilfe zu erzielen (§§ 56e, 56a Abs. 2 Satz 2 StGB).

Während die Strafaussetzung selbst im Urteilstenor auszusprechen (§ 260 Abs. 4 Satz 4 StPO) und in den Urteilsgründen zu begründen ist (§ 267 Abs. 3 Satz 4 StPO), erfolgen die nach §§ 56a-d StGB zu treffenden Bewährungsentscheidungen durch einen gesonderten mit dem Urteil zu verkündenden Beschluß (§ 268a Abs. 1 StPO).

e) Straferlaß / Widerruf

Das erkennende Gericht setzt die Vollstreckung der verhängten Freiheitsstrafe nur vorläufig aus. Deshalb hat es nach Ablauf der Bewährungszeit noch darüber zu be-

72 Zu der Frage, inwieweit auferlegte Dienst- und Arbeitsleistungen mit Art. 12 GG vereinbar sind, siehe BVerfGE 83, 119 ff. = NJW 1991, 1043 f.; OLG Hamburg, NJW 1969, 1780 ff.

73 Vgl. Stree, in Schönke/Schröder, § 56c StGB, Rdn. 1; Ruß, in LK, 10. Aufl., § 56c StGB, Rdn. 1. Zur verfassungsrechtlichen Zulässigkeit von Weisungen siehe Mrozynski, JR 1983, 397, 398 ff. sowie (sehr ausführlich zu § 24 i.d.F. des 23. StÄndG vom 4.8.1953) Stree, Deliktsfolgen und Grundgesetz, S. 137 ff. (ab S. 151 nach den einzelnen Grundrechten differenzierend).

finden, ob auf die Vollstreckung der Strafe endgültig[74] verzichtet werden kann oder ob der Verurteilte sich nicht bewährt hat und die ausgesetzte Strafe nunmehr vollstreckt werden muß. Im ersten Fall hat das Gericht durch Beschluß die Strafe zu erlassen (§ 56g Abs. 1 StGB); unberührt bleibt davon die Verurteilung, so daß der Täter weiterhin vorbestraft ist. Im letzten Fall hat das Gericht die Aussetzung zu widerrufen (§ 56f Abs. 1 StGB) oder (weitere) Bewährungsmaßnahmen zu verhängen (§ 56f Abs. 2 StGB)[75].

f) Strafrestaussetzung

Zur Bewährung ausgesetzt werden kann nicht nur die gesamte Freiheitsstrafe; das Gesetz läßt auch die Möglichkeit zu, den Strafrest einer zeitigen (§ 57 StGB) oder lebenslangen (§ 57a StGB) Freiheitsstrafe auszusetzen[76]. Zuständig für die Strafrestaussetzung ist im Gegensatz zur Strafaussetzung nach § 56 StGB in der Regel die Strafvollstreckungskammer (§§ 462a Abs. 1 StPO, 78a Abs. 1 Satz 2 Nr. 1 GVG)[77]. Während § 26 StGB i.d.F. des 3. StÄndG die Strafrestaussetzung[78] nur nach Verbüßung von mindestens zwei Drittel der verhängten Strafe vorsah, erlaubt sie das Gesetz heute unter bestimmten Voraussetzungen schon nach Verbüßung der Hälfte der ausgesprochenen Strafe (§ 57 Abs. 2 StGB). Die kriminalpolitische Zielsetzung der Strafrestaussetzung entspricht derjenigen bei der Strafaussetzung nach § 56 StGB. Die Wiedereingliederung des Verurteilten in die Gesellschaft soll durch die vorzeitige Haftentlassung gefördert werden; er soll die Gelegenheit erhalten, sich in der Freiheit Befreiung vom Strafrest zu verdienen[79]. § 57 StGB erfaßt

---

74 Sieht man einmal von der Möglichkeit des Widerrufs des Straferlasses (§ 56g Abs. 2 StGB) ab; vgl. dazu unten S. 84 ff.

75 Eine nähere Erörterung der Widerrufsvorschrift des § 56f StGB soll in diesem Überblick über die Strafaussetzung zur Bewährung noch unterbleiben. Auf sie wird vom nächsten Abschnitt an ausführlich einzugehen sein.

76 Eine "Teilaussetzung" ist nur in Form der Strafrestaussetzung möglich. Dagegen läßt das StGB eine Teilaussetzung durch das erkennende Gericht nicht zu (§ 56 Abs. 4 Satz 1 StGB). De lege ferenda haben sich Dölling, ZStW 104 [1992], 259, 278 f. und Weigend, GA 1992, 345, 354 f. (für Freiheitsstrafen von zwei bis fünf Jahren) für eine Teilaussetzung nach österreichischem Vorbild (§ 43a Abs. 3, Abs. 4 öStGB) ausgesprochen.

77 Zum Verfahrensgang der Reststrafenaussetzung ausführlich Walter/Geiter/Fischer, NStZ 1989, 405, 410-412.

78 Die Strafrestaussetzung wurde bis zum 1. StrRG als "bedingte Entlassung" bezeichnet.

79 Vgl. Gribbohm, in LK, § 57 StGB, Rdn. 1; Stree, in Schönke/ Schröder, § 57 StGB, Rdn. 1; Bockelmann/Volk, § 39, S. 271.

Verurteilungen zu zeitigen Freiheitsstrafen; ob auch Ersatzfreiheitsstrafen nach dieser Vorschrift aussetzungsfähig sind, ist umstritten[80].

Aus der Fassung des § 57 Abs. 1 Satz 1 Nr. 2 StGB ergibt sich, daß die Anforderungen an die auch bei der Strafrestaussetzung zu stellende Sozialprognose - deren Kriterien mit Ausnahme des zusätzlichen Merkmals "Verhalten im Vollzug" denen des § 56 StGB entsprechen - geringer sind als bei der Strafaussetzung nach § 56 StGB. War dort eine gewisse Wahrscheinlichkeit künftig straffreien Verhaltens erforderlich[81], so genügt hier, daß das Gericht die begründete Hoffnung hegen kann, die Erprobung werde günstig ausfallen. Folglich kann die Aussetzung nach § 57 StGB auch bei einer unsicheren, nicht aber bei einer ungünstigen Prognose erfolgen[82]. Der Grund hierfür ist darin zu sehen, daß der Verurteilte bei der Strafrestaussetzung immerhin schon einen erheblichen Teil der Strafe verbüßt hat. Dies kann die Annahme begründen, daß bereits die verbüßte Strafzeit ausreicht, um seine völlige Resozialisierung auch bei einer Aussetzung der restlichen Strafzeit zu erreichen. Auch bei § 57 StGB stellt sich die Frage, ob nicht rechtskräftig abgeurteilte Straftaten (die z.B. im Hafturlaub begangen sein können) bei der Sozialprognose berücksichtigt werden können[83]. Die Strafrestaussetzung ist auch dann möglich, wenn vorher bereits eine Aussetzung nach § 56 StGB erfolgt war und diese nach § 56f StGB widerrufen wurde, da der Rechtskraft des Widerrufsbeschlusses nicht die Wirkung zukommt, daß die ursprünglich verhängte Strafe nun ganz verbüßt werden muß[84].

Im Gegensatz zur Zweidrittelaussetzung hat die Halbstrafenaussetzung nach § 57 Abs. 2 StGB eher Ausnahmecharakter[85]. Potentielle Straftäter sollen nicht davon ausgehen dürfen, daß sie in der Regel nur die Hälfte einer verhängten Freiheitsstra-

---

80 Eine umfassende Darstellung und Auseinandersetzung mit den verschiedenen Meinungen bringt Bublies in seiner Monographie "Die Aussetzung des Restes der Ersatzfreiheitsstrafe", S. 16 ff.

81 Siehe oben S. 13 ff.

82 Vgl. Dreher/Tröndle, § 57 StGB, Rdn. 6; Lackner, § 57 StGB, Rdn. 7; Gribbohm, in LK, § 57 StGB, Rdn. 5; Stree, in Schönke/ Schröder, § 57 StGB, Rdn. 9 ff.

83 Dafür BVerfG, NStZ 1988, 21; OLG Stuttgart, Die Justiz 1976, 262; OLG Karlsruhe, Die Justiz 1987, 192; OLG Hamm, NStZ 1992, 350; OLG Düsseldorf, StV 1992, 287; LG Hamburg, NStZ 1992, 455; Stree, in Schönke/Schröder, § 57 StGB, Rdn. 17.

84 Gribbohm, in LK, § 57 StGB, Rdn. 4; Lackner, § 57 StGB, Rdn. 28; Dreher/Tröndle, § 57 StGB, Rdn. 4a; OLG Bremen, MDR 1958, 263; OLG München, MDR 1959, 324 f.

85 Vgl. Dreher/Tröndle, § 57 StGB, Rdn. 9; OLG Karlsruhe, MDR 1987, 782; a.A. OLG Düsseldorf, MDR 1987, 957.

fe zu verbüßen hätten. Die Erstverbüßerregelung (§ 57 Abs. 2 Nr. 1 StGB) beruht auf dem Grundgedanken, daß der erste Freiheitsentzug in der Regel am spürbarsten empfunden wird, so daß es aus spezialpräventiven Gründen oft ausreicht, nur die Hälfte zu vollstrecken[86]. Die in der Praxis seltener[87] angewandte Halbstrafenaussetzung wegen "besonderer Umstände" (§ 57 Abs. 2 Nr. 2 StGB) entspricht in ihren Voraussetzungen weitgehend denen des § 56 Abs. 2 StGB.

Die Einfügung der Strafrestaussetzung bei lebenslangen Freiheitsstrafen durch das 20. StÄndG[88] beruht auf einer Entscheidung des BVerfG vom 21.6.1977[89]. Das BVerfG[90] hält darin die Verhängung einer lebenslangen Freiheitsstrafe für verfassungsgemäß. Es fordert jedoch, daß der Verurteilte die Chance erhalten müsse, vor seinem Tod wieder in die Freiheit zu gelangen (arg. Rechtsstaatsprinzip). Hierfür reiche eine Begnadigungsmöglichkeit allein nicht aus[91].

§ 57a StGB verlangt eine Mindestverbüßungsdauer von 15 Jahren. Hierdurch soll ein deutlicher Abstand zu den Aussetzungsmöglichkeiten bei einer zeitigen Freiheitsstrafe gewonnen werden. Der Gesetzgeber hat dem Umstand Rechnung getragen, daß der Verhängung einer lebenslangen Freiheitsstrafe - die vor allem wegen Mordes (§ 211 Abs. 1 StGB) auszusprechen ist - ein sehr unterschiedliches Schuldmaß zugrunde liegen kann. Er hat deshalb die Strafrestaussetzung bei lebenslangen Freiheitsstrafen - im Gegensatz zu zeitigen Freiheitsstrafen - von der Schuld des Verurteilten abhängig gemacht (sog. Schuldschwereklausel, § 57a Abs. 1 Satz 1 Nr. 2 StGB)[92]. Die Mindestverbüßungszeit von 15 Jahren spiegelt das unerläßliche Schuldmindestmaß wider. Im Beschluß vom 3. Juni 1992 hat das BVerfG ausgeführt, daß eine verfassungskonforme Auslegung der Zuständigkeits- und Verfahrensregelungen der §§ 454, 462a StPO und des § 74 Abs. 1 Satz 1,

---

86 So der Gesetzentwurf der Bundesregierung für ein StÄndG, BT-Drucks. 10/2720, Begründung S. 11; ebenso OLG Karlsruhe, JR 1989, 512.

87 Für eine häufigere Anwendung des § 57 Abs. 2 Nr. 2 StGB haben sich Walter/Geiter/Fischer, NStZ 1990, 16, 24, ausgesprochen.

88 Vom 8.12.1981, BGBl. I, S. 1329; in Kraft getreten am 1.5.1982.

89 BVerfGE 45, 187 ff.

90 BVerfGE 45, 187 ff., insbesondere 222-227, 243-246.

91 Kritisch zum Nebeneinander von § 57a StGB und dem weiterhin existierenden Gnadenrecht sowie für eine Abschaffung des letzteren Schneider, MDR 1991, 101, 104.

92 Zur Verfassungsmäßigkeit der Schuldschwereklausel BVerfG, EuGRZ 1992, 225, 231 f. Siehe zur Schuldschwereklausel auch die Arbeiten von Revel, S. 5 ff.; Mysegades, S. 36 ff.; Meier, S. 76 ff. und Roland Schmidt, S. 34 ff.

Abs. 2 Satz 1 Nr. 4 GVG gebiete, daß die individuelle Schwere der Schuld nicht, wie bisher, von der Strafvollstreckungskammer, sondern bereits vom Schwurgericht - mit verbindlicher Wirkung für das Vollstreckungsgericht - im Erkenntnisverfahren ermittelt werden müsse[93]. Dies ergebe sich aus dem Prozeßgrundrecht auf ein faires, rechtsstaatliches Verfahren (Art. 2 Abs. 1 i.V.m. Art. 20 Abs. 3 GG)[94].

4. Vorausschau

Zum Abschluß des Überblicks über das Rechtsinstitut der Strafaussetzung zur Bewährung soll ein kurzer rechtspolitischer Ausblick gewagt werden.

Zwar konnte der Anteil der Freiheitsstrafen (einschließlich der zur Bewährung ausgesetzten) inzwischen auf unter 20 % gedrückt werden[95]; gleichwohl weist Deutschland im internationalen Vergleich noch immer eine relativ hohe Gefangenenquote auf, die hauptsächlich auf die lange Verweildauer der Inhaftierten zurückzuführen ist[96].

Momentan geht die Tendenz dahin, den Anwendungsbereich der Strafaussetzung zur Bewährung nochmals zu erweitern[97]. Einen bemerkenswerten rechtspolitischen Vorschlag hat Horn[98] unterbreitet. Er hat eine Verurteilung zu einer Bewährungsstrafe ähnlich dem Jugendstrafrecht (§§ 10, 15 JGG) ins Auge gefaßt. Das bedeutet, daß bereits im Urteil (und nicht erst durch Beschluß) die Bewährungsleistung (Schadenswiedergutmachung, Geldzahlung, usw.) festgesetzt wird und zu begründen ist. Dahinter steckt der Gedanke, daß es zunächst einmal die Bewährungslei-

---

93 BVerfG, EuGRZ 1992, 225 ff. = BVerfGE 86, 288 ff. = NJW 1992, 2947 ff. Vgl. zu dieser Entscheidung die Besprechungen von Stree, NStZ 1992, 464 ff.; Elf, NStZ 1992, 468 ff.; Geis, NJW 1992, 2938 ff.; Meurer, JR 1992, 441 ff. und Eisenberg, JZ 1992, 1188 ff.

94 BVerfG, EuGRZ 1992, 225, 233.

95 Siehe Feltes, S. 9 f.; Walter/Geiter/Fischer, NStZ 1990, 16.

96 Vgl. Eyrich, in Festschrift für Rebmann, S. 181, 187 ff.; Walter/Geiter/Fischer, NStZ 1989, 405, 406; dieselben, NStZ 1990, 16, 17.

97 Vgl. Lackner, Vor § 56 StGB, Rdn. 1; Bietz, ZRP 1977, 62, 65 ff.; Dünkel, ZStW 95 [1983], 1039, 1072, der eine Ausdehnung der Aussetzbarkeit auf grundsätzlich zwei Jahre, in Ausnahmefällen auf drei Jahre vorschlägt. Für eine häufigere Anwendung der Restrafenaussetzung Walter/Geiter/Fischer, NStZ 1990, 16, 17. Demgegenüber hält die Bundesregierung derzeit nur in sehr begrenztem Umfang eine Änderung oder Ergänzung des bestehenden Sanktionensystems für erwägenswert, vgl. den Bericht der Bundesregierung zur Beurteilung des strafrechtlichen Sanktionensystems vom 7.7.1986, BT-Drucks. 10/5828, S. 7. Gar für eine Renaissance der kurzen Freiheitsstrafe plädiert Weigend, JZ 1986, 260, 264 ff. Ausführlich zum Für und Wider einer Ausdehnung der Strafaussetzung Feltes, S. 43 ff.

98 ZRP 1990, 81 f.

stung ist, die den Verurteilten unmittelbar angeht und die von ihm erwartet wird. Dadurch würden auch im Erwachsenenstrafrecht die Akzente richtig gesetzt werden. Schließlich war das strafrechtliche Sanktionensystem - und damit auch die Strafaussetzung zur Bewährung - Thema der strafrechtlichen Abteilung des 59. Deutschen Juristentages 1992 in Hannover[99].

99 Vgl. dazu das Gutachten C zum 59. Deutschen Juristentag von Schöch.

Zweites Kapitel - Die Voraussetzungen für den Widerruf der Strafaussetzung zur Bewährung wegen der Begehung einer neuen Straftat

Bevor im nächsten Abschnitt der Meinungsstand in Rechtsprechung und Literatur zu der Problematik, was unter der Begehung einer neuen Straftat i.S. des § 56f Abs. 1 Satz 1 Nr. 1 StGB zu verstehen ist, dargestellt wird, sollen zunächst die sonstigen Voraussetzungen dieser Widerrufsnorm erörtert werden.

Der Widerruf nach § 56f Abs. 1 Satz 1 Nr. 1 StGB setzt voraus, daß der Verurteilte in der Bewährungszeit[100] eine Straftat begeht und dadurch zeigt, daß die Erwartung, die der Strafaussetzung zugrunde lag, sich nicht erfüllt hat.

I. Die neue Straftat

Der Begriff "Straftat" ist im Gesetz nicht definiert. Allgemeiner Konsens besteht insoweit, als sämtliche materiell-rechtlichen Voraussetzungen der Strafbarkeit der neuen Tat erfüllt sein müssen[101]. Das bedeutet, daß der Verurteilte die objektiven und subjektiven Tatbestandsmerkmale des neuen Delikts verwirklicht haben muß; die Tat muß rechtswidrig sein und sie muß schuldhaft begangen worden sein. Es dürfen keine Strafausschließungs- oder Strafaufhebungsgründe zugunsten des Verurteilten eingreifen. Soweit erforderlich müssen auch die objektiven Strafbarkeitsbedingungen erfüllt sein. Eine "Straftat" i.S. des § 56f Abs. 1 Satz 1 Nr. 1 StGB kann auch der Verstoß gegen eine Weisung sein, die im Rahmen gleichzeitig angeordneter oder eingetretener Führungsaufsicht erteilt worden ist (siehe §§ 68b Abs. 1, 68g i.V.m. § 145a StGB).

Fraglich ist jedoch, ob ein Widerruf auch dann in Betracht kommt, wenn eine Verurteilung wegen der neuen Straftat aus prozessualen Gründen nicht erfolgen kann - sei es, daß ein für die Anlaßtat erforderlicher Strafantrag nicht gestellt, sei es, daß

---

100 Oder in der Zeit zwischen der Entscheidung über die Strafaussetzung und deren Rechtskraft (§ 56f Abs. 1 Satz 2 StGB).

101 Vgl. nur KG, JR 1983, 423 f. und aus dem Schrifttum Stree, in Schönke/Schröder, § 56f StGB, Rdn. 3.

das Verfahren wegen der neuen Tat nach §§ 153 ff. StPO eingestellt worden ist[102]. Die überwiegende Auffassung hält in diesen Fällen einen Widerruf für zulässig[103]. Das OLG Hamburg[104] hat zu dieser Problematik ausgeführt, daß es nicht auf die formellen Verfolgungsvoraussetzungen[105] ankomme, sondern ausschließlich auf die materiellen Voraussetzungen der neuen Straftat. Das Gericht begründet seine Rechtsauffassung zum einen mit der Entstehungsgeschichte des § 56f StGB[106] zum anderen mit dem inhaltlichen Gehalt des Rechtsinstituts. Der Widerruf stelle keine Ahndung und Verfolgung der neuen Tat dar, sondern korrigiere die ursprüngliche Prognoseentscheidung aufgrund neuer Tatsachen[107].

Diese Argumentation ist zwar im Kern durchaus zutreffend. Ginge es im Widerrufsverfahren um die Verfolgung und Ahndung der neuen Tat, so läge bei einer späteren Verurteilung ein Verstoß gegen das Doppelbestrafungsverbot (ne bis in idem) vor. Aber auch wenn es "nur" um die Berichtigung der ursprünglichen Prognoseentscheidung geht, so kommt es doch entscheidend darauf an, von welchen Voraussetzungen die Korrektur dieser Prognoseentscheidung abhängt: Nämlich

---

102 Eine ähnlich gelagerte Problematik stellt sich bei der Frage, inwieweit nach §§ 154, 154a StPO eingestellte Taten oder Tatteile bei der Strafzumessung strafschärfend berücksichtigt werden dürfen. Während der BGH zunächst eine Verwertung ablehnte, hat er sie seit den 80iger Jahren für zulässig gehalten, wenn die verwerteten Taten oder Tatteile prozeßordnungsgemäß festgestellt und der Angeklagte auf die strafschärfende Verwertung hingewiesen worden ist; BGH, NStZ 1981, 100; BGHSt 30, 147 f.; siehe die (wechselvolle) Rechtsprechung nachzeichnend Vogler, in Festschrift für Kleinknecht, S. 429-432. Im Schrifttum wird die Verwertung eingestellter Taten oder Tatteile überwiegend für zulässig erachtet, vgl. Terhorst, MDR 1979, 17 ff.; ders., JR 1984, 170 f.; Bruns, Leitfaden, S. 195 f.; ders., NStZ 1981, 81 ff., insbesondere 84 ff.; ders., StV 1983, 15 ff.; Geppert, Jura 1986, 309, 316 f.; wobei die beiden letztgenannten Autoren dieselben Anforderungen an die Verwertbarkeit stellen wie der BGH. A.A. - auf die Unvereinbarkeit mit der Unschuldsvermutung abstellend - Vogler, in Festschrift für Kleinknecht, S. 429, 438-441; Haberstroh, NStZ 1984, 289, 292. Der Problemkreis wird umfassend behandelt von Appl, Die strafschärfende Verwertung von nach §§ 154, 154a StPO eingestellten Nebendelikten und ausgeschiedenen Tatteilen bei der Strafzumessung.

103 Stree, in Schönke/Schröder, § 56f StGB, Rdn. 3; Gribbohm, in LK, § 56f StGB, Rdn. 2; Frank, MDR 1982, 353, 354 (im Grundsatz zustimmend, kritisch aber zum Strafantrag); OLG Hamburg, JR 1979, 379 f. = MDR 1979, 515 f. mit zustimmender Anm. Zipf, JR 1979, 380 f. A.A. Vogler, in Festschrift für Tröndle, S. 423, 430, Fn. 38; Horn, in SK, § 56f StGB, Rdn. 7 (für das Fehlen eines Strafantrages).

104 JR 1979, 379 = MDR 1979, 515 f.; ihm folgend jetzt auch OLG Karlsruhe, MDR 1993, 780.

105 In dem vom OLG entschiedenen Fall scheiterte eine Verurteilung teils an Einstellungen nach §§ 153 ff. StPO, teils am fehlenden Strafantrag und an der Verneinung des besonderen öffentlichen Interesses (§ 232 StGB).

106 Siehe zu ihr ausführlich unten S. 66 ff.

107 Ebenso Zipf, JR 1979, 380.

von der Begehung einer neuen Straftat! Mit dem Hinweis darauf, daß es im Widerrufsverfahren formell nicht um die Verfolgung und Ahndung der neuen Tat geht, kann deshalb der Widerruf beim Fehlen von Verfolgungsvoraussetzungen nicht begründet werden. Die Lösung hängt vielmehr vom Ergebnis der Problematik ab, die den Gegenstand dieser Arbeit bildet. Verlangt man eine (rechtskräftige) Verurteilung wegen der neuen Tat, so ist ein Widerruf beim Fehlen einer Verfolgungsvoraussetzung unzulässig. Begnügt man sich dagegen damit, daß das Widerrufsgericht davon überzeugt ist, daß der Verurteilte die neue Tat materiell-rechtlich begangen hat, so kommt es auf die Verfolgungsvoraussetzungen nicht an.

Das Problem, inwieweit nach §§ 153 ff. StPO eingestellte Taten einen Widerruf rechtfertigen können, stellt sich in der Praxis jedoch weniger bedeutungsvoll dar. Halten die Strafverfolgungsorgane neue Straftaten nämlich für so geringwertig, daß sie sie nicht weiter verfolgen, sondern nach §§ 153, 153a StPO einstellen, so können diese in den meisten Fällen auch nicht als Anlaß für einen Widerruf herangezogen werden. Denn bei Bagatelldelikten (z.B. Diebstahl oder Unterschlagung geringwertiger Sachen, § 248a StGB) wird häufig die ursprünglich günstige Sozialprognose nicht als widerlegt angesehen werden können[108]. Die gleichen Erwägungen gelten bei den Delikten, die einen Strafantrag erfordern (z.B. Hausfriedensbruch, Beleidigung, einfache Körperverletzung).

II. Zeitpunkt der Begehung der neuen Straftat

Die widerrufsbegründende Straftat muß nach dem Wortlaut des § 56f Abs. 1 Satz 1 Nr. 1 StGB in der Bewährungszeit[109] begangen sein, d.h. zwischen der Rechtskraft der Entscheidung über die Anordnung der Aussetzung (§ 56a Abs. 2 Satz 1 StGB) und dem Ende der Bewährungszeit. § 56f Abs. 1 Satz 2 StGB[110] dehnt den Zeitraum der widerrufsrelevanten Straftaten auf solche aus, die zwischen der Entscheidung über die Strafaussetzung und deren Rechtskraft begangen werden, wo-

---

108 Vgl. dazu unten S. 27 ff.

109 Ob auch Verhaltensweisen außerhalb der Bewährungszeit einen Widerruf begründen können, war unter der Geltung des § 25 Abs. 2 Nr. 4 StGB a.F. umstritten. Für eine Berücksichtigung des Täterverhaltens bis zur Entscheidung über den Widerruf bzw. den Straferlaß OLG Braunschweig, NJW 1964, 1581 ff. mit zustimmender Anm. Dreher, NJW 1964, 1581, 1582 f.; LG Essen, Rpfl. 1961, 435; zu Recht dagegen OLG Köln, MDR 1964, 75 (sonst unzulässige Verlängerung der Bewährungszeit) mit ablehnender Anm. Dreher, MDR 1964, 75, 76; Pohlmann, Rpfl. 1961, 435; Schulze, NJW 1957, 772, 774; Oske, MDR 1966, 290, 292. Diese Streitfrage ist indes durch die Streichung des § 25 Abs. 2 Nr. 4 StGB a.F. durch das 1. StrRG gegenstandslos geworden.

110 Eingefügt durch das 23. StÄndG vom 13.4.1986, BGBl. I, S. 393.

durch eine unerfreuliche Konsequenz der Regelung in Satz 1 beseitigt worden ist[111].

Bei einer fortgesetzten Tat muß ein Teilakt in die Bewährungszeit fallen[112], bei einem Dauerdelikt muß der rechtswidrige Zustand während dieser Zeit herbeigeführt worden sein oder noch fortdauern[113]. Wird eine Strafe nachträglich in eine Gesamtstrafe einbezogen, muß die neue Tat nach Rechtskraft des Gesamtstrafenbeschlusses begangen werden. Es genügt nicht, daß sie innerhalb der Bewährungszeit einer in die Gesamtstrafe einbezogenen Verurteilung begangen worden ist, da die einbezogenen Strafen durch die Bildung der Gesamtstrafe ihre selbständige Bedeutung verlieren[114].

III. Die neue Straftat als Prognosebasis für die Nichterfüllung der ursprünglich günstigen Erwartung

Durch die Begehung einer neuen Straftat muß der Proband zeigen, daß sich die der Strafaussetzung zugrunde liegende Erwartung nicht erfüllt hat.

Die Erwartungsformel wurde durch das 1. StrRG in das StGB aufgenommen. Durch sie soll die bisherige schematische Handhabung des Widerrufs verhindert und es den Gerichten ermöglicht werden, in jedem Einzelfall eine sachgerechte Entscheidung zu treffen[115].

Die Erwartung i.S. von § 56f Abs. 1 Satz 1 Nr. 1 StGB darf nicht so verstanden werden, daß sich der Verurteilte in dem maßgeblichen Zeitraum völlig legal verhalten muß, was zur Konsequenz hätte, daß jede neue Straftat die Erwartung widerlegen würde[116]. Die Erwartungsformel soll vielmehr den Kreis der vor einen Wider-

---

111 Vgl. zur alten Rechtslage OLG Zweibrücken, MDR 1966, 333 f.; Ruß, in LK, 10. Aufl., § 56f StGB, Rdn. 4.

112 OLG Celle, NJW 1957, 113.

113 Vgl.Gribbohm, in LK, § 56f StGB, Rdn. 3 m.w.N.

114 BGHSt 7, 180, 185; OLG Karlsruhe, MDR 1976, 862; GA 1989, 136; OLG Düsseldorf, JR 1984, 508 f. mit zustimmender Anm. Beulke, JR 1984, 509 ff.; OLG Düsseldorf, StV 1991, 30; OLG Hamm, StV 1987, 352 f.; OLG Stuttgart, MDR 1989, 282; vgl. dazu auch Dreher/Tröndle, § 56f StGB, Rdn. 3a.

115 Vgl. den Ersten Schriftlichen Bericht des Sonderausschusses für die Strafrechtsreform, BT-Drucks. V/4094, S. 13.

116 Gribbohm, in LK, § 56f StGB, Rdn. 13; Dreher/Tröndle, § 56f StGB, Rdn. 3c; Stree, in Schönke/Schröder, § 56f StGB, Rdn. 4; Maurach/Gössel/Zipf, § 65 II, S. 649.

ruf gesetzten neuen Straftaten begrenzen. Die ungünstige Prognose ist das Korrektiv dafür, daß im Gegensatz zu § 25 Abs. 2 Nr. 2 StGB a.F., der nur vorsätzliche Straftaten erfaßte, nach dem Gesetzeswortlaut an sich jede neue Straftat zum Widerruf führen kann. Die Anlaßtat ist deshalb nur ein - wenngleich schwerwiegendes - Indiz für die Erschütterung der ursprünglichen Bewährungsentscheidung[117]. Sie muß daher daraufhin untersucht werden, ob sie geeignet ist, die ursprüngliche Erwartung zu widerlegen. Das über den Widerruf entscheidende Gericht muß im Hinblick auf die nunmehr begangene Straftat die Überlegung anstellen, ob unter Berücksichtigung aller Umstände, d.h. der neuen Tat und anderer inzwischen eingetretener Umstände, über den Verurteilten auch jetzt noch eine günstige Prognose abgegeben werden kann[118]. Umstritten ist, ob zwischen der abgeurteilten und der neuen Straftat ein "kriminologischer Zusammenhang" bestehen muß, ob sich also die zunächst zutage getretene kriminelle Handlungsbereitschaft in der bewährungsrelevanten Zeit in ähnlich gelagerten Taten fortgesetzt hat, um aus der neuen Tat eine Negativprognose ableiten zu können[119]. Eine günstige Prognose wird bei Fahrlässigkeitsdelikten - jedenfalls nach vorausgegangenen Vorsatzdelikten - und bei geringfügigen Vorsatztaten zumeist zu bejahen sein, sofern diese zu der ursprünglichen Tat in keinerlei Beziehung stehen[120], während bei erheblichen Straftaten in der Regel ein Widerruf auszusprechen sein wird[121]. Ein Widerruf kann prinzipiell auch dann erfolgen, wenn wegen der neuen Tat die Strafe zur Bewährung

---

117 Gleichwohl wird in der Praxis fast jede neue Straftat als Widerlegung der Erwartung angesehen, da sehr hohe Anforderungen an die günstige Prognose gestellt werden, vgl. OLG Bremen, MDR 1974, 593; OLG Saarbrücken, NJW 1975, 2215, 2217; LG Kassel, NJW 1971, 475 f. Das OLG Koblenz, NStE Nr. 28 zu § 56f StGB, läßt einen Widerruf sogar dann zu, wenn der Verurteilte vom Vorwurf der neuen Tat freigesprochen wird, weil diese zum Zeitpunkt der Entscheidung nicht strafbar war! Kritisch zu dieser Rechtsprechung Boetticher, NStZ 1991, 1, 2 f.; OLG Schleswig, JR 1981, 162 f. mit Anm. Schöch, JR 1981, 164 ff.

118 Stree, NStZ 1992, 153, 159; Horn, in SK, § 56f StGB, Rdn. 13; ders., JR 1981, 5, 7.

119 Bejahend OLG Düsseldorf, StV 1983, 338; Horn, in SK, § 56f StGB, Rdn. 12; ders., JR 1981, 5, 7 f.; Klussmann, NJW 1973, 685, 686; verneinend Dreher/Tröndle, § 56f StGB, Rdn. 3c; Gribbohm, in LK, § 56f StGB, Rdn. 13.

120 Z.B. fahrlässige Tötung oder Körperverletzung im Straßenverkehr nach früherem Diebstahl oder umgekehrt. Anders aber, wenn ein Fahrlässigkeitsdelikt dem bereits abgeurteilten Fahrlässigkeitsverhalten entspricht oder ähnelt (z.B. fahrlässig begangene Verkehrsstraftaten).

121 Schöch, JR 1981, 164, 165; Stree, in Schönke/Schröder, § 56f StGB, Rdn. 4; OLG Koblenz, OLGSt Nr. 1 zu § 56f StGB.

ausgesetzt wurde; allerdings kann in solchen Fällen zumeist noch eine günstige Prognose angenommen werden[122].

IV. Absehen vom Widerruf

Liegen die Voraussetzungen des Widerrufsgrundes des § 56f Abs. 1 Satz 1 Nr. 1 StGB vor, so hat dies nicht zwingend den Widerruf der Strafaussetzung zur Folge. Das Widerrufsgericht muß vielmehr in jedem Fall prüfen, ob sich die der Strafaussetzung zugrunde liegende Erwartung trotz der bisherigen (negativen) Erfahrungen mit Hilfe einer (Neu-) Gestaltung des Bewährungsprogramms nach § 56f Abs. 2 Satz 1 StGB noch realisieren läßt[123]. § 56f Abs. 2 StGB ist eine gesetzlich normierte Ausprägung des Verhältnismäßigkeitsprinzips; genügen weniger einschneidende Maßnahmen als der Widerruf, um den Verurteilten von der Begehung weiterer Straftaten abzuhalten, so sind (zunächst) diese zu ergreifen[124]. § 56f Abs. 2 StGB dient damit der Widerrufsvermeidung in den Fällen, in denen ambulante Maßnahmen ausreichen, um den Aussetzungszweck zu erreichen[125].

Eine erhebliche Bedeutung im Rahmen der nach § 56f Abs. 2 Satz 1 StGB möglichen Bewährungsmaßnahmen kommt der Verlängerung der Bewährungszeit zu[126]. In diesem Zusammenhang stellen sich gleich mehrere Probleme. Da deren Lösungen für den weiteren Gang der Arbeit von untergeordneter Bedeutung sind, sollen die einzelnen Probleme zum besseren Verständnis dieser Vorschrift lediglich ange-

---

122 BVerfG, NStZ 1985, 357; LG Berlin, StV 1988, 395; OLG Koblenz vom 15.6.1982 - 1 Ws 345/82 -, unveröffentlicht; vom 3.4.1989 - 1 Ws 208/89 -, unveröffentlicht; Lackner, § 56f StGB, Rdn. 4; Stree, in Schönke/Schröder, § 56f StGB, Rdn. 5; a.A. LG Bochum, StV 1990, 270 (Ls.).

123 Ein Absehen vom Widerruf nach § 56f Abs. 2 StGB kommt nur dann in Betracht, wenn die Strafaussetzung an sich widerrufen werden müßte. Der Widerrufsrichter darf nicht die Frage des Widerrufsgrundes nach § 56f Abs. 1 Satz 1 Nr. 1 StGB offen lassen, um den bequemeren Weg über Abs. 2 zu gehen. Zum Verhältnis zwischen § 56f Abs. 1 und Abs. 2 StGB siehe Horn, JR 1981, 5 ff. und OLG Schleswig, JR 1981, 162 f. mit Anm. Schöch, JR 1981, 164 ff.

124 Stree, in Schönke/Schröder, § 56f StGB, Rdn. 9; Lackner, § 56f StGB, Rdn. 9; OLG Düsseldorf, StV 1990, 118; StV 1991, 29, 30.

125 Dreher/Tröndle, § 56f StGB, Rdn. 8; Dölling, NStZ 1989, 345, 347; Maatz, MDR 1988, 1017.

126 Die Verlängerung der Bewährungszeit darf nach § 56f Abs. 2 Satz 1 Nr. 2, Satz 2 StGB nur erfolgen, wenn ein Widerrufsgrund nach § 56f Abs. 1 StGB vorliegt. Anderenfalls ist eine Verlängerung der Bewährungszeit nur nach Maßgabe des § 56a Abs. 2 Satz 2 StGB möglich. Zur unterschiedlichen Tragweite beider Vorschriften siehe den folgenden Text.

deutet und die zu ihrer Lösung vertretenen Meinungen nur skizziert werden, zumal genügend Material zur Verfügung steht[127].

Die Verlängerung der Bewährungszeit ist nach § 56f Abs. 2 Satz 1 Nr. 2, Satz 2 StGB - im Gegensatz zu § 56a Abs. 2 Satz 2 StGB - auch noch nach ihrem Ablauf zulässig[128].

Mit dem Wegfall des Verweises auf § 56a Abs. 2 Satz 2 StGB wurde auch das Problem virulent, ob das gesetzliche Höchstmaß des § 56a StGB von fünf Jahren Bewährungszeit auch bei einer Verlängerung nach § 56f Abs. 2 Satz 1 Nr. 2, Satz 2 StGB gilt oder ob die Bewährungszeit insgesamt dieses Maß überschreiten darf. Zusätzlich stellt sich die Frage, für welche Fälle die Beschränkung der Verlängerung in § 56f Abs. 2 Satz 2 StGB ("nicht um mehr als die Hälfte der zunächst bestimmten Bewährungszeit") gilt.

Die restriktivste Meinung läßt eine Verlängerung generell nur bis zur Höchstgrenze des § 56a Abs. 1 Satz 2 StGB zu und sieht in § 56f Abs. 2 Satz 2 StGB eine zusätzliche Schranke[129].

Nach h.M. darf die Bewährungszeit bis zum Höchstmaß des § 56a Abs. 2 StGB ohne die Einschränkung des § 56f Abs. 2 Satz 2 StGB verlängert werden; erst beim Überschreiten der 5-Jahres-Grenze gelte die zusätzliche Schranke des § 56f Abs. 2 Satz 2 StGB[130]. Daraus ergibt sich, daß eine Verlängerung der Bewährungszeit um maximal 2 1/2 Jahre zulässig ist, so daß die Bewährungszeit insgesamt bis zu 7 1/2 Jahren betragen kann.

---

127 Siehe Horn, JR 1981, 5 ff.; Hein, NStZ 1983, 252 f.; Maatz, MDR 1988, 1017 ff.; Dölling, NStZ 1989, 345 ff.; Schrader, MDR 1990, 391 ff.

128 Zu dieser - früher umstrittenen - Ansicht hat sich der Gesetzgeber durch die Streichung der bisherigen Verweisung auf § 56a Abs. 2 StGB im 20. StÄndG vom 8.12.1981 bekannt (vgl. Beschlußempfehlung und Bericht des Rechtsausschusses (6. Ausschuß) zum Entwurf eines 17. StÄndG, BT-Drucks. 8/3857, S. 12). Das 23. StÄndG vom 13.4.1986 hat zwar die insoweit klare Regelung modifiziert und wieder Anlaß zu Zweifeln gegeben, gleichwohl ist dieses Verständnis des § 56f Abs. 2 Satz 2 StGB heute nahezu allgemeine Meinung; vgl. Dreher/Tröndle, 56f StGB, Rdn. 8; Gribbohm, in LK, § 56f StGB, Rdn. 39; Horn, in SK, § 56f StGB, Rdn. 30; Kunert, NStZ 1982, 89, 94.

129 LG Kiel, NStZ 1988, 501 f. mit (im Ergebnis) zustimmender Anm. Kusch, NStZ 1988, 502; ebenso wohl BGH, StV 1987, 350.

130 OLG Celle, StV 1987, 496 f.; OLG Düsseldorf, StV 1990, 118 = MDR 1990, 356; OLG Frankfurt, StV 1989, 25; OLG Oldenburg, NStZ 1988, 502 = MDR 1988, 1070 f.; LG Limburg, NStE Nr. 21 zu § 56f StGB; Stree, in Schönke/Schröder, § 56f StGB, Rdn. 10a; Dölling, NStZ 1989, 345, 346 f.; Horn, JR 1988, 31 f.

Eine dazwischen liegende Meinung will eine Verlängerung der Bewährungszeit über fünf Jahre hinaus ebenfalls zulassen, aber die Schranke des § 56f Abs. 2 Satz 2 StGB in jedem Fall anwenden[131]. Danach beurteilt sich die Verlängerung der Bewährungszeit nach deren Ablauf ausschließlich nach § 56f Abs. 2 Satz 2 StGB.

Die h.M. kann die stichhaltigeren Argumente für sich beanspruchen. Sie wird dem Ziel des § 56f Abs. 2 StGB, der Widerrufsvermeidung durch Gebrauchmachen von dem erweiterten Maßnahmenkatalog des § 56f Abs. 2 Satz 1 StGB, am nachhaltigsten gerecht und führt dazu, daß die Möglichkeit der Verlängerung der Bewährungszeit bei Vorliegen eines Widerrufsgrundes nicht stärker eingeschränkt wird als bei § 56a Abs. 2 StGB.

Problematisch ist schließlich, was unter der "zunächst bestimmten Bewährungszeit" bei mehrfacher Verlängerung zu verstehen ist[132]. Hier stellt sich die Frage, ob für die Berechnung der zulässigen Verlängerungszeit an die ursprünglich festgesetzte Bewährungszeit[133] oder an die zuletzt vom Gericht bestimmte Zeit[134] anzuknüpfen oder ob gar die gesamte bisherige Bewährungszeit Ausgangspunkt der Neuberechnung ist[135].

Ob mit der Verlängerung der Bewährungszeit eine neue Bewährungszeit in Gang gesetzt wird[136] oder ob sich die Verlängerung rückwirkend nahtlos an die bisherige Bewährungszeit anschließt[137], kann letztlich dahinstehen. Von erheblicher praktischer Bedeutung ist dagegen, daß sich ein etwaiges Fehlverhalten des Verurteilten erst vom Zeitpunkt der neuen Bewährungsentscheidung an widerrufsrelevant auswirken kann, da der Verurteilte in dem Zeitraum zwischen dem Ablauf der

---

131 OLG Zweibrücken, NStZ 1987, 328; Maatz, MDR 1988, 1017, 1018.

132 Zur Illustration mag folgendes Beispiel dienen: Eine ursprünglich dreijährige Bewährungszeit wurde auf 4 1/2 Jahre verlängert. Um welchen Zeitraum darf sie nochmals verlängert werden, um 1 1/2 Jahre, um 3/4 Jahr oder um 2 1/4 Jahre?

133 OLG Zweibrücken, NStZ 1987, 328 = JR 1988, 30 f. mit Anm. Horn, JR 1988, 31 f.; OLG Hamm, NStZ 1988, 291, 292; OLG Frankfurt, StV 1989, 25; Dölling, NStZ 1987, 345, 347.

134 LG Itzehoe, SchlHA 1987, 186 f.

135 Maatz, MDR 1988, 1017, 1020; Horn, in SK, § 56f StGB, Rdn. 30c.

136 So Horn, NStZ 1986, 356; Stree, in Schönke/Schröder, § 56f StGB, Rdn. 10. Begründung: Der Zeitraum zwischen dem Ablauf der ursprünglichen Frist und dem "Verlängerungs"beschluß könne nicht durch diesen Beschluß "rückwirkend" zu einer Bewährungszeit i.S. des § 56f Abs. 1 StGB gemacht werden.

137 So OLG Celle, MDR 1991, 660 f. = NStZ 1991, 206; Dreher/ Tröndle, § 56f StGB, Rdn. 8; Gribbohm, in LK, § 56f StGB, Rdn. 40 ff.

ursprünglichen Frist und dem Verlängerungsbeschluß dem Bewährungsregime (zumindest) tatsächlich nicht unterworfen war.

V. Zeitpunkt der Widerrufsentscheidung

Liegen die soeben[138] näher beschriebenen Voraussetzungen für einen Widerruf der Strafaussetzung vor, so hat ihn das zuständige Gericht auszusprechen; anderenfalls hat es die Strafe nach § 56g Abs. 1 Satz 1 StGB zu erlassen.

Fraglich ist, wie lange nach Ablauf der Bewährungszeit[139] das Gericht den Widerruf aussprechen darf[140]. Gesetzliche Fristen hierfür bestehen nicht. Absolute Grenzen für die Widerrufsentscheidung bilden der (rechtskräftige) Straferlaß - danach ist nur noch ein Widerruf des Straferlasses nach § 56g Abs. 2 StGB möglich - und der Eintritt der Vollstreckungsverjährung (§ 79 Abs. 1 i.V.m. Abs. 3 StGB)[141]. Eine zum Teil befürwortete analoge Anwendung der Einjahresfrist des § 56g Abs. 2 Satz 2 StGB[142] ist überwiegend auf Ablehnung gestoßen[143]. Aus rechtsstaatlichen Gründen (Rechtssicherheit, Vertrauensschutz) ist es aber gleichwohl geboten, daß das Gericht so bald wie möglich nach Ablauf der Bewährungszeit[144] über den Widerruf befindet, um den Verurteilten nicht zu lange in Ungewißheit über die Ent-

---

138 S. 24 ff.

139 Daß der Widerruf nicht nur innerhalb, sondern auch noch nach Ablauf der Bewährungszeit zulässig ist, ist heute communis opinio, vgl.nur Gribbohm, in LK, § 56f StGB, Rdn. 47 mit zahlreichen Nachweisen aus der Rechtsprechung. A.A. - soweit ersichtlich - nur Jagusch, in LK, 8. Aufl., § 25 StGB, Anm. 1, 2.

140 Eine ähnlich gelagerte Problematik stellt sich, wenn das Gericht Kenntnis von der Begehung einer Straftat erlangt, insbesondere wenn die Bewährungszeit noch längere Zeit fortdauert (z.B. ein bis zwei Jahre).

141 Hierbei ist zu beachten, daß die Vollstreckungsverjährung während der Bewährungszeit ruht, § 79a Nr. 2b StGB.

142 Stree, in Schönke/Schröder, § 56f StGB, Rdn. 13; Jescheck, § 79 I 6, S.761. Eine Frist von höchstens einem Jahr nach Ablauf der Bewährungszeit sah auch der Alternativentwurf in seinem § 46 Abs. 2 vor.

143 Gribbohm, in LK, § 56f StGB, Rdn. 47; Dreher/Tröndle, § 56f StGB, Rdn. 2a; Schrader, NJW 1973, 1832, 1833 f.; Frank, MDR 1982, 353, 360; OLG Hamm, NJW 1972, 500, 501; NJW 1974, 1520; OLG Zweibrücken, MDR 1989, 178 f.; OLG Karlsruhe, MDR 1974, 245.

144 Bzw. nach Kenntnis von einem bewährungswidrigen Verhalten.

scheidung der Widerrufsfrage zu lassen[145]. Der Zeitdruck, dem das Gericht ausgesetzt ist, birgt die Gefahr in sich, daß in erheblichem Umfang Straftaten, die vom Verurteilten in der Bewährungszeit begangen sein könnten, übersehen und vom Widerrufsgericht unberücksichtigt gelassen werden. Dieses Dilemma ergibt sich insbesondere dann, wenn die neuen Straftaten erst gegen Ende der festgesetzten Bewährungszeit begangen werden. Es ist daher nunmehr der Frage nachzugehen, wie das Widerrufsgericht verfahren soll, wenn die Staatsanwaltschaft einen Antrag auf Widerruf der Strafaussetzung stellt[146], das Gericht aber vom Vorliegen der neuen Straftat noch nicht überzeugt oder diese noch nicht rechtskräftig abgeurteilt worden ist[147].

Zur Lösung dieses Problems bieten sich drei Verfahrensweisen an:

Stellt man sich auf den Standpunkt, daß das Gericht unmittelbar nach Ablauf der Bewährungszeit eine Entscheidung zu treffen habe, so bleibt ihm nur die Möglichkeit, den Straferlaß auszusprechen. Eine Korrektur dieser Entscheidung ist dann lediglich noch unter den restriktiven Voraussetzungen des § 56g Abs. 2 Satz 2 StGB möglich.
Spricht das Gericht trotz eines laufenden Strafverfahrens den Straferlaß aus, so ist dies zwar für den Verurteilten sehr günstig, trägt aber dem Umstand nicht Rechnung, daß immerhin der Verdacht einer Straftat besteht, der sich später erhärten

---

145 Vgl. Oske, MDR 1966, 290, 291; Maurach/Gössel/Zipf, § 65 II, S.650; Wendisch, in LR, § 453 StPO, Rdn. 12 f. Auf eine "rechtsstaatswidrige Verletzung des Beschleunigungsgebotes" stellt Horn, in SK, § 56f StGB, Rdn. 33, 37 und in Hilde Kaufmann-Gedächtnisschrift, S.545, 553 f. ab. Einen Überblick über die insoweit ein uneinheitliches Bild bietende Rechtsprechung gibt Horn, in sLK, § 56f StGB, Rdn. 11. Als noch zulässig wurden beispielsweise erachtet: "Drei Jahre nach Ablauf der Bewährungszeit" (OLG Hamm, JMBlNW 1982, 166 f.); "Zwei Jahre nach Ablauf der Bewährungszeit" (OLG Stuttgart, Die Justiz 1982, 273 f.). Dagegen wurden als nicht mehr zulässig angesehen: "Nahezu zwei Jahre nach Ablauf der Bewährungszeit" (OLG Koblenz, MDR 1985, 70); "mehr als drei Jahre nach Ablauf der Bewährungszeit" (OLG Zweibrücken, StV 1989, 24 f. = NStZ 1988, 501 und OLG Stuttgart, StV 1985, 380); "fast vier Jahre nach Ablauf der Bewährungszeit" (LG Kiel, StV 1990, 556).

146 Ausgangspunkt für die Durchführung eines gerichtlichen Widerrufsverfahrens ist zumeist ein Antrag der Staatsanwaltschaft auf Widerruf der gewährten Strafaussetzung. Das Gericht kann allerdings auch von sich aus ein Widerrufsverfahren einleiten (beispielsweise nachdem es von dem Bewährungshelfer des Verurteilten davon in Kenntnis gesetzt worden ist, daß gegen ihn [den Verurteilten] ein neues Strafverfahren durchgeführt wird).

147 Dieses Problem stellt sich insbesondere dann, wenn man eine rechtskräftige Verurteilung wegen der neuen Straftat verlangt. Es tritt aber - zeitlich bedingt in leicht abgeschwächter Form - auch dann auf, wenn man sich mit der Feststellung der neuen Straftat durch das Widerrufsgericht begnügt, so daß es - unabhängig vom Hauptproblem der Arbeit - an dieser Stelle zu erörtern ist.

und zur Gewißheit werden kann. Diese Auffassung hätte daher zur Folge, daß bewährungswidriges Verhalten häufig nicht zu einem Widerruf führen würde.

Um diese unerfreuliche Konsequenz zu vermeiden, bietet es sich an, die Bewährungszeit bis zur Beendigung des Strafverfahrens bzw. bis zum Abschluß der Überzeugungsbildung durch das Widerrufsgericht zu verlängern[148] (sofern dadurch nicht die gesetzliche Höchstfrist überschritten wird, vgl. §§ 56a Abs. 1 Satz 2, Abs. 2 Satz 2, 56f Abs. 2 StGB).
Die Verlängerung der Bewährungszeit vermeidet die oben geschilderten negativen Auswirkungen eines Straferlasses. Sofern sie bis zum rechtskräftigen Abschluß des Strafverfahrens ausgedehnt wird, schützt sie zudem den Verurteilten vor der Gefahr voreiliger und sich später als ungerechtfertigt herausstellender Widerrufe.
Eine solche Verlängerung hat jedoch den schwerwiegenden Nachteil, daß auch nach dem eigentlichen Ablauf der Bewährungszeit begangene Straftaten einen Widerruf zu begründen vermögen. Es darf aber nicht zu Lasten des verdächtigen Verurteilten gehen, wenn die Justiz nicht in der Lage ist, bis zum Ablauf der Bewährungszeit eine eventuell begangene Straftat aufzuklären. Die Frage, ob ein Verurteilter letztlich eine Freiheitsstrafe abzusitzen hat, darf nicht vom Arbeitstempo der Ermittlungsbehörden abhängen.
Eine Verlängerung der Bewährungszeit kommt deshalb nur als Maßnahme nach §§ 56a Abs. 2 Satz 2, 56e StGB oder § 56f Abs. 2 Satz 1 Nr. 2, Satz 2 StGB in Betracht nicht aber als Überbrückungsmaßnahme bis zur Aufklärung der neuen Straftat im für den Widerruf erforderlichen Ausmaß.

Der Interessenlage am besten gerecht wird die Aussetzung der Entscheidung über den Widerruf/Straferlaß bis zum rechtskräftigen Abschluß des neuen Strafverfahrens bzw. bis zur Überzeugungsbildung des Widerrufsgerichtes von der Begehung der neuen Straftat[149]. Dadurch wird die Gefahr, daß sich ein Straferlaß später als

---

148 OLG Stuttgart, MDR 1978, 1044 (Ls.). Eine Verlängerung der Bewährungszeit bis zum Abschluß eines bei Ablauf der Bewährungszeit anhängigen Strafverfahrens sah bereits ein Vorschlag für einen Gesetzentwurf von Lorenz, JR 1949, 393, 401, sub. § 17, vor.

149 Die Aussetzung der Entscheidung über Widerruf oder Straferlaß wurde schon in bezug auf den Widerrufsgrund des § 25 Abs. 2 Nr. 2 StGB a.F. vorgeschlagen, sofern die Ermittlungen des Widerrufsgerichtes ergaben, daß der Verurteilte innerhalb der Bewährungszeit wahrscheinlich eine Straftat begangen hat, aber deswegen noch nicht rechtskräftig verurteilt worden ist, vgl. Schulze, NJW 1957, 772, 773. Sie wird auch beim Rückfall von Drogenabhängigen befürwortet, wenn der Abhängige in dem neuen Verfahren zu einer Freiheitsstrafe ohne Bewährung verurteilt und die Strafvollstreckung gemäß § 35 BtMG zurückgestellt worden ist; OLG Düsseldorf, StV 1989, 159 f.; OLG Zweibrücken, MDR 1983, 150; KG, StV 1984, 341 f.; Hellebrand, StV 1989, 160 ff. mit instruktiver Problemdarstellung. Die Aussetzung erfolgt unabhängig davon, ob die Vorstrafe einschlägig war (so in den Fällen des OLG Düsseldorf und des OLG Zweibrücken) oder nicht (so im Fall des KG).

falsch herausstellt, ebenso vermieden wie die negativen Folgen einer Verlängerung der Bewährungszeit.

Drittes Kapitel - Der Meinungsstand in Rechtsprechung und Literatur

I. Überblick

Die Frage, was unter der "Begehung einer neuen Straftat" i.S. des § 56f Abs. 1 Satz 1 Nr. 1 StGB zu verstehen ist, ist in Rechtsprechung und Literatur umstritten.

Das BVerfG hat in vier Kammerbeschlüssen die Auffassung vertreten, daß für den Widerruf der Strafaussetzung eine rechtskräftige Verurteilung wegen der Nachtat nicht erforderlich sei[150].

Der BGH[151], der sich - soweit ersichtlich - erst einmal mit der Frage des Widerrufs wegen der Begehung einer neuen Straftat zu befassen hatte, läßt ebenfalls eine noch nicht rechtskräftig abgeurteilte Tat als Widerrufsanlaßtat genügen[152].

---

150 BVerfG vom 1.12.1986 - 2 BvR 1029/86 -, unveröffentlicht; vom 4.12.1986, NStZ 1987, 118 = NStE Nr. 3 zu § 56f StGB; vom 14.8.1987, NStZ 1988, 21 = NJW 1988, 1715 = NStE Nr. 4 zu § 454 StPO = NStE Nr. 21 zu § 57 StGB; vom 6.12.1989, NStZ 1991, 30.

151 Eine Entscheidungszuständigkeit des BGH besteht nur in den wenigen Fällen, in denen die Oberlandesgerichte als Gerichte des ersten Rechtszuges Beschlüsse nach § 56f StGB treffen und hiergegen nach §§ 453 Abs. 2, 304 Abs. 4 Satz 2 Nr. 5 StPO Beschwerde eingelegt wird. Bei Beschlüssen des Amtsgerichts endet der Rechtsweg beim Landgericht und bei Beschlüssen des Landgerichts als Gericht des ersten Rechtszuges beim Oberlandesgericht (vgl. §§ 453 Abs. 2, 310 StPO).

152 BGH vom 15.10.1973 - 4 StE 1/67 -, unveröffentlicht. Eine nähere Begründung für seine Meinung liefert der BGH nicht.

Dieser Auffassung sind auch 12 Oberlandesgerichte[153], während fünf Oberlandesgerichte[154] eine rechtskräftige Verurteilung wegen der Anlaßtat für unerläßlich erachten. Hierbei ist zu berücksichtigen, daß mehrere Oberlandesgerichte - z.B. das OLG Celle[155] - ihre Auffassung im Laufe der Zeit geändert haben.

Das Zahlenverhältnis in der Literatur entspricht demjenigen in der Rechtsprechung. Das Schrifttum hält ganz überwiegend eine rechtskräftige Verurteilung wegen der

153 OLG Schleswig vom 31.3.1992, StV 1992, 327 f. = NJW 1992, 2646 = JR 1993, 39 = wistra 1992, 311 = GA 1992, 371 f.; OLG Hamburg vom 22.12.1978, JR 1979, 379 f.; vom 15.10.1991, MDR 1992, 396 f. = StV 1992, 286 f. = NStZ 1992, 130 f.; OLG Bremen vom 3.10.1983, StV 1984, 382; vom 25.11.1983, StV 1984, 125; vom 2.8.1985, StV 1986, 165 f.; vom 6.4.1989, StV 1990, 118 f.; OLG Celle vom 10.3.1971, NJW 1971, 1665 f.; KG vom 26.11.1965, JR 1966, 109 (zu § 25 Abs. 2 Nr. 4 StGB a.F.); vom 29.9.1987, StV 1988, 26 f.; OLG Hamm vom 6.2.1973, NJW 1973, 911 f.; vom 12.3.1974, NJW 1974, 1520; vom 6.8.1991, StV 1992, 284 f.; OLG Köln vom 16.10.1990, NJW 1991, 505 f. = MDR 1991, 367 f.; OLG Düsseldorf vom 6.11.1985, StV 1986, 346; vom 7.11.1986, NStE Nr. 6 zu § 56f StGB; vom 24.1.1991, OLGSt Nr. 16 zu § 56f StGB = MDR 1991, 787; vom 19.2.1991, wistra 1991, 186 = MDR 1991, 982 = GA 1991, 512 = OLGSt Nr. 12 zu § 56f StGB; vom 13.6.1991, StV 1992, 283 f. = GA 1992, 135 f. = OLGSt Nr.17 zu § 56f StGB; vom 29.1.1992, NStZ 1992, 300 = NJW 1992, 1183 = MDR 1992, 691 f.; vom 10.9.1992, NJW 1993, 1280 ff.; OLG Koblenz vom 12.9.1977, VRS 54, 192 f.; vom 23.10.1980, VRS 60, 426 ff.; vom 2.12.1980, VRS 60, 428 ff. = Blutalkohol 1981, 111 f.; vom 24.6.1987, VRS 73, 275 f.; OLG Zweibrücken vom 18.6.1985, StV 1985, 465 f.; OLG Karlsruhe vom 26.10.1973, MDR 1974, 245 = GA 1974, 156; vom 11.2.1993, MDR 1993, 780; OLG Stuttgart vom 30.5.1972, Die Justiz 1972, 318; vom 24.9.1975, NJW 1976, 200 f. = Die Justiz 1975, 476; vom 10.12.1976, NJW 1977, 1249; vom 16.5.1990, OLGSt Nr. 9 zu § 56f StGB; vom 6.5.1991, MDR 1991, 982; ferner LG Weiden vom 19.5.1970, MDR 1970, 940; LG Krefeld vom 28.11.1973, NJW 1974, 1476; LG Osnabrück vom 12.6.1991, NStZ 1991, 533 f.; LG Kiel vom 4.2.1991, SchlHA 1991, 10 ff.

154 OLG Schleswig vom 22.1.1991, StV 1991, 173 f.= NJW 1991, 2303 = MDR 1991, 787 = OLGSt Nr. 15 zu § 56f StGB; andeutungsweise bereits im Beschluß vom 3.1.1990 - 1 Ws 693/89 -, unveröffentlicht; OLG Celle vom 1.8.1990, StV 1990, 504 = MDR 1991, 76 f. = NdsRpfl 1990, 276; OLG Koblenz vom 9.1.1991, StV 1991, 172 f. = NStZ 1991, 253 f. = MDR 1991, 659 f. = OLGSt Nr. 10 zu § 56f StGB; OLG Bamberg vom 18.12.1990, StV 1991, 174; OLG München vom 19.12.1990, NJW 1991, 2302 f. = StV 1991, 174 (Ls). Ungenau LG Frankfurt vom 21.10.1983, StV 1984, 126 (im Regelfall rechtskräftige Verurteilung, zumindest aber Verurteilung in erster Instanz).

155 Vgl. die Entscheidung in NJW 1971, 1665 f. einerseits und in StV 1990, 504 andererseits.

Nachtat nicht für erforderlich[156], nur wenige Stimmen verlangen demgegenüber eine rechtskräftige Verurteilung[157].

Schließlich hat sich auch die Europäische Kommission für Menschenrechte in zwei Verfahren mit dem deliktsbedingten Widerruf beschäftigen müssen[158].

Im folgenden sollen zunächst die die jeweilige Auffassung in Rechtsprechung und Literatur tragenden Argumente zusammengefaßt und anschließend einer kritischen Würdigung unterzogen werden.

II. Die Rechtsprechung des BVerfG

Das BVerfG hat keine verfassungsrechtlichen Bedenken, den Widerruf der Strafaussetzung wegen einer in der Bewährungszeit begangenen Straftat zuzulassen, ohne daß diese zuvor rechtskräftig abgeurteilt worden ist. Es genüge vielmehr, daß das über den Widerruf entscheidende Gericht auf Grund eigenständiger Beurteilung davon überzeugt sei, daß der Verurteilte die neue Straftat begangen habe[159].

Die an die "Straftatbegehung" zu stellenden Anforderungen schließt das BVerfG aus dem Wesen der Prognoseentscheidung nach §§ 56, 57 StGB. Für eine ungünstige Prognosestellung im Rahmen der Entscheidung über die Strafaussetzung genüge die "hohe Wahrscheinlichkeit einer zwischenzeitlich begangenen weiteren Tat des Verurteilten". Der Widerruf der Strafaussetzung gemäß § 56f Abs. 1 StGB stelle sich seinem Charakter nach als bloße "Folgeentscheidung der für den Verurteilten positiven Entscheidungen" über die Straf- bzw. Strafrestaussetzung dar, mit der dem Verurteilten die ihm gewährte Vergünstigung wieder entzogen werde. An

---

156 Stree, in Schönke/Schröder, § 56f StGB, Rdn. 3; derselbe, NStZ 1992, 153 ff.; Ostendorf, StV 1992, 288 ff., der nunmehr unter engen Voraussetzungen eine Ausnahme vom Erfordernis einer rechtskräftigen Verurteilung zulassen will (anders noch in StV 1990, 230 ff. und AK-JGG, §§ 26, 26a Rdn. 7); Ruß, in LK, 10. Aufl., § 56f StGB, Rdn. 2a; Gribbohm, in LK, § 56f StGB, Rdn. 7; Dreher/Tröndle, § 56f StGB, Rdn. 3b; Lackner, § 56f StGB, Rdn. 3; Horn, in SK, § 56f StGB, Rdn. 8; Frank, MDR 1982, 353 ff.; Haberstroh, NStZ 1984, 289 ff.; Karlheinz Meyer, in Festschrift für Tröndle, S. 61 ff.; Schrader, NJW 1973, 1832 ff.; Schäfer, S. 59; Maurach/Gössel/Zipf, § 65 II, S. 649 f.; Brunner, NStZ 1991, 534 f.; Wendisch, JR 1992, 126 f.; Geppert, Jura 1993, 160, 163 f.; Gollwitzer, in LK, Art. 6 MRK, Rdn. 158.

157 Vogler, in Festschrift für Tröndle, S. 423 ff.; ders., in Festschrift für Kleinknecht, S. 429 ff.; IntKommEMRK (Vogler), Art. 6, Rz. 419; Mrozynski, JZ 1978, 255 ff.; Schwerin, SchlHA 1991, 205 ff.; Gössel, JR 1992, 125, 126.

158 Beschwerden-Nr. 12748/87 und 15871/89.

159 Vgl. die Nachweise in Fn. 150.

die Entziehung dieser Vergünstigung könnten aber nicht höhere Anforderungen - nämlich die Gewißheit des Vorliegens einer Straftat - gestellt werden als für deren vorgelagerte Entscheidung einer Bewährungsbewilligung[160]. Der Widerruf der Strafaussetzung wegen zwischenzeitlicher Entwicklungen soll nach dem BVerfG also dann zulässig sein, wenn ihretwegen schon die Aussetzung zur Bewährung hätte versagt werden dürfen. Mit dieser Wertung greift das BVerfG den durch das 1. StrRG vom 25.6.1969 aufgehobenen Widerrufsgrund des § 25 Abs. 2 Nr. 1 StGB a.F. ("das Gericht widerruft die Strafaussetzung, wenn ... Umstände bekannt werden, die bei Würdigung des Wesens der Aussetzung zu ihrer Versagung geführt hätten") wieder auf.

Im Widerruf der Strafaussetzung wegen der Begehung einer neuen Straftat, ohne daß es deswegen schon zu einer rechtskräftigen Verurteilung gekommen ist, erblickt das BVerfG auch keinen Verstoß gegen die Unschuldsvermutung des Art. 6 Abs. 2 EMRK[161]. Der Grundsatz der Unschuldsvermutung verbiete, ohne gesetzlichen, prozeßordnungsgemäßen Schuldnachweis in einem Strafverfahren Maßnahmen gegen den Beschuldigten zu verhängen, die in ihrer Wirkung einer Strafe gleichkommen[162]. Der Unschuldsvermutung widerspreche es jedoch nicht, wenn ein strafbares Verhalten, auch ohne rechtskräftige Aburteilung, in einem anderen gerichtlichen Verfahren - wie dem des Bewährungswiderrufes - festgestellt werde und hieraus für dieses Verfahren bestimmte Folgerungen gezogen werden[163].

III. Die sonstige Rechtsprechung

Nach bis Ende 1989 einhelliger Rechtsprechung der Oberlandesgerichte[164] ist für den Widerruf der Strafaussetzung zur Bewährung wegen der Begehung einer neuen Straftat eine rechtskräftige Verurteilung wegen der Anlaßtat nicht erforderlich. Verlangt wird lediglich, daß das über den Widerruf befindende Gericht auf Grund

---

160 BVerfG, NStZ 1987, 118.

161 BVerfG, NStZ 1988, 21; 1991, 30.

162 BVerfGE 74, 358, 371.

163 BVerfG, NStZ 1988, 21.

164 Vgl. die Nachweise in Fn. 153.

eigenständiger Beurteilung die feste Überzeugung gewinnt, daß der Verurteilte die Nachtat begangen hat[165].

Als Begründung dafür, weshalb ein rechtskräftiges Erkenntnis wegen der neuen Tat nicht für erforderlich gehalten wird, wird vom OLG Hamburg zunächst auf den Wortlaut des § 56f Abs. 1 Satz 1 Nr. 1 StGB hingewiesen. Aus der Sicht des Normadressaten komme in dem maßgeblichen Wortsinn zum Ausdruck, daß eine rechtskräftige Verurteilung nicht erforderlich sei[166].

Neben dem Wortlaut von § 56f Abs. 1 Satz 1 Nr. 1 StGB wird dessen systematische Stellung im Rahmen der Widerrufsregelung des § 56f StGB zur Begründung herangezogen. Beim Widerrufsgrund des Verstoßes gegen Weisungen (§ 56f Abs. 1 Satz 1 Nr. 2 StGB) genügt - einen gröblichen oder beharrlichen Verstoß gegen Weisungen vorausgesetzt - bereits die Besorgnis neuer Straftaten, bei § 56f Abs. 1 Satz 1 Nr. 3 StGB sogar der Auflagenverstoß als solcher. Angesichts dieser deutlich geringeren Eingriffsvoraussetzungen spreche nichts dafür, für den weitaus gewichtigeren Widerrufsgrund der Nr. 1 eine rechtskräftige Aburteilung der Anlaßtat im Erkenntnisverfahren zu verlangen[167].

In diesem Zusammenhang wird auch auf die Entstehungsgeschichte der jetzt geltenden gesetzlichen Fassung verwiesen. Der Gesetzgeber habe die einschränkende Voraussetzung der rechtskräftigen Verurteilung in § 25 Abs. 2 Nr. 2 StGB a.F. mit der Neufassung des § 25 Abs. 2 Nr. 1 StGB - mit der § 56f Abs. 1 Satz 1 Nr. 1 StGB insoweit wörtlich übereinstimmt - durch das 1. StrRG vom 25.6.1969 bewußt aufgegeben[168].

Schließlich wird mit Sinn und Zweck der Widerrufsvorschrift argumentiert und darauf abgestellt, daß ein Zuwarten auf eine rechtskräftige Nachverurteilung den Interessen des Verurteilten zuwiderlaufe. Nach Ansicht des OLG Düsseldorf[169] widerspricht das Abwarten einer rechtskräftigen Entscheidung dem Gesetzes-

---

165 OLG Karlsruhe, MDR 1974, 245; OLG Stuttgart, NJW 1976, 200; OLGSt Nr. 9 zu § 56f StGB; OLG Hamburg, MDR 1992, 396 f.; OLG Hamm, StV 1992, 284 f.; ebenso LG Kiel, SchlHA 1992, 10, 11.

166 OLG Hamburg, MDR 1992, 396, 397; ähnlich OLG Köln, NJW 1991, 505.

167 OLG Hamm, StV 1992, 284, 285; OLG Hamburg, MDR 1992, 396, 397; OLG Stuttgart, MDR 1991, 982; ferner LG Kiel, SchlHA 1992, 10, 11.

168 OLG Hamburg, MDR 1992, 396, 397; LG Kiel, SchlHA 1992, 10.

169 StV 1992, 283, 284; NJW 1993, 1280, 1281.

zweck, der eine möglichst frühzeitige Entscheidung über den Widerruf erfordere, um dem Resozialisierungsziel Rechnung tragen zu können. Das OLG Hamm[170] befürchtet ein weiteres Abgleiten des in der Bewährungszeit erneut straffällig gewordenen Probanden, wenn nicht schnellstmöglich ein Widerruf erfolge. Verlange man eine rechtskräftige Verurteilung, so sei eine Umsetzung desjenigen Verurteilten, der sich wegen der neuen Tat in Untersuchungshaft befinde, in Strafhaft nicht möglich[171]. Außerdem komme eine Einstellung des neuen Verfahrens nach § 154 StPO im Hinblick auf die Vollstreckung der ausgesetzten Strafe nicht mehr in Betracht[172].

Mit diesen Argumenten versucht die Rechtsprechung, durchaus erkannte Bedenken beiseite zu schieben. Das KG[173] räumt ein, daß das Widerrufsverfahren wenig geeignet sei, eine neue Straftat aufzuklären, die der Verurteilte bestreite, oder deren Vorliegen aus anderen Gründen zweifelhaft sei. Für das OLG Zweibrücken[174] hat der Widerruf "für den Verurteilten, praktisch gesehen, dieselbe Folge wie die Verurteilung zu einer nicht zur Bewährung ausgesetzten Freiheitsstrafe: Er muß die Freiheitsstrafe verbüßen". Deshalb bestehe kein Unterschied zwischen der "erneuten Bestrafung" und dem Widerruf der Strafaussetzung. Von dieser Prämisse ausgehend schildert das OLG das Dilemma, in dem sich das Widerrufsgericht befinde. Einerseits bestünden im Widerrufsverfahren keine der Hauptverhandlung vergleichbaren Regeln, andererseits dürfe das Widerrufsgericht aus prozeßwirtschaftlichen Gründen nicht die Hauptverhandlung vorwegnehmen. Es empfiehlt deshalb - obwohl es eine rechtskräftige Verurteilung nicht zwingend verlangt - grundsätzlich die Verurteilung wegen der Anlaßtat abzuwarten[175]. Auf die Gefahr widersprechender Entscheidungen, zu denen es dann käme, wenn das mit dem zweiten Verfahren befaßte Gericht freispräche, weist das OLG Stuttgart[176] hin.

---

170 NJW 1973, 911 f.

171 OLG Hamburg, MDR 1992, 396, 397; andeutungsweise auch OLG Düsseldorf, StV 1992, 283, 284. In dem der Entscheidung des OLG Hamburg zugrunde liegenden Sachverhalt strebte der Verurteilte, der sich wegen der neuen Tat in Untersuchungshaft befand, eine Umsetzung in Strafhaft zur Wahrnehmung von Ausbildungs- und Arbeitsmöglichkeiten an.

172 OLG Hamburg, MDR 1992, 396, 397.

173 JR 1966, 109.

174 StV 1985, 465.

175 StV 1985, 465, 466.

176 NJW 1964, 1585; OLGSt Nr. 9 zu § 56f StGB.

Während zahlreiche Entscheidungen, vor allem aus früherer Zeit, die Unschuldsvermutung nicht einmal erwähnen[177], erblicken die Gerichte, die die Unschuldsvermutung in ihre Überlegungen einbeziehen, in dem Widerruf vor rechtskräftiger Verurteilung wegen der Nachtat keinen Verstoß gegen Art. 6 Abs. 2 EMRK[178]. Zur Begründung wird angeführt, daß sich die Vorschrift des Art. 6 Abs. 2 EMRK nur auf dasjenige Verfahren beziehe, das mit dem Ziel einer Verurteilung eingeleitet werde. Dagegen schütze die Unschuldsvermutung nicht davor, daß ein strafbares Verhalten in einem anderen gerichtlichen Verfahren festgestellt werde und hieraus für dieses Verfahren bestimmte Schlußfolgerungen gezogen würden[179]. Denn der "gesetzliche Schuldnachweis", den Art. 6 Abs. 2 EMRK verlangt, könne nicht nur durch ein rechtskräftig abgeschlossenes Erkenntnisverfahren geführt werden. Ein solches gesetzlich geordnetes gerichtliches Verfahren sei auch das Verfahren zur Entscheidung über den Widerruf der Strafaussetzung nach §§ 453, 454 Abs. 3 StPO, in dem durch vorgeschriebenes rechtliches Gehör und volle Nachprüfbarkeit im Beschwerderechtszug für den Verurteilten die notwendigen Rechtsgarantien bereitgehalten würden[180].

Vor verfehlten sich später in dem Verfahren über die Anlaßtat als ungerechtfertigt herausstellenden Widerrufen versucht die Rechtsprechung sich dadurch zu schützen, daß sie an die richterliche Überzeugungsbildung in bezug auf die schuldhafte Begehung einer neuen Straftat hohe Anforderungen stellt[181]. Das Widerrufsgericht dürfe sich bei seiner Entscheidung nicht allein auf die Anklageschrift stützen. Es habe vielmehr selbst die Ermittlungsakten einzusehen und zu prüfen, ob Täterschaft und Schuld nach Aktenlage in einer jeden vernünftigen Zweifel ausschließenden

---

177 OLG Hamburg, JR 1979, 379; OLG Bremen, StV 1984, 125; StV 1984, 382; StV 1986, 165; StV 1990, 118; KG, StV 1988, 26; OLG Hamm, NJW 1973, 911; NJW 1974, 1520; OLG Düsseldorf, StV 1986, 346; NStE Nr. 6 zu § 56f StGB; OLG Koblenz, VRS 54, 192; VRS 60, 426; VRS 60, 428; VRS 73, 275; OLG Karlsruhe, MDR 1974, 245; OLG Stuttgart, Die Justiz 1972, 318; NJW 1976, 200; NJW 1977, 1249; OLGSt Nr. 9 zu § 56f StGB.

178 OLG Hamburg, MDR 1992, 396 f.; OLG Celle, NJW 1971, 1665 f.; KG, JR 1966, 109; OLG Hamm, StV 1992, 284, 285; OLG Köln, NJW 1991, 505 f.; OLG Düsseldorf, OLGSt Nr. 16 zu § 56f StGB; wistra 1991, 186; StV 1992, 283, 284; NStZ 1992, 300; NJW 1993, 1280, 1281; OLG Zweibrücken, StV 1985, 465; OLG Karlsruhe, MDR 1993, 780; OLG Stuttgart. MDR 1991, 982.

179 OLG Celle, NJW 1971, 1665, 1666; KG, JR 1966, 109; OLG Hamm, StV 1992, 284, 285; OLG Hamburg, MDR 1992, 396 f.

180 OLG Hamburg, MDR 1992, 396, 397; ähnlich LG Kiel, SchlHA 1992, 10 f.

181 OLG Stuttgart, MDR 1991, 982; OLG Düsseldorf, NStE Nr. 6 zu § 56f StGB; StV 1992, 283, 284; OLG Köln, NJW 1991, 505, 506; OLG Hamburg, MDR 1992, 396, 397.

Weise festgestellt werden können[182]. In den Fällen, in denen das Widerrufsgericht Zweifel an der Tatbegehung habe, sei der Eintritt der Rechtskraft des Schuldspruchs abzuwarten[183].

Das OLG Köln[184] führt als Beispiel an, daß sich das Widerrufsgericht "erst in eingehender Beweiswürdigung mit Einwendungen des noch nicht verurteilten Beschuldigten gegen die neuen Vorwürfe auseinandersetzen und insoweit einen "Schattenprozeß" nach Aktenlage im Vorgriff auf das zu erwartende Urteil führen muß, ohne daß der Beschuldigte dabei die vollen Verteidigungsmöglichkeiten des (noch ausstehenden) Hauptverfahrens ausschöpfen könnte". Daß es die Rechtsprechung mit den von ihr propagierten hohen Anforderungen an die Überzeugungsbildung durchaus ernst meint, belegt die Vielzahl der Entscheidungen, in denen sie einen Widerruf vor rechtskräftiger Verurteilung im konkreten Fall abgelehnt hat[185]. Die Obergerichte weisen insoweit einem Geständnis eine überragende Bedeutung zu. Ein Widerruf vor rechtskräftiger Nachverurteilung wird praktisch nur zugelassen, wenn der Verurteilte in dem Verfahren der Anlaßtat ein vom Widerrufsgericht für glaubhaft befundenes Geständnis abgelegt hat[186].

---

182 OLG Stuttgart, NJW 1976, 200, 201; OLG Düsseldorf, wistra 1991, 186; StV 1992, 283, 284; NStZ 1992, 300; OLG Köln, NJW 1991, 505, 506.

183 OLG Köln, NJW 1991, 505, 506; OLG Düsseldorf, StV 1992, 283, 284.

184 NJW 1991, 505, 506.

185 OLG Bremen, StV 1984, 125 (Zweifel an der Schuldfähigkeit); StV 1986, 165, 166 (kein Geständnis, schwierige Beweislage); StV 1990, 118, 119 (Ausgang des Revisionsverfahrens ist nicht zweifelsfrei); KG, StV 1988, 26, 27 (Zweifel an der Schuldfähigkeit); OLG Köln, NJW 1991, 505, 506 (der Verurteilte distanziert sich von seinem im Ermittlungsverfahren abgegebenen Teilgeständnis); OLG Düsseldorf, StV 1986, 346 (Zweifel an der Schuldfähigkeit); NStE Nr. 6 zu § 56f StGB (Aufhebung des verurteilenden Erkenntnisses durch den BGH); OLG Zweibrücken, StV 1985, 465 (Verurteilter bestreitet die neue Tat); OLG Stuttgart, NJW 1976, 200, 201 (keine Einsichtnahme in die Akten durch das Widerrufsgericht); NJW 1977, 1249 (Verurteilter bestreitet die neue Tat); OLGSt Nr. 9 zu § 56f StGB (unsichere Beweislage).

186 OLG Hamburg, MDR 1992, 396 = StV 1992, 286, 287 (in der Hauptverhandlung abgelegtes und im Widerrufsverfahren wiederholtes Geständnis); OLG Celle, NJW 1971, 1665, 1666 (richterliches Geständnis); KG, JR 1966, 109 (Geständnis bei polizeilicher und richterlicher Vernehmung); OLG Hamm, NJW 1973, 911; StV 1992, 284, 285 (jeweils Geständnis bei polizeilicher und richterlicher Vernehmung); OLG Düsseldorf, OLGSt Nr. 16 zu § 56f StGB (Geständnis in der Hauptverhandlung und im Anhörungsverfahren); wistra 1991, 186 (richterliches Geständnis); StV 1992, 283, 284 (Geständnis in der Hauptverhandlung); NStZ 1992, 300 (Geständnis); OLG Koblenz, VRS 54, 192; VRS 60, 426, 427; VRS 60, 428, 429 (jeweils Geständnis); OLG Karlsruhe, MDR 1993, 780 (glaubhaftes Geständnis); OLG Stuttgart, Die Justiz 1972, 318 (Geständnis); ferner LG Osnabrück, NStZ 1991, 533 (Geständnis); LG Kiel, SchlHA 1992, 10 (Geständnis bei polizeilicher und richterlicher Vernehmung). Ein Geständnis nicht in jedem Fall für ausreichend erachtet das LG Krefeld, NJW 1974, 1476.

Diese jahrzehntelang einhellige Rechtsprechung geriet jedoch - offenbar beeinflußt durch das noch zu behandelnde Beschwerdeverfahren gegen die Bundesrepublik Deutschland vor der Europäischen Kommission für Menschenrechte[187] - in den letzten Jahren ins Wanken[188]. Nunmehr halten mehrere Oberlandesgerichte[189] für den Widerruf nach § 56f Abs. 1 Satz 1 Nr. 1 StGB eine rechtskräftige Verurteilung wegen der neuen Tat für zwingend erforderlich.

Nur eine rechtskräftige Verurteilung wegen der Anlaßtat genüge den Anforderungen des Art. 6 Abs. 2 EMRK. Hingegen könnten auch strenge Anforderungen an die Überzeugungsbildung hinsichtlich des Tat- und Schuldnachweises den "gesetzlichen Nachweis" nicht ersetzen[190]. Die Unschuldsvermutung verbiete nicht nur die Schuldbehauptung ohne gesetzlichen prozeßordnungsgemäßen Schuldnachweis, sondern schütze den Betroffenen zudem vor Nachteilen, die Schuldspruch oder Strafe gleichkämen, denen aber kein rechtsstaatliches Verfahren vorausgegangen sei[191]. Erst nach dem rechtskräftigen Abschluß des prozeßordnungsgemäßen Verfahrens dürfe dem Verurteilten seine Schuld im Rechtsverkehr und damit auch im Widerrufsverfahren vorgehalten werden[192].

Das OLG Koblenz weist zusätzlich auf den Gesichtspunkt der Effektivität des Rechtsschutzes hin. "Durch den Widerruf der Strafaussetzung zur Bewährung vor rechtskräftiger Verurteilung wird dem Betroffenen nicht nur eine in ihrem Bestand unsichere Vergünstigung entzogen, sondern die gemäß § 56g Abs. 1 StGB begründete und rechtlich gesicherte Aussicht auf Straferlaß bei durchgestandener Bewährung genommen ... Sein Freiheitsverlust ist irreparabel auch dann eingetreten, wenn im Nachhinein festgestellt wird, daß er die Anlaßtat nicht begangen hat ... Denn die StPO kennt keinen Rechtsbehelf gegen den - unanfechtbar gewordenen - Bewährungswiderruf, wenn im Verfahren wegen der neuen Tat Freispruch erfolgt ist"[193].

---

187 Beschwerde-Nr. 12748/87, dazu unten S. 57 f.

188 Stree, NStZ 1992, 153, spricht bereits von einer Wende bei den Anforderungen an den Nachweis der widerrufsbegründenden Straftat.

189 Siehe Fn. 154.

190 OLG Celle, StV 1990, 504.

191 OLG Koblenz, StV 1991, 172.

192 OLG Schleswig, StV 1991, 173.

193 OLG Koblenz, StV 1991, 172.

Dem Argument, die Gefahr bestehe, der Proband könne den Widerruf dadurch vereiteln, daß er seine rechtskräftige Verurteilung hinauszögere, begegnet das Gericht mit der Begründung, ein Widerruf sei auch nach längerfristigem Ablauf der Bewährungszeit mit rechtsstaatlichen Grundsätzen vereinbar[194].

Schließlich weist das OLG Koblenz[195] darauf hin, daß die für die Prognoseentscheidung bezüglich der Anwendbarkeit des § 56f Abs. 2 StGB erforderliche umfassende Würdigung aller Umstände des Einzelfalles wegen der besseren Erkenntnismöglichkeiten in der Hauptverhandlung zuverlässiger getroffen werden könne als im summarischen Widerrufsverfahren.

In einer kürzlich ergangenen Entscheidung hat das OLG Schleswig[196] seinen Standpunkt dahingehend modifiziert, daß die Unschuldsvermutung für den gesetzlichen Nachweis einer schuldhaft begangenen Straftat zwar ein prozeßordnungsgemäßes Verfahren verlange, nicht aber zwingend gebiete, daß dieses Verfahren rechtskräftig abgeschlossen worden ist. In Anlehnung an die Entscheidung der Europäischen Kommission für Menschenrechte vom 9. Oktober 1991[197] hält es den Widerruf vor rechtskräftiger Aburteilung der Anlaßtat dann für zulässig, wenn der Verurteilte im Beisein seines Verteidigers vor dem Richter ein glaubhaftes Schuldeingeständnis ablegt und es bis zur Widerrufsentscheidung nicht begründet widerruft. Unter diesen Voraussetzungen spreche das Widerrufsgericht keine Schuldfeststellung im eigentlichen Sinne aus, sondern lege seiner Entscheidung lediglich die vom Verurteilten selbst eingeräumte Schuld zugrunde[198].

Faßt man den Überblick über die Rechtsprechung zusammen, so ist festzustellen, daß es derzeit völlig offen erscheint, wohin der Zug der Rechtsprechung letztlich fahren wird. Während ein Teil der Rechtsprechung weiterhin die früher absolut h.M. vertritt, verlangt ein anderer Teil nunmehr eine rechtskräftige Verurteilung wegen der Nachtat. Mit der Meinung des OLG Schleswig ist eine weitere Variante hinzugekommen.

---

194 OLG Koblenz, StV 1991, 172, 173.

195 StV 1991, 172, 173.

196 Beschluß vom 31.3.1992, StV 1992, 327.

197 StV 1992, 282 f., siehe dazu unten S. 58 f.

198 OLG Schleswig, StV 1992, 327, 328.

IV. Der Meinungsstand in der Literatur

Die Ansichten in der Literatur zu der Frage, unter welchen Voraussetzungen der Widerruf der Strafaussetzung zur Bewährung wegen der Begehung einer neuen Straftat zulässig ist, sind äußerst kontrovers und vielschichtig. Im Mittelpunkt der Auseinandersetzung steht die Unschuldsvermutung. Im folgenden sollen zunächst unter den Gliederungspunkten 1-4 die wichtigsten Auffassungen von Stree, Vogler, Mrozynski und Ostendorf referiert werden, um dann anschließend unter Punkt 5 das übrige Schrifttum zu diesem Problemkreis zu erfassen.

1. Die Auffassung von Stree

Stree[199] hält für den Widerruf einer Strafaussetzung wegen einer erneuten Straftat - in Übereinstimmung mit der weitaus überwiegenden Rechtsprechung - eine rechtskräftige Verurteilung nicht für zwingend geboten.

Stree führt gegen eine Einschränkung der Widerrufsmöglichkeit durch das Erfordernis einer rechtskräftigen Verurteilung erhebliche kriminalpolitische Bedenken ins Feld.

Als unliebsame Folge eines Zuwartens auf eine rechtskräftige Verurteilung nennt Stree die unter Umständen beträchtliche Verzögerung des Widerrufsverfahrens. Da sich Strafverfahren über Jahre erstrecken könnten, bliebe die Entscheidung über den Widerruf über eine ungebührlich lange Zeit in der Schwebe, was dem kriminalpolitischen Zweck der Strafaussetzung wenig dienlich sei[200]. Noch stärker in Mitleidenschaft gezogen werden könne der kriminalpolitische Zweck einer Unterbringung nach den §§ 61 ff. StGB[201], da hier der Maßregelzweck einen möglichst schnellen Widerruf erfordere. Dem könne durch den Erlaß eines Sicherungshaftbefehls nicht wirksam entgegengewirkt werden[202].

Eine weitere gravierende Negativwirkung begründet Stree mit der Parallele zur Gewährung der Strafaussetzung[203]. Dehne man das Erfordernis einer rechtskräfti-

---

199 NStZ 1992, 153 ff.; derselbe, JR 1993, 39 ff.; derselbe, in Schönke/Schröder, § 56f StGB, Rdn. 3.

200 Stree, NStZ 1992, 153 f.

201 Zum Widerruf der Aussetzung einer Unterbringung siehe unten S. 87 ff.

202 Stree, NStZ 1992, 153, 154.

203 Stree, NStZ 1992, 153, 154.

gen Verurteilung auf die Sozialprognose im Rahmen der Entscheidung über eine etwaige Strafaussetzung (bzw. Strafrestaussetzung) aus, so dürfte das Gericht auch bei der Entscheidung über die Strafaussetzung eine (unter Umständen einschlägige) Straftat bei der Prognose nicht berücksichtigen, weil für diese Tat noch keine rechtskräftige Strafe verhängt worden sei. Es sei jedoch sachwidrig, wenn beispielsweise bei einem Freigänger die während eines Freiganges mit früheren Komplizen getroffene Verabredung künftiger Einbrüche - da noch nicht in den Strafbereich fallend - bei der Prognose zu seinen Ungunsten herangezogen werden könne, während die Verabredung weiterer Raubüberfälle unberücksichtigt bleiben müsse, da insoweit die Deliktsvorbereitung unter Strafe gestellt sei (vgl. § 30 Abs. 2 StGB).

Stree[204] argumentiert ferner, daß ein Vergleich mit dem Widerrufsgrund des Verstoßes gegen Weisungen (§ 56f Abs. 1 Satz 1 Nr. 2 StGB) die Fragwürdigkeit offenbare, eine rechtskräftige Verurteilung für den Widerruf nach § 56f Abs. 1 Satz 1 Nr. 1 StGB zu verlangen. Bei einem Weisungsverstoß obliege es allein dem Widerrufsgericht, hierüber zu befinden. Bei den Anforderungen an den Nachweis des Widerrufsgrundes dürfe es jedoch keinen Unterschied machen, ob jemand einem durch gerichtliche Weisung auferlegten Verbot bzw. Gebot oder der gesetzlichen Anweisung, bestimmte Handlungen zu unterlassen bzw. vorzunehmen, zuwiderhandele. Als Beleg für seine Forderung nach Gleichbehandlung der Widerrufsgründe des § 56f Abs. 1 Satz 1 Nr. 1 und Nr. 2 StGB führt Stree die Verletzung der Unterhaltspflicht (§ 170b StGB) an. War dem Verurteilten mit der Strafaussetzung die Weisung erteilt worden, einer Unterhaltspflicht nachzukommen (§ 56c Abs. 2 Nr. 5 StGB), so genüge für einen Widerruf nach § 56f Abs. 1 Satz 1 Nr. 2 StGB die eigene Feststellung des Widerrufsgerichtes. Habe es dagegen das Gericht versäumt, dem Verurteilten eine diesbezügliche Weisung zu erteilen, so müsse das Widerrufsgericht im Fall der Verletzung der gesetzlichen Unterhaltspflicht warten, bis der Verurteilte wegen seines Fehlverhaltens nach § 170b StGB rechtskräftig verurteilt worden ist[205].

Stree beklagt ferner, daß im Fall des Verlangens einer rechtskräftigen Verurteilung ein Widerruf wegen einer Straftat stets ausgeschlossen wäre, wenn es mangels eines Strafantrages oder wegen einer Einstellung des Verfahrens nach § 153a StPO

---

204 NStZ 1992, 153, 154.

205 Als weiteres Beispiel nennt Stree den unerlaubten Besitz von Waffen: Als Weisung nach § 56c Abs. 2 Nr. 4 StGB erteilt, dürfe das Widerrufsgericht selbst über den Verstoß befinden. Ohne eine Weisung müsse dagegen vor einem Widerruf erst eine rechtskräftige Verurteilung wegen Verstoßes gegen das Waffengesetz abgewartet werden.

nicht zu einer Verurteilung gekommen sei[206]. Aus dem Fehlen eines Strafverfolgungsinteresses dürfe nicht stets geschlossen werden, daß die Erwartung, die der Strafaussetzung zugrunde gelegen habe, unangetastet geblieben sei[207].

In dem Widerruf der Strafaussetzung vor rechtskräftiger Aburteilung der neuen Tat sieht Stree auch keinen Verstoß gegen die Unschuldsvermutung des Art. 6 Abs. 2 EMRK. Im Hinblick auf die Unschuldsvermutung eine rechtskräftige Verurteilung zu fordern, würde eine Überdehnung des Anwendungsbereiches der Unschuldsvermutung bedeuten. Durch die Unschuldsvermutung solle vermieden werden, daß "verfrüht aus Verdachtsmomenten nachteilige Schlüsse mit belastenden Auswirkungen für den Betroffenen gezogen werden". Sie gebiete jedoch nicht, einem zweifelsfreien Schuldbekenntnis, das rechtsstaatlich einwandfrei zustande gekommen sei, die Anerkennung zu versagen, solange die rechtskräftige Verurteilung noch ausstehe[208].

Als Fazit der Auffassung von Stree kann konstatiert werden, daß er aus kriminalpolitischen Erwägungen heraus einen deliktsbedingten Widerruf vor rechtskräftiger Aburteilung der neuen Tat für zulässig erachtet und darin auch keinen Verstoß gegen die Unschuldsvermutung sieht.

2. Die Meinung von Vogler

Entschiedenster Kritiker der h.M. in Rechtsprechung und Schrifttum ist Vogler[209]. Er wirft ihr vor, daß sie den Gesichtspunkt der Unschuldsvermutung mißachte, indem sie den Widerruf der Strafaussetzung vor rechtskräftiger Aburteilung der Nachtat zulasse.

Die Unschuld werde vermutet, um ein ordentliches Gerichtsverfahren zum Beweis des Gegenteils zu erzwingen. Deshalb sei nicht die Überzeugung des Gerichts von der Tatbegehung schlechthin das entscheidende Kriterium sondern allein die auf Grund bestimmter Verfahrensregeln gewonnene Überzeugung. Die Unschuldsvermutung bestimme als "oberstes Verfahrensregulativ" nicht nur den Gang des Strafverfahrens selbst, sondern sichere zugleich die "Exklusivität der verfahrensmäßigen

---

206 Vgl. dazu oben S. 24 ff.

207 Stree, NStZ 1992, 153, 155.

208 Stree, NStZ 1992, 153, 155 f.

209 In Festschrift für Tröndle, S. 423 ff.; ders., in Festschrift für Kleinknecht, S. 429 ff.; IntKommEMRK (Vogler), Art. 6, Rz. 419.

Schuldfeststellung". Die Unschuldsvermutung schütze vor Nachteilen, die Schuldspruch oder Strafe gleichkämen, denen aber kein rechtsstaatliches Verfahren vorausgegangen sei. Erst wenn in einem Verfahren, das den Tatvorwurf selbst zum Gegenstand habe, entschieden worden sei, dürften an die vorgeworfene Tat strafrechtliche Rechtsfolgen mit Sanktionscharakter geknüpft werden[210].

Für die Anwendbarkeit der Unschuldsvermutung ist für Vogler maßgebend, woran die zu treffende Entscheidung im Einzelfall anknüpft. Bewiesene Verhaltensweisen als solche dürfe der Richter - ohne sie einem strafrechtlich relevanten Geschehen zuzuordnen - jederzeit verwerten. Handele es sich dagegen um strafbare Handlungen, so dürfe sie das Gericht wegen der "Exklusivität der verfahrensmäßigen Schuldfeststellung" vor ihrer rechtskräftigen Feststellung nicht im Widerrufsverfahren berücksichtigen. Strafbare Handlungen hätten unter dem Gesichtspunkt, daß sie ein Tatbild erfüllen, solange als Grundlage sanktionsrechtlicher Maßnahmen außer Betracht zu bleiben, bis darüber ein rechtskräftiges Erkenntnis vorliege. In diesem Zusammenhang sei unerheblich, ob der Täter die ihm vorgeworfene Tat bestreite oder eingestehe, weil ein Geständnis weder die Unschuldsvermutung überwinden noch den gesetzlichen Schuldnachweis ersetzen könne[211].

Die Unschuldsvermutung gelte nicht nur für das Verfahren, das mit dem Ziel einer Verurteilung eingeleitet werde. Maßgebend sei nicht das Verfahrensziel sondern die Art und Wirkung der verhängten Sanktion. Die Unschuldsvermutung verbiete daher nicht nur die Bestrafung bzw. Strafschärfung im engeren Sinn sondern auch die Verhängung einer strafähnlichen Sanktion, bevor gegen den Täter nach den Vorschriften der StPO ein Schuldnachweis geführt worden sei. Unter den Begriff der "strafähnlichen Sanktion" seien alle Maßnahmen zu subsumieren, die einer Strafe gleichkommende Nachteile enthielten[212]. Darunter fielen neben der Auferle-

---

210 Vogler, in Festschrift für Tröndle, S. 423, 437 f.; ders., in Festschrift für Kleinknecht, S. 429, 436 f., 442; ders., NStZ 1987, 127, 129.

211 Vogler, in Festschrift für Tröndle, S. 423, 438; ders., NStZ 1987, 127, 129.

212 Vogler, in Festschrift für Tröndle, S. 423, 424, 427.

gung einer Geldzahlungspflicht auch Einbußen an körperlicher Bewegungsfreiheit, wie sie die Freiheitsstrafe mit sich bringe[213].

Auf der Grundlage dieses Verständnisses der Unschuldsvermutung wendet sich Vogler[214] gegen die Rechtsprechung des BVerfG, die den Widerruf der Strafaussetzung bereits bei Vorliegen eines Verdachts einer Straftat mit der Begründung zulassen will, daß auch die Versagung der Gewährung von Strafaussetzung auf den ebensolchen Verdacht gestützt werden könne[215]. Vogler kritisiert den Ausgangspunkt dieser Schlußfolgerung, indem er dem BVerfG vorwirft, daß es die zur Strafaussetzung führende Prognoseentscheidung verkenne. Denn Grundlage der Prognoseentscheidung könne nur eine durch Tatsachen begründete Wahrscheinlichkeit sein, wobei hinsichtlich der Tatsachen der Grundsatz "in dubio pro reo" uneingeschränkt gelte[216]. Daraus folge, daß der Verdacht einer Straftat als Grundlage für eine Versagung der Strafaussetzung ausscheide, mithin auch die Schlußfolgerung für die Anforderungen an die widerrufsbegründende Straftat verfehlt sei.

Schließlich widerspricht Vogler dem Argumentationsansatz Tröndles, der der Auffassung ist, daß es sich bei dem Widerruf einer gewährten Strafaussetzung nicht um die "strafschärfende Berücksichtigung" einer Nachtat sondern um den Wegfall einer nicht mehr begründbaren Vergünstigung handele, für die die Unschuldsvermutung nicht gelte[217]. Tröndle vertausche mit der Gegenüberstellung von "strafschärfender Berücksichtigung" einer Nachtat und "Wegfall einer nicht mehr begründbaren Vergünstigung" Ursache und Wirkung. Die Wirkung (Wegfall der Vergünstigung) werde auf den bloßen Verdacht der Begehung einer strafbaren Handlung gestützt. Der Wegfall einer Vergünstigung dürfe aber nicht auf den bloßen Verdacht einer Straftat gestützt werden; ihm müsse vielmehr die Gewißheit

---

213 Als Beleg dafür, daß es sich bei dem Widerruf der Strafaussetzung um eine "Einbuße an körperlicher Bewegungsfreiheit" handelt, führt Vogler das Auslieferungsrecht an. Der Grundsatz der Spezialität im Auslieferungsrecht verbiete nicht nur die Bestrafung oder Verfolgung wegen einer von der Auslieferungsbewilligung nicht erfaßten Tat, sondern entfalte seine Wirkung auch für den Widerruf der Strafaussetzung. Er werde daher durch den Widerruf verletzt, wenn sich die Auslieferungsbewilligung nicht auch auf das Widerrufsverfahren erstrecke; Vogler, in Festschrift für Tröndle, S. 423, 425, unter Hinweis auf die Entscheidung des schweizerischen Bundesgerichts in BGE 90 IV 121, 124.

214 In Festschrift für Tröndle, S. 423, 426 f.

215 Siehe dazu oben S. 38 f.

216 Vgl. dazu oben S. 14.

217 Dreher/Tröndle, § 56f StGB, Rdn. 3b; vgl. dazu unten S. 55.

von der Begehung einer strafbaren Handlung zugrunde liegen. Zur Gewißheit könne der Verdacht jedoch nur in einem Verfahren werden, das die Unschuldsvermutung überwinde, d.h. in einer Hauptverhandlung mit allen Verfahrensgarantien für den Angeklagten[218]. Den Widerruf auf den bloßen Verdacht einer Straftat zu stützen, verstoße daher gegen die Unschuldsvermutung[219].

Zusammenfassend kann festgehalten werden, daß Vogler einen Widerruf der Strafaussetzung auf Grund erneuter Straffälligkeit wegen Verstoßes gegen die Unschuldsvermutung nach Art. 6 Abs. 2 EMRK für unzulässig hält, wenn nicht der Verurteilte wegen dieser neuen Tat zuvor rechtskräftig verurteilt worden ist. Liege eine solche Verurteilung nicht vor, so erfolge der Widerruf nicht wegen der Begehung sondern wegen des bloßen Verdachts der Begehung einer neuen Straftat.

3. Die Ansicht Mrozynskis

Ebenso wie Vogler sieht auch Mrozynski[220] im Widerruf der Strafaussetzung vor rechtskräftiger Aburteilung der neuen Straftat einen Verstoß gegen die Unschuldsvermutung des Art. 6 Abs. 2 EMRK.

Die Beantwortung der Frage, ob ein deliktsbedingter Widerruf vor rechtskräftiger Verurteilung wegen der neuen Tat zulässig ist, hängt für Mrozynski entscheidend davon ab, in welchem Ausmaß sich der Verdächtige auf die Vermutung seiner Unschuld berufen kann[221].

Zwar entfalte die Unschuldsvermutung außerhalb des Strafrechts keine Wirkung. Sie sei aber nicht so eng zu verstehen, daß sie nur in dem Verfahren gelte, das mit dem Ziel einer Verurteilung durchgeführt werde. Ansonsten müsse der Täter wegen der neuen Tat beliebig viele Nachteile hinnehmen, sofern dies nur nicht im Vorgriff auf die künftige Strafe geschehen würde. Die Unschuldsvermutung finde daher auch im Widerrufsverfahren Anwendung[222].

---

218 Vogler, in Festschrift für Tröndle, S. 423, 424.

219 Vogler, in Festschrift für Tröndle, S. 423, 438; ders., in Festschrift für Kleinknecht, S. 429, 443; IntKommEMRK (Vogler), Art. 6, Rz. 419.

220 JZ 1978, 255 ff.

221 Mrozynski, JZ 1978, 255.

222 Mrozynski, JZ 1978, 255.

Nach der Meinung von Mrozynski erschöpft sich die Bedeutung der Unschuldsvermutung im Verfahrensrechtlichen. Bei der Unschuldsvermutung des Art. 6 Abs. 2 EMRK gehe es nicht um die materielle Wahrheit; die Unschuld werde vielmehr allein deswegen vermutet, um ein ordentliches Gerichtsverfahren zu gewährleisten. Deshalb sei nicht die Überzeugung von der Begehung der neuen Straftat schlechthin der entscheidende Gesichtspunkt sondern allein die auf Grund bestimmter Verfahrensregeln gewonnene Überzeugung. Die Verfahrensregeln könne aber nur der erkennende Richter anwenden, dem die Durchführung des Strafverfahrens nach der StPO zugewiesen sei. Das Widerrufsgericht möge zwar über die erforderliche Sachkunde verfügen, um die materielle Wahrheit herauszufinden; die formale Kompetenz hierzu habe es aber ebensowenig wie jeder andere Bürger[223].

Überdies könne das Widerrufsgericht vor einer rechtskräftigen Verurteilung gar nicht von der Begehung einer neuen Tat ausgehen, da der Täter bis zur Verurteilung nur verdächtig sei, die neue Tat begangen zu haben. Insofern wäre der Verdacht nicht aber eine neue Tat Grundlage des Widerrufs[224].

Die Berufung auf die Unschuldsvermutung dürfe auch nicht versagt werden, um spezialpräventive Zwecke des Strafrechts durchzusetzen[225]. Um ein weiteres Absinken des Verurteilten in der Bewährungszeit zu verhindern, sei auf den prophylaktische Ziele verfolgenden Widerrufsgrund des § 56f Abs. 1 Satz 1 Nr. 2 StGB zurückzugreifen. Demgegenüber gehe es bei dem Widerrufsgrund des § 56f Abs. 1 Satz 1 Nr. 1 StGB darum, Konsequenzen aus einem bereits erfolgten Absinken zu ziehen[226].

Abschließend weist Mrozynski auf bedeutsame Nachteile hin, die einträten, falls man die Berufung auf die Unschuldsvermutung nicht zuließe[227].
Es bestünde die Möglichkeit, daß der Verurteilte nach erfolgtem Bewährungswiderruf wegen der neuen Tat später freigesprochen oder daß das Verfahren nach den §§ 153 ff. StPO eingestellt werde. Selbst wenn es zu einer Verurteilung wegen der neuen Tat käme, seien unter dem Gesichtspunkt der Resozialisierung negative Auswirkungen zu befürchten, da es durchaus sein könne, daß das Gericht die

---

223 Mrozynski, JZ 1978, 255, 256 f.

224 Mrozynski, JZ 1978, 255, 258.

225 So aber OLG Hamm, NJW 1973, 911 f.

226 Mrozynski, JZ 1978, 255, 258.

227 Mrozynski, JZ 1978, 255, 259.

Strafe wegen der neuen Tat wieder zur Bewährung aussetzt, weil es (jetzt) eine günstige Prognose annimmt.
Schließlich dürfe nicht übersehen werden, daß die Möglichkeit bestünde, der widerrufende Richter könnte später auch für die Aburteilung der neuen Straftat zuständig sein, was die Besorgnis seiner Befangenheit begründen würde.

Als Fazit der Auffassung Mrozynskis kann festgehalten werden, daß er einen Widerruf der Strafaussetzung wegen der Begehung einer neuen Straftat vor deren rechtskräftiger Aburteilung wegen Verstoßes gegen die Unschuldsvermutung für unzulässig hält. Dies gelte auch dann, wenn aus spezialpräventiven Gründen der Übergang von der ambulanten Behandlung zur mit Freiheitsstrafe verbundenen Einwirkung notwendig sei und an der Begehung der neuen Tat vernünftigerweise keine Zweifel bestünden.

4. Die Auffassung Ostendorfs

Während rechtsstaatliche Gründe Ostendorf zunächst dazu motivierten, für den Widerruf wegen der Begehung einer neuen Straftat eine rechtskräftige Verurteilung durch ein anderes Strafgericht zu verlangen[228] hält er seit kurzem eine rechtskräftige Verurteilung unter eng umrissenen Voraussetzungen nicht mehr für erforderlich[229].

Ostendorf hält der h.M. in Rechtsprechung und Schrifttum entgegen, daß die von ihr gegen ein Zuwarten auf eine rechtskräftige Verurteilung ins Feld geführte Verfahrensbeschleunigung i.S. einer zügigeren Abwicklung kaum zum Tragen käme, wenn man die von ihr verlangten hohen Anforderungen an die Überzeugungsbildung ernst nähme[230]. Diesen geringen Vorteilen stünden schwerwiegende rechtsstaatliche Nachteile entgegen.

Der Verurteilte werde häufig nach erfolgtem Widerruf und durchgeführter Strafvollstreckung im Verfahren wegen der neuen Straftat freigesprochen oder das Verfahren werde nach der StPO eingestellt.

Insbesondere werde die Unschuldsvermutung des Art. 6 Abs. 2 EMRK nicht in der gesetzlich vorgeschriebenen Weise widerlegt. Zum "gesetzlichen Nachweis" gehöre

---

228 Ostendorf, StV 1990, 230 ff.; ders., AK-JGG, §§ 26, 26a, Rdn. 7.

229 Ostendorf, StV 1992, 288 ff.

230 Ostendorf, StV 1990, 230, 231.

die Einhaltung des Anklagegrundsatzes als einer Prozeßmaxime. Die staatsanwaltschaftliche Anklage bilde eine wesentliche Voraussetzung für die Zulässigkeit gerichtlicher Entscheidungen. Bei einer bloßen Inzidentprüfung im Widerrufsverfahren werde dagegen das rechtsstaatliche Verfahren der Überführung eines Verdächtigen mit formeller Anklageerhebung und rechtzeitiger Verteidigungsmöglichkeit nicht eingehalten. Zwar könne das Akkusationsprinzip für "bloße" Strafzumessungstatsachen keine Geltung beanspruchen; hingegen müsse für die Feststellung und Verwertung strafbarer Handlungen der gesetzlich vorgeschriebene Verfahrensweg eingehalten werden. Die Unschuldsvermutung verbiete nicht nur die Schuldbehauptung sondern vor allem auch die faktische Schuldbehandlung vor offiziell-gerichtlicher Feststellung. Deshalb dürften nachfolgende, (noch) nicht rechtskräftig abgeurteilte Straftaten nicht zum Widerruf herangezogen werden, weil ansonsten der Verurteilte insoweit als schuldig behandelt werden würde[231].

Eine Ausnahme von dem Erfordernis einer rechtskräftigen Verurteilung will Ostendorf - in Übereinstimmung mit der Entscheidung der Europäischen Kommission für Menschenrechte vom 9. Oktober 1991[232] - dann zulassen, wenn von der Strafjustiz keine Schuldfeststellungen ausgesprochen, sondern dem Widerruf lediglich die vom Verurteilten selbst eingeräumte Schuld zugrunde gelegt werde. Für den Fall, daß der Verurteilte im Beisein seines Verteidigers ein glaubhaftes, später nicht widerrufenes Geständnis vor dem Richter ablege, sei eine Durchbrechung der Unschuldsvermutung erlaubt und könne auf einen gesetzlichen Schuldnachweis verzichtet werden[233].

Gleichwohl bewegen Ostendorf prozeßökonomische und präventionsrechtliche Überlegungen sowie nicht zuletzt die Rechtslage in ausländischen Rechtsordnungen[234] dazu, die Forderung an den Gesetzgeber zu erheben, die Widerrufsvoraussetzungen neu zu gestalten[235].

---

231 Ostendorf, StV 1990, 230, 231 f.; ders., AK-JGG, §§ 26, 26a, Rdn. 7; ders., NJW 1981, 378, 382.

232 Beschwerde Nr. 15871/89; dazu unten S. 58 f.

233 Ostendorf, StV 1992, 288, 289.

234 Vgl. dazu unten S. 80 ff.

235 Ostendorf, StV 1992, 288, 289 ff.

5. Übrige Ansichten

Das übrige Schrifttum hält, soweit es sich zur Frage des Widerrufs der Strafaussetzung zur Bewährung wegen der Begehung einer neuen Straftat äußert, fast einhellig eine rechtskräftige Verurteilung wegen der widerrufsbegründenden Straftat für nicht erforderlich[236]. Im Hinblick auf die Unschuldsvermutung begnügen sich die Autoren zumeist mit der lapidaren Feststellung, daß ein Widerruf vor rechtskräftiger Aburteilung der Nachtat nicht gegen die Unschuldsvermutung verstoße - ohne hierfür eine nähere Begründung zu liefern[237].

Im folgenden sollen die Stellungnahmen der Autoren skizziert werden, die ihre Auffassung durch Argumente zu untermauern versuchen.

Tröndle[238] hält der Mindermeinung vor, sie berücksichtige nicht, daß es sich beim Widerruf um die Korrektur der Überzeugungsbildung in bezug auf die Begründbarkeit der Vergünstigung für eine Vortat, deren Schuld bereits rechtskräftig festgestellt wurde, und nicht um eine "strafschärfende Berücksichtigung" einer Nachtat handele[239]. Das Erfordernis einer rechtskräftigen Aburteilung der Nachtat stelle eine - wegen ihres engen Zusammenhanges und ihrer gleichen Wirkung nicht gerechtfertigte - Friktion gegenüber der Gewährung der Strafaussetzung dar, bei der bereits schwebende Strafverfahren zu Lasten des Probanden berücksichtigt werden dürften. Im übrigen befürchtet Tröndle einen aus kriminalpolitischen Gründen unerwünschten Rückgang der Strafaussetzungen, denn sie würden im gleichen Maß weniger ausgesprochen, in dem die Anforderungen an den Schuldnachweis heraufgesetzt würden.

---

236 Ruß, in LK, 10. Aufl., § 56f StGB, Rdn. 2a; Gribbohm, in LK, § 56f StGB, Rdn. 7 ff.; Dreher/Tröndle, § 56f StGB, Rdn. 3b; Lackner, § 56f StGB, Rdn. 3; Horn, in SK, § 56f StGB, Rdn. 8; Frank, MDR 1982, 353, 360 f.; Haberstroh, NStZ 1984, 289, 292 f.; Karlheinz Meyer, in Festschrift für Tröndle, S. 61, 74; Schrader, NJW 1973, 1832, 1834; Schäfer, S. 59; Maurach/Gössel/Zipf, § 65 II, S. 649 f.; Brunner, NStZ 1991, 534 f.; Wendisch, JR 1992, 126, 127. A.A. Schwerin, SchlHA 1991, 205, 207 (der in dem Widerruf vor rechtskräftiger Aburteilung der Anlaßtat einen Verstoß gegen die Unschuldsvermutung erblickt); Gössel, JR 1992, 125, 126 (ohne Begründung).

237 Ruß, in LK, 10. Aufl., § 56f StGB, Rdn. 2a; Lackner, § 56f StGB, Rdn. 3; Frank, MDR 1982, 353, 360 f.; Wendisch, JR 1992, 126, 127.

238 Dreher/Tröndle, § 56f StGB, Rdn. 3b.

239 Siehe dazu und zur Kritik von Vogler an dieser Argumentation oben S. 50 f.

Horn[240] hält unter Hinweis auf die Entscheidung der Europäischen Kommission für Menschenrechte vom 9. Oktober 1991[241] eine rechtskräftige Schuldfeststellung bezüglich der widerrufsbegründenden Anlaßtat im Hinblick auf die Unschuldsvermutung nur dann nicht für erforderlich, wenn das Widerrufsgericht seiner Entscheidung lediglich die vom Verurteilten selbst eingeräumte Schuld zugrunde lege. Unerläßlich sei allerdings, daß der Verurteilte die Bedeutung und die Folgen seines Schuldeingeständnisses erkenne. Um dies sicherzustellen, sei es erforderlich, daß das Schuldeingeständnis im Beisein eines Verteidigers vor einem Richter abgegeben, für den Widerrufsrichter glaubhaft und bis zur Widerrufsentscheidung nicht begründet widerrufen worden sei.

Lackner[242] sieht wegen der oft sinnlosen Verfahrensverzögerungen, die durch das Abwarten einer rechtskräftigen Verurteilung wegen der Nachtat einträten, den kriminalpolitischen Zweck der Strafaussetzung gefährdet.

Nach Brunner[243] besteht bei einem Zuwarten auf eine rechtskräftige Verurteilung die Gefahr, daß der Proband durch gezieltes Prozeßverhalten die rechtskräftige Verurteilung - und damit den möglichen Widerruf - über den Ablauf der Bewährungszeit hinauszögere. Noch schwerwiegender falle ins Gewicht, daß insbesondere bei jungen Straftätern einem weiteren Abgleiten entgegengewirkt werden müsse.

Haberstroh[244] schließlich sieht für den Fall des Abwartens einer Verurteilung die Funktionsfähigkeit des Rechtsinstituts der Strafaussetzung zur Bewährung bedroht, weshalb die Unschuldsvermutung zurücktreten müsse.

V. Der Standpunkt der Europäischen Kommission für Menschenrechte

Die Darstellung des Meinungsstandes in Rechtsprechung und Literatur zur Problematik des deliktsbedingten Widerrufs soll abgerundet werden durch einen Blick auf zwei Beschwerdeverfahren gegen die Bundesrepublik Deutschland vor der Europäischen Menschenrechtskommission.

---

240 In SK, § 56f StGB, Rdn. 8.

241 Vgl. dazu unten S. 58 f.

242 § 56f StGB, Rdn. 3.

243 NStZ 1991, 534 f.

244 NStZ 1984, 289, 293.

Der ersten Individualbeschwerde[245] lag folgender Ausgangsfall zugrunde[246]:

Ende 1985 leitete die Staatsanwaltschaft Dortmund ein Ermittlungsverfahren gegen den Beschwerdeführer ein auf Grund des Verdachtes, er habe mit Heroin gehandelt.

Am 21. April 1986 widerrief das LG Dortmund gemäß § 56f Abs. 1 Satz 1 Nr. 1 StGB die Aussetzung einer Freiheitsstrafe von einem Jahr, die vom AG Dortmund im Jahr 1981 gegen den Beschwerdeführer wegen Verstoßes gegen das Betäubungsmittelgesetz verhängt worden war. Das LG führte aus, daß der Beschwerdeführer in der Bewährungszeit erneut einschlägig straffällig geworden sei. Er habe mit Betäubungsmitteln in nicht geringer Menge Handel getrieben. Durch sein Verhalten habe er gezeigt, daß sich die Erwartungen, die der Strafaussetzung zugrunde lagen, nicht erfüllt hätten. Er habe keine Umstände vorgetragen, die sein Verhalten entschuldigen könnten.

Am 9. Juli 1986 verwarf das OLG Hamm die dagegen eingelegte sofortige Beschwerde des Beschwerdeführers aus den Gründen des angefochtenen Beschlusses.

Das BVerfG nahm die vom Beschwerdeführer eingelegte Verfassungsbeschwerde mangels hinreichender Erfolgsaussicht nicht zur Entscheidung an[247].

Der Beschwerdeführer wurde erst nach Abschluß dieses Verfahrens am 14.1.1987 wegen des Deliktes, das Anlaß für den Widerruf der Strafaussetzung war, verurteilt, wobei die Strafe zur Bewährung ausgesetzt wurde. Im März 1987 wurde auch die frühere Strafe im Gnadenweg ausgesetzt.

Nach Erschöpfung des innerstaatlichen Rechtsweges rügte der Beschwerdeführer mit seiner Individualbeschwerde bei der Europäischen Kommission für Menschenrechte, daß die Beschlüsse des LG Dortmund und des OLG Hamm die Auffassung widerspiegelten, er habe eine neue Straftat begangen, obwohl über die Anklage vom zuständigen Gericht noch nicht entschieden worden war. Daher sei die Unschuldsvermutung gemäß Art. 6 Abs. 2 der Konvention verletzt worden.

---

245 Beschwerde-Nr. 12748/87.

246 Ein Zwischenbericht über den damaligen Verfahrensstand ist abgedruckt in EuGRZ 1989, 212. Siehe auch Ostendorf, StV 1990, 230 f. und Strasser, EuGRZ 1992, 451 f.

247 Beschluß vom 1.12.1986 - 2 BvR 1029/86 -, unveröffentlicht.

Die Europäische Kommission für Menschenrechte erklärte die Beschwerde am 14.3.1989 nach mündlicher Verhandlung für zulässig.

Die Bundesregierung hat unter Vermittlung der Kommission mit dem Beschwerdeführer eine gütliche Regelung gemäß Art. 28 Abs. 1 lit. b) der Konvention vereinbart, die neben einer Entschädigungszahlung an den Beschwerdeführer folgende Erklärung der Bundesregierung enthält:

> "2. Die Bundesregierung wird die Landesjustizverwaltungen darauf hinweisen, daß bei der künftigen Anwendung des § 56f Abs. 1 Satz 1 Nr. 1 StGB die Unschuldsvermutung gemäß Art. 6 Abs. 2 der Konvention zu beachten ist.
>
> 3. Die Bundesregierung wird im Zusammenwirken mit den Ländern prüfen, ob durch eine Änderung des § 56f Abs. 1 Satz 1 Nr. 1 StGB sicherzustellen ist, daß der Widerruf einer Strafaussetzung zur Bewährung in solchen Fällen nicht mit Art. 6 Abs. 2 der Konvention kollidiert."

Ein entsprechendes Rundschreiben des Bundesministers der Justiz vom 13.11.1989 ist den Landesjustizverwaltungen zugegangen. Hierin heißt es, "weitere Individualbeschwerden werden nämlich nur zu vermeiden sein, wenn der Widerruf einer Strafaussetzung im Hinblick auf eine Straftat des Verurteilten während der Bewährungszeit erst nach erneuter rechtskräftiger Verurteilung erfolgt".

Der ungewöhnliche Verfahrensausgang sowie die eindeutigen Formulierungen legen den Schluß nahe, daß die Bundesrepublik Deutschland nur knapp einer Verurteilung entgangen ist und daß im Wiederholungsfall eine Beschwerde nicht nur zulässig, sondern auch in der Sache erfolgreich sein würde.

Im zweiten Beschwerdeverfahren[248] war der Beschwerdeführer zunächst wegen Verstoßes gegen das Betäubungsmittelgesetz im Jahr 1987 zu einer Bewährungsstrafe verurteilt worden. Nachdem er 1989 wegen des Verdachts des Handeltreibens mit Betäubungsmitteln vorläufig festgenommen und im Beisein eines Verteidigers richterlich vernommen worden war und ein Geständnis abgelegt hatte, wurde die Strafaussetzung vom LG Arnsberg durch Beschluß vom 7.9.1989 widerrufen. Das OLG Hamm bestätigte den Widerruf; es stützte sich in seiner Begründung - ebenso wie das LG - auf das Geständnis des Beschwerdeführers. Das BVerfG verneinte einen Verstoß gegen die Unschuldsvermutung und wies die Verfassungsbeschwerde zurück[249].

---

248 Beschwerde-Nr. 15871/89.

249 BVerfG, NStZ 1991, 30.

Die Europäische Kommission für Menschenrechte sah in dem Widerruf der Strafaussetzung vor rechtskräftiger Aburteilung der neuen Straftat ebenfalls keinen Verstoß gegen die Unschuldsvermutung und wies die Beschwerde durch Entscheidung vom 9. Oktober 1991 als offensichtlich unbegründet (Art. 27 Abs. 2 EMRK) ab[250].

Entscheidendes Gewicht mißt die Kommission der Tatsache bei, daß der Beschwerdeführer bei der polizeilichen Vernehmung und - noch schwerwiegender - bei der Vernehmung durch den Ermittlungsrichter ein umfassendes Schuldeingeständnis[251] im Beisein seines Verteidigers abgelegt hatte. Dieses Geständnis hatte der Beschwerdeführer bis zu den Beschlüssen des LG Arnsberg und des OLG Hamm nicht widerrufen.

---

250 Europäische Kommission für Menschenrechte, StV 1992, 282 f.

251 Hierin liegt der entscheidende Unterschied zum ersten Beschwerdeverfahren, in dem der Verurteilte kein Geständnis abgelegt hatte.

Viertes Kapitel - Die Auslegung des § 56f Abs. 1 Satz 1 Nr. 1 StGB

Im nächsten Abschnitt soll die Widerrufsvorschrift des § 56f Abs. 1 Satz 1 Nr. 1 StGB[252] einer eingehenden Betrachtung unterzogen werden, um die Gesetzesbedeutung des Widerrufs wegen der "Begehung einer neuen Straftat" zu ermitteln.

Dazu ist zunächst die Wortbedeutung des Normtextes festzustellen. Daran anschließend ist der systematische Zusammenhang, in dem der Widerruf wegen der Begehung einer neuen Straftat im Gesamtgefüge der Widerrufsgründe des § 56f StGB steht, zu beleuchten. Desweiteren soll der Kreis der zu betrachtenden Aspekte über Text und Kontext hinaus auf die Entstehungsgeschichte des § 56f Abs. 1 Satz 1 Nr. 1 StGB erstreckt werden, bevor schließlich nach Sinn und Zweck dieses Widerrufsgrundes in seinem heutigen Verständnis zu fragen sein wird[253].

I. Der Wortlaut des § 56f Abs. 1 Satz 1 Nr. 1 StGB

Im Rahmen der Interpretation des Widerrufsgrundes der "Begehung einer neuen Straftat" soll zunächst der Wortsinn der fraglichen Norm daraufhin untersucht werden, ob er Anhaltspunkte für die Lösung des Problems in die eine oder andere Richtung enthält.

§ 56f Abs. 1 Satz 1 Nr. 1 StGB verlangt, daß der Verurteilte in dem maßgeblichen Zeitraum "eine Straftat begeht". Hieraus folgert das OLG Hamburg[254], daß aus der Sicht des Normadressaten in dem maßgeblichen Wortsinn der gewählten Formulierung zum Ausdruck komme, daß eine rechtskräftige Verurteilung wegen der Nachtat nicht erforderlich sei.

Dieser Schluß ist indessen nicht zwingend. Der Wortlaut bringt lediglich eindeutig zum Ausdruck, daß der Verurteilte in dem widerrufsrelevanten Zeitraum eine Handlung vornehmen muß, die einen Straftatbestand verwirklicht[255]. Eine Aussage darüber, ob für den Widerruf eine rechtskräftige Verurteilung wegen dieser Straftat

---

252 Soweit es um die in der Arbeit zu untersuchende Problematik geht; zu den sonstigen Voraussetzungen des § 56f Abs. 1 Satz 1 Nr. 1 StGB siehe oben S. 24 ff.

253 Zu den verschiedenen Auslegungsmethoden vgl. Jescheck, § 17 IV, S. 137 ff.; Larenz, Kap. 4, S. 312 ff.

254 MDR 1992, 396, 397.

255 Vgl. dazu oben S. 24 ff.

nötig ist oder ob die Überzeugung des für den Widerruf zuständigen Gerichts von der Tatbegehung genügt, ist dem Wortlaut dagegen nicht zu entnehmen. Der Wortlaut läßt vielmehr beide Auslegungsmöglichkeiten zu. Die Formulierung könnte so zu verstehen sein, daß es genügt, wenn das Widerrufsgericht die Verwirklichung des Straftatbestandes feststellt. Sie könnte aber ebenso gut bedeuten, daß eine rechtskräftige Feststellung der neuen Straftat durch das für die Aburteilung zuständige Gericht vorliegen muß. Hierfür könnte sprechen, daß der Verurteilte erst durch eine rechtskräftige Verurteilung zum Straftäter wird. Denn bis zu diesem Zeitpunkt ist er nur der neuen Tat verdächtig.

Als Ergebnis kann festgehalten werden, daß der Versuch einer Erschließung des Bedeutungsgehaltes der Formulierung "eine Straftat begeht" mittels Wortinterpretation zu keiner Klärung führt.

II. Die Systematik des Gesetzes

Als nächstes gilt es zu untersuchen, ob die Stellung des § 56f Abs. 1 Satz 1 Nr. 1 StGB in der kriminalpolitischen Gesamtkonzeption der Widerrufsgründe des § 56f StGB Aufschluß über das Verständnis der "Begehung einer neuen Straftat" gibt.

Der Widerruf auf Grund einer erneuten Straftat steht in engem Zusammenhang mit Widerrufsgründen, die eine rechtskräftige Verurteilung nicht verlangen. In Rechtsprechung[256] und Literatur[257] werden deshalb die übrigen Widerrufsgründe, insbesondere der Weisungsverstoß nach § 56f Abs. 1 Satz 1 Nr. 2 StGB, als Argument gegen das Erfordernis einer rechtskräftigen Aburteilung der Anlaßtat für den Widerruf nach § 56f Abs. 1 Satz 1 Nr. 1 StGB ins Feld geführt. Aus der Gleichwertigkeit der Widerrufsgründe hinsichtlich ihrer Rechtsfolgen - Widerruf der gewährten Strafaussetzung verbunden mit anschließender Strafvollstreckung - wird geschlossen, daß die Kluft zwischen dem ohnehin schon wesentlich strengere Erfordernisse enthaltenden Widerrufsgrund des § 56f Abs. 1 Satz 1 Nr. 1 StGB und den übrigen Widerrufsgründen nicht noch um das zusätzliche Element einer rechtskräftigen Verurteilung im Fall der Nr. 1 erweitert werden dürfe.

Die Fragwürdigkeit des Verlangens eines rechtskräftigen Erkenntnisses werde insbesondere dann offenbar, wenn ein Weisungsverstoß zugleich einen Straftatbestand

---

256 OLG Hamm, StV 1992, 284, 285; OLG Hamburg, MDR 1992, 396, 397; OLG Stuttgart, MDR 1991, 982; LG Kiel, SchlHA 1992, 10, 11.

257 Stree, NStZ 1992, 153, 154; vgl. auch Kober, S. 269 f.

verwirkliche[258]. Erteile ein Gericht eine Weisung nach § 56c StGB, so könne das Widerrufsgericht selbst über den Weisungsverstoß befinden - ungeachtet dessen, ob darin zugleich eine Straftat liegt - und sogleich die nötigen Konsequenzen daraus ziehen. Werde dagegen keine Weisung erteilt, so könne das bewährungswidrige Verhalten nur unter den Voraussetzungen des § 56f Abs. 1 Satz 1 Nr. 1 StGB zu einem Widerruf führen mit der Konsequenz, daß das Widerrufsgericht erst die rechtskräftige Verurteilung abwarten müsse. Das bedeute, daß ein und dasselbe Verhalten zwar dieselbe Sanktion nach sich ziehen würde, aber zu erheblich auseinander klaffenden Zeitpunkten.

Diese Argumentation erscheint auf den ersten Blick einleuchtend und schwer zu widerlegen. Es kann nicht angehen, daß ein und dasselbe Verhalten des Verurteilten einmal den sofortigen Widerruf der gewährten Strafaussetzung nach sich zieht, ein andermal dagegen abgewartet werden muß, bis dieses Verhalten rechtskräftig abgeurteilt worden ist, bevor es Auswirkungen auf das Widerrufsverfahren haben kann[259].

Bei genauerem Hinsehen zeigen sich jedoch durchaus ins Gewicht fallende Unterschiede zwischen den Widerrufsgründen des § 56f Abs. 1 Satz 1 Nr. 1 StGB und des § 56f Abs. 1 Satz 1 Nr. 2 StGB, die eine unterschiedliche Behandlung rechtfertigen können. Um diese herauszufiltern, sind zunächst die Voraussetzungen der Nr. 2 und 3 des § 56f Abs. 1 Satz 1 StGB zu beschreiben.

Der Widerrufsgrund des § 56f Abs. 1 Satz 1 Nr. 2 StGB erfordert eine gröbliche oder beharrliche Zuwiderhandlung gegen eine erteilte Weisung. Gröblichkeit setzt einen objektiv erheblichen Verstoß voraus; subjektiv ist nötig, daß der Proband den Verstoß verschuldet hat. Beharrlich verstößt gegen Weisungen, wer ihnen durch wiederholtes Handeln oder andauerndes Verhalten nicht nachkommt, oder sie trotz Mahnung seitens des Gerichts oder des Bewährungshelfers nicht erfüllt[260]. Ein Sonderfall des beharrlichen Verstoßes gegen Weisungen liegt vor, wenn sich der Verurteilte der Aufsicht und Leitung des Bewährungshelfers beharrlich entzieht.

---

258 Stree, NStZ 1992, 153, 154, nennt als Beispiele die Verletzung einer Unterhaltspflicht (§ 170b StGB) und den unerlaubten Besitz von Waffen (§ 53 WaffG), vgl. dazu oben S. 47. Gegen die Anwendbarkeit des § 56f Abs. 1 Satz 1 Nr. 2 StGB auf den Verstoß gegen die Weisung, eine Unterhaltspflicht zu erfüllen, Frank, MDR 1982, 353, 355.

259 Zumal die Gefahr besteht, daß der Verurteilte sein strafbares Verhalten noch bis zu diesem Zeitpunkt fortsetzt.

260 Dieselben Anforderungen gelten insoweit für den Widerrufsgrund des § 56f Abs. 1 Satz 1 Nr. 3 StGB. Vgl. zu den Voraussetzungen des Weisungs- und Auflagenverstoßes Horn, in SK, § 56f StGB, Rdn. 15-25; Frank, MDR 1982, 353, 354 f.

Bei § 56f Abs. 1 Satz 1 Nr. 3 StGB genügt der Auflagenverstoß als solcher. Auf prognostische Gesichtspunkte muß hier nicht zurückgegriffen werden, was auf der unrechtsausgleichenden Funktion der Auflage beruht. Mit deren Nichterfüllung entfällt ein entscheidendes Moment für die Strafaussetzung.

Im Fall des § 56f Abs. 1 Satz 1 Nr. 2 StGB löst der Weisungsverstoß als solcher dagegen noch keinen Widerruf aus, vielmehr muß das mit der Weisung gemäß § 56c StGB und/oder § 56d StGB angestrebte Ziel gefährdet erscheinen. Es muß also noch die Besorgnis hinzukommen, der Verurteilte werde erneut Straftaten begehen. Im Gegensatz zu § 56f Abs. 1 Satz 1 Nr. 1 StGB, wo die neu begangene Straftat gezeigt haben muß, daß sich die ursprünglich gestellte Prognose nicht erfüllt hat - was in der Regel durch die neue Tat belegt wird - hat das Gericht bei § 56f Abs. 1 Satz 1 Nr. 2 StGB unter Abwägung des Verstoßes und des sonstigen Verhaltens des Probanden in der Bewährungszeit eine erneute Prognose zu stellen. Diese hat sich an der für die Strafaussetzung nach §§ 56, 57 StGB maßgebenden Erwartung auszurichten. Der Grund für diese unterschiedliche Behandlung, die sich aus dem Gesetzeswortlaut ableiten läßt, dürfte darin zu sehen sein, daß eine Straftat in der Bewährungszeit grundsätzlich als ein stärkeres negatives Indiz als ein Weisungsverstoß angesehen wird, mithin auch stärkerer Gegengründe bedarf.

Der Widerrufsgrund des § 56f Abs. 1 Satz 1 Nr. 3 StGB stellt zweifelsohne geringere Anforderungen an das widerrufsauslösende Verhalten des Probanden als § 56f Abs. 1 Satz 1 Nr. 1 StGB. Zu beachten ist allerdings, daß nicht in jedem Fall, in dem die Voraussetzungen eines Widerrufsgrundes nach § 56f Abs. 1 Satz 1 Nr. 1-3 StGB gegeben sind, auch ein Widerruf der Strafaussetzung erfolgen muß. In vielen Fällen wird sich nämlich der Ausspruch eines Widerrufs durch die Verhängung von (weiteren) Maßnahmen nach § 56f Abs. 2 StGB vermeiden lassen.

Im Gegensatz zum Auflagenverstoß stehen die an das bewährungswidrige Verhalten zu stellenden Anforderungen beim Weisungsverstoß nicht unbedingt hinter denen des § 56f Abs. 1 Satz 1 Nr. 1 StGB zurück. Stellt das Widerrufsgericht einen Weisungsverstoß (z.B. eine Unterhaltspflichtverletzung) fest, liegen aber die Voraussetzungen für einen Widerruf nach § 56f Abs. 1 Satz 1 Nr. 2 StGB gleichwohl nicht vor - sei es, daß kein gröblicher oder beharrlicher Verstoß gegen die Weisung festzustellen ist, sei es, daß keine ungünstige Prognose gestellt werden kann - bleibt dem Gericht der Weg zum Widerruf über § 56f Abs. 1 Satz 1 Nr. 2 StGB versperrt. Einen Widerruf kann es allenfalls nach § 56f Abs. 1 Satz 1 Nr. 1 StGB aussprechen. Läßt man nun die Überzeugung des Widerrufsgerichtes von der Begehung einer Straftat genügen, so könnte das Widerrufsgericht das Vorliegen einer

Straftat feststellen, ohne daß zugleich die Voraussetzungen der Nr. 2 gegeben sind. Ein Widerruf der Strafaussetzung nach Nr. 1 wäre mithin unter geringeren Voraussetzungen möglich als nach § 56f Abs. 1 Satz 1 Nr. 2 StGB! Allerdings ist zu konzedieren, daß eine derartige Fallkonstellation, in der ein Weisungsverstoß zugleich eine Straftat darstellt und nur die Voraussetzungen für einen Widerruf nach § 56f Abs. 1 Satz 1 Nr. 1 StGB gegeben sind, nicht gerade häufig vorkommen dürfte[261].

Geht es um die Verfolgung und Ahndung des Weisungsverstoßes als Straftat, so muß unbestrittenermaßen eine rechtskräftige Verurteilung erfolgen. Das bedeutet, daß bei einem Weisungsverstoß, der zugleich die Voraussetzungen eines Straftatbestandes erfüllt, zwangsläufig verschiedene Verfahren durchgeführt werden müssen, zum einen das summarische Verfahren nach § 453 Abs. 1 StPO für den Widerruf, zum anderen das Erkenntnisverfahren nach der StPO für die Aburteilung. Hinzu kommt noch das Widerrufsverfahren wegen des Widerrufsgrundes des § 56f Abs. 1 Satz 1 Nr. 1 StGB[262]. Der Verstoß gegen eine richterliche Weisung nach § 56c StGB kann somit unter drei Aspekten Bedeutung erlangen: Als Anlaß für einen Widerruf nach § 56f Abs. 1 Satz 1 Nr. 2 StGB, als Anlaß für einen Widerruf nach § 56f Abs. 1 Satz 1 Nr. 1 StGB und als zu ahndende Straftat.

Hier stellt sich nun die Frage, welche Anforderungen an den Weisungsverstoß als neue Straftat i.S. des § 56f Abs. 1 Satz 1 Nr. 1 StGB zu stellen sind. Genügt mit der Rechtsprechung und Stree[263] in Anlehnung an § 56f Abs. 1 Satz 1 Nr. 2 StGB die Überzeugung des Widerrufsgerichtes oder ist entsprechend des Verfahrens zur Aburteilung der neuen Tat auch für den Widerruf nach § 56f Abs. 1 Satz 1 Nr. 1 StGB eine rechtskräftige Verurteilung zu verlangen?

Da es hier um die Feststellung der neuen Straftat als Anlaß für einen Widerruf geht, liegt es nahe, die Parallele zu den Voraussetzungen für den Widerruf nach § 56f Abs. 1 Satz 1 Nr. 2 StGB zu ziehen, also die Überzeugung des Widerrufsgerichtes genügen zu lassen.

---

261 Gleichwohl ist zu bedenken, daß sich diese Situation über die von Stree genannten Beispiele hinaus auch bei anderen Weisungen ergeben kann. Dies ist bei denjenigen Weisungen der Fall, die im Katalog des § 68b Abs. 1 StGB aufgeführt sind und deren Verletzung nach § 145a StGB strafbewehrt ist.

262 Dies ist hier keinesfalls entbehrlich: Zum einen kann ein Widerruf auf mehrere Widerrufsgründe gestützt werden, zum anderen können die Voraussetzungen der Nr. 1 vorliegen, ohne daß zugleich die Voraussetzungen der Nr. 2 gegeben sind.

263 Vgl. oben S. 62 f.

Dem steht jedoch der Charakter des Widerrufs entgegen. Der Widerruf ist eine strafbelastende Entscheidung. Der Verurteilte muß nach erfolgtem Widerruf die vormals ausgesetzte Strafe im Gefängnis absitzen. Nicht nur für den juristisch weniger gebildeten Verurteilten ist es schwer verständlich, warum ihm einerseits vorgehalten wird, er habe eine Straftat mit der Konsequenz des Widerrufs und der Strafvollstreckung begangen, während ihm andererseits bescheinigt wird, daß gegen ihn erst ein Ermittlungsverfahren wegen des Verdachts der Begehung einer Straftat durchgeführt wird! Gerade unter Beachtung des Resozialisierungsgedankens, der das Strafrecht mehr und mehr beherrscht, muß dieser Eindruck vermieden werden. Deshalb ist es sinnvoller, hinsichtlich der Anforderungen an die Feststellung der neuen Straftat die Konformität zur Ahndung der Anlaßtat als neue Straftat herzustellen als - wie bei § 56f Abs. 1 Satz 1 Nr. 2 StGB - die Überzeugung des Widerrufsgerichtes von dem bewährungswidrigen Verhalten genügen zu lassen.

Als Fazit der Betrachtung des speziellen Umfeldes, in dem der Widerrufsgrund des § 56f Abs. 1 Satz 1 Nr. 1 StGB angesiedelt ist, kann festgehalten werden, daß sich hieraus keine durchschlagenden Argumente für die h.M. herleiten lassen. Die Stellung des § 56f Abs. 1 Satz 1 Nr. 1 StGB im System der Widerrufsgründe bietet keine ins Gewicht fallenden Anhaltspunkte für die Auslegung des "Begehens einer neuen Straftat", da es an der Vergleichbarkeit der Anknüpfungspunkte für den Widerruf fehlt. Die Begehung einer Straftat kann nicht einem Weisungs- oder Auflagenverstoß gleichgesetzt werden, insbesondere gilt bei letzterem nicht der Grundsatz der Unschuldsvermutung[264].

264 Zur Bedeutung der Unschuldsvermutung für den Widerruf der Strafaussetzung wegen der Begehung einer neuen Straftat ausführlich unten S. 132 ff.

III. Die Entstehungsgeschichte des § 56f Abs. 1 Satz 1 Nr. 1 StGB

Im Rahmen der verschiedenen Auslegungsmethoden ist als nächstes der Frage nachzugehen, ob die Entstehungsgeschichte des § 56f Abs. 1 Satz 1 Nr. 1 StGB zum Verständnis der "Begehung einer neuen Straftat" beitragen kann.

Neben Wortsinn und systematischer Stellung des § 56f Abs. 1 Satz 1 Nr. 1 StGB stellt die Rechtsprechung[265], soweit sie eine rechtskräftige Verurteilung wegen der Anlaßtat nicht verlangt, gelegentlich auch auf die Gesetzesgeschichte des § 56f Abs. 1 Satz 1 Nr. 1 StGB zur Begründung ihrer Auffassung ab und bemüht einen Vergleich zu § 25 Abs. 2 Nr. 2 StGB a.F.[266]. Aus dem Wegfall des Erfordernisses einer Verurteilung zu einer Freiheitsstrafe, wie sie in § 25 Abs. 2 Nr. 2 StGB a.F. vorgesehen war, folgert sie, daß der Gesetzgeber mit der Neufassung der Widerrufsgründe durch das 1. StrRG von 1969 bewußt auf eine rechtskräftige Aburteilung der Nachtat verzichtet habe.

Ob man aus dem Wegfall der Verurteilung in § 25 Abs. 2 Nr. 2 StGB a.F. Schlüsse für das Verständnis des § 56f Abs. 1 Satz 1 Nr. 1 StGB ziehen kann, hängt davon ab, ob nach früherem Recht tatsächlich eine Straftat nur dann einen Widerruf auslösen konnte, wenn sie zuvor rechtskräftig festgestellt worden war. Ob dies der Fall ist, hängt wiederum entscheidend von der Auslegung des Widerrufsgrundes des § 25 Abs. 2 Nr. 4 StGB a.F. ab[267].

Bevor die Rechtslage zum Widerruf nach § 25 StGB a.F. erörtert wird, soll das Rad der Geschichte kurz noch etwas weiter zurückgedreht werden. Bereits lange vor der ersten Kodifikation der Strafaussetzung zur Bewährung und damit auch des Widerrufs der Strafaussetzung wurde über die Frage nachgedacht, an welche Voraussetzungen der Widerruf einer Strafaussetzung infolge neuer Straftaten geknüpft werden könnte. Der Entwurf eines Allgemeinen Deutschen Strafgesetzbuchs[268] sah in seinem § 40 den Widerruf für den Fall vor, daß der Verurteilte we-

---

265 OLG Hamburg, MDR 1992, 396, 397; LG Kiel, SchlHA 1992, 10.

266 Darin heißt es: "Das Gericht widerruft die Strafaussetzung, wenn ... 2. der Verurteilte wegen eines innerhalb der Bewährungszeit begangenen Verbrechens oder vorsätzlichen Vergehens im Inland zu einer Freiheitsstrafe verurteilt wird."

267 Diese Widerrufsformel lautet: "Das Gericht widerruft die Strafaussetzung, wenn ... 4. sich auf andere Weise zeigt, daß das in ihn gesetzte Vertrauen nicht gerechtfertigt war."

268 Amtlicher Entwurf eines Allgemeinen Deutschen Strafgesetzbuchs nebst Begründung (Reichsratsvorlage), S. 7 [zur Begründung siehe S. 36].

gen einer nach der Bewilligung der Strafaussetzung[269] begangenen Tat verurteilt wird. Von dem Widerruf konnte abgesehen werden, wenn wegen der neuen Tat nur auf Geldstrafe erkannt worden war. Auch Lorenz[270] machte den Vorschlag, die ausgesetzte Strafe wegen einer neuen Straftat erst dann zu vollstrecken, wenn der Proband deswegen erneut verurteilt worden war.

Nach § 25 Abs. 2 Nr. 2 StGB a.F. hatte der Widerruf der Strafaussetzung wegen einer neuen Straftat zu erfolgen, wenn der unter Bewährung Stehende zu einer Freiheitsstrafe verurteilt worden war, worunter nach allgemeiner Auffassung eine rechtskräftige Verurteilung verstanden wurde[271]. Stellt man nun bei der Betrachtung der früheren und der heutigen Rechtslage zum Widerruf allein auf einen Vergleich zu § 25 Abs. 2 Nr. 2 StGB a.F. ab, so kann aus dem Wegfall des Erfordernisses einer Verurteilung in der Tat auf den Willen des Gesetzgebers des 1. StrRG von 1969 geschlossen werden, die Voraussetzungen für den Widerruf zu erleichtern und keine Verurteilung wegen der Anlaßtat mehr zu verlangen. Diese Folgerung kann jedoch nur dann gezogen werden, wenn die Frage des Widerrufs wegen neuer Straftaten nach früherem Recht abschließend durch § 25 Abs. 2 Nr. 2 StGB a.F. geregelt worden ist. An dieser Stelle ist daher auf das Verhältnis der Widerrufsgründe des § 25 Abs. 2 Nr. 2 StGB a.F. und des § 25 Abs. 2 Nr. 4 StGB a.F. näher einzugehen[272].

§ 25 Abs. 2 Nr. 4 StGB a. F. verlangte einen Vertrauensbruch des Bewährungsprobanden. Hierunter verstand man beispielsweise Arbeitsscheu, einen liederlichen Lebenswandel sowie jedes andere zu mißbilligende Verhalten des Verurteilten[273]. Nahm man Straftaten von der Anwendung der Nr. 4 aus, so bestand die Gefahr, daß sich ein erheblicher Kreis von Straftaten - sämtliche Fahrlässigkeitsdelikte sowie alle Geldstrafen - nie widerrufsrelevant auswirken konnte. Der Verurteilte hätte also z. B. eine Vielzahl von Fahrlässigkeitsdelikten begehen können, ohne

---

269 Die Strafaussetzung zur Bewährung wurde in der Reichsratsvorlage als bedingter Straferlaß bezeichnet.

270 JR 1949, 393, 397, 400.

271 Vgl. nur OLG Stuttgart, NJW 1964, 1585.

272 Die übrigen Widerrufsgründe des § 25 StGB a.F. können hier außer Betracht bleiben: § 25 Abs. 2 Nr. 1 StGB a.F. bezog sich auf zum Zeitpunkt der Strafaussetzung nicht bekannte Umstände, die im Fall ihrer Kenntnis nachträglich zur Versagung der Aussetzung geführt hätten. § 25 Abs. 2 Nr. 3 StGB a.F. erfaßte Verstöße gegen Bewährungsauflagen und war Vorläufer der heutigen Regelung in § 56f Abs. 1 Satz 1 Nr. 2 und 3 StGB.

273 Schröder, in Schönke/Schröder, 7. Aufl. , § 25 StGB, Anm. III 4; Schulze, NJW 1957, 772, 774.

deswegen einen Widerruf befürchten zu müssen. Insofern würde die Regelung des § 56f Abs. 1 Satz 1 Nr. 1 StGB eine erhebliche Verschärfung des Widerrufsrechts bedeuten.

Nach absolut h. M.[274] enthielt § 25 Abs. 2 Nr. 2 StGB a. F. jedoch keine abschließende Regelung für einen Widerruf der Strafaussetzung wegen weiterer Straftaten des Verurteilten. In § 25 Abs. 2 Nr. 4 StGB a. F. wurde vielmehr eine Generalklausel gesehen, von der § 25 Abs. 2 Nr. 2 StGB a. F. nur einen schlechthin zum Widerruf führenden Unterfall darstellte. Den Unterschied zwischen beiden Normen sah man darin, daß bei einer Verurteilung i. S. des § 25 Abs. 2 Nr. 2 StGB a. F. stets ein Widerruf ausgesprochen werden mußte (in diesem Fall sah bereits das Gesetz einen Vertrauensbruch als gegeben an), bei Verurteilungen anderer Art dagegen nur dann, wenn sie zu der Beurteilung führten, daß das in den Verurteilten gesetzte Vertrauen nicht gerechtfertigt war (deshalb mußte hier der Richter den Vertrauensbruch im Einzelfall feststellen). Bei diesem Verständnis des Verhältnisses der Widerrufsgründe des § 25 Abs. 2 Nr. 2 StGB a. F. und des § 25 Abs. 2 Nr. 4 StGB a. F. bestand die Gefahr, daß auch bei noch nicht abgeurteilten Straftaten i. S. des § 25 Abs. 2 Nr. 2 StGB a. F. (kein Widerruf nach § 25 Abs. 2 Nr. 2 StGB a. F. sondern Aussetzung des Verfahrens bis zum Abschluß des Ermittlungsverfahrens wegen der neuen Tat[275]) die Gerichte Strafaussetzungen nach § 25 Abs. 2 Nr. 4 StGB a. F. widerrufen und damit die Voraussetzungen des § 25 Abs. 2 Nr. 2 StGB a. F. umgehen konnten[276]. Diese Gefahr machte sich allerdings in der Praxis weniger stark bemerkbar, da die Gerichte bei Straftaten die Strafaussetzung zu-

---

274 OLG Stuttgart, NJW 1964, 1585; Dreher/Maassen, § 25 StGB, Anm. 4; Schröder, in Schönke/Schröder, 7. Aufl. , § 25 StGB, Anm. III 2; Schneble, SchlHA 1955, 327 f.; Schulze, NJW 1957, 772, 774; Dreher, MDR 1964, 75, 76; ders., NJW 1964, 1581 f.; a.A. LG Itzehoe vom 24.3.1955 - 7 Ls 31/52 Ns -, unveröffentlicht.

275 Vgl. Schulze, NJW 1957, 772, 773.

276 Vor diesem Hintergrund äußerte sich denn auch das OLG Stuttgart, NJW 1964, 1685, kritisch zu der Konsequenz, daß strafbare Handlungen bereits vor ihrer rechtskräftigen Feststellung zum Anlaß für einen Widerruf nach § 25 Abs. 2 Nr. 4 StGB a.F. dienen konnten, im Hinblick auf die Unschuldsvermutung und die Gefahr widersprechender Entscheidungen. Das OLG versuchte dann allerdings das Problem zu umgehen, indem es sich wenig überzeugend auf ein Versagen allgemeiner Art i.S. des § 25 Abs. 2 Nr. 4 StGB a.F. zur Begründung seines Widerrufes stützte.

meist nur unter den Voraussetzungen des § 25 Abs. 2 Nr. 2 StGB a. F. widerriefen[277].

Als Zwischenergebnis kann somit festgehalten werden, daß der Gesetzgeber die Frage des Widerrufs der Strafaussetzung wegen der Begehung neuer Straftaten an sich in § 25 Abs. 2 Nr. 2 StGB a. F. in klarer und eindeutiger Weise geregelt hatte, daß diese rechtsstaatlich vorbildliche Norm aber über die Generalklausel des § 25 Abs. 2 Nr. 4 StGB a. F. unterlaufen werden konnte. Danach konnte nach allgemeiner Meinung ein Widerruf unter anderem auf Straftaten gestützt werden, die noch nicht rechtskräftig abgeurteilt worden waren.

Nunmehr ist zu untersuchen, ob sich in den Gesetzgebungsmaterialien zu § 25 Abs. 1 Nr. 1 StGB i. d. F. des 1. StrRG - mit dem § 56f Abs. 1 Satz 1 Nr. 1 StGB insoweit wörtlich übereinstimmt - Hinweise auf die Motive des Gesetzgebers finden lassen, das Erfordernis einer Verurteilung in § 25 Abs. 2 Nr. 2 StGB a. F. und die Generalklausel des § 25 Abs. 2 Nr. 4 StGB a. F. zu streichen und den Widerruf von der "Begehung einer neuen Straftat" abhängig zu machen.

Während der Entwurf für ein StGB aus dem Jahr 1962[278] in seinem § 78 sachlich dem bisher geltenden Recht entsprach, verlangte der Alternativentwurf aus dem Jahr 1966[279] für den Widerruf eine Verurteilung wegen einer vorsätzlichen Straftat und knüpfte insoweit an § 25 Abs. 2 Nr. 2 StGB a. F. an[280].

Der Entwurf eines Ersten Gesetzes zur Reform des Strafrechts[281] sah für den Widerruf der Strafaussetzung auf Grund erneuter Straffälligkeit in § 25 Abs. 1 Nr. 1 erstmals vor, den Widerruf an die "Begehung einer Straftat" zu knüpfen. Die bisherigen Widerrufsgründe des § 25 Abs. 2 Nr. 1 StGB a. F. und des § 25 Abs. 2

---

277 Wittig, S. 59 f., 80, hat in seiner Untersuchung über den Bewährungserfolg von 199 in den Jahren 1958 und 1959 vom AG und LG Heilbronn verurteilten 21- bis 39jährigen Straftätern festgestellt, daß § 25 Abs. 2 Nr. 4 StGB a.F. in der Praxis selten Anwendung gefunden hat. Wegen neuer Straftaten wurde die Strafaussetzung in der Regel nur dann widerrufen, wenn die Voraussetzungen des § 25 Abs. 2 Nr. 2 StGB a.F. vorlagen, während Fahrlässigkeitstaten und vorsätzliche Delikte, die nur mit Geldstrafen geahndet wurden, zumeist nicht zum Widerruf führten.

278 Entwurf eines Strafgesetzbuches (E 1962), BT-Drucks.; IV/650, S. 22.

279 § 46 Abs. 1 Nr. 1 des Alternativentwurfes, BT-Drucks. V/2285, S. 7.

280 Mit dem Unterschied zu § 25 Abs. 2 Nr. 2 StGB a.F., daß die Verurteilung nicht unbedingt zu einer Freiheitsstrafe führen mußte, sondern daß auch die Verurteilung zu einer Geldstrafe genügte.

281 BT-Drucks. V/4094, S. 73.

Nr. 4 StGB a. F. wurden gestrichen. In dem Bericht des Sonderausschusses[282] heißt es zu § 25, daß der in § 78 Abs. 1 Nr. 1 des E 1962[283] enthaltene Widerrufsgrund vor allem wegen des Verzichts auf formelle Ausschlußgründe bei der Strafaussetzung - wie sie § 23 Abs. 3 Nr. 2, 3 StGB a. F. vorgesehen hatte - beseitigt worden sei. Auf den Widerrufsgrund des § 25 Abs. 2 Nr. 4 StGB a. F.[284] habe der Sonderausschuß verzichtet, damit künftig nur noch vorwerfbares Verhalten in der Bewährungszeit zum Widerruf führen könne.

Im Rahmen der Beratungen des Sonderausschusses war die Frage lebhaft diskutiert worden, ob die Generalklausel des § 25 Abs. 2 Nr. 4 StGB a. F. beibehalten werden solle. Als Argument für eine Beibehaltung dieser Widerrufsnorm wurde angeführt, daß nicht nur für vorsätzliche, sondern auch für fahrlässige Straftaten eine Widerrufsmöglichkeit bestehen müsse. Desweiteren wurde der Fall angesprochen, daß eine Tat zwar in der Bewährungszeit begangen, aber erst später abgeurteilt werde[285]. Gegen das letztgenannte Argument wurde das rechtsstaatliche Bedenken geltend gemacht, daß die Strafaussetzung nach § 25 Abs. 2 Nr. 4 StGB a. F. widerrufen werden konnte, obwohl die Verurteilung wegen der zweiten Tat noch nicht erfolgt war. Wenn dem Widerrufsrichter bei seiner Entscheidung bekannt werde, daß der Proband innerhalb der Bewährungszeit eine neue strafbare Handlung begangen habe, die noch nicht abgeurteilt worden sei, sei es angängig, daß er die Akten auf Wiedervorlage lege und abwarte, bis über das Schicksal der weiteren strafbaren Handlung entschieden worden sei[286].

Dem wurde entgegengehalten, daß der Widerruf allein von der Überzeugung des hierfür zuständigen Richters abhänge. Obwohl ausdrücklich betont wurde, daß auf einen Verdacht hin ein Widerruf nicht ausgesprochen werden dürfe[287], sollte selbst

---

282 Erster Schriftlicher Bericht des Sonderausschusses für die Strafrechtsreform, BT-Drucks. V/4094, S. 13.

283 Dem § 25 Abs. 2 Nr. 1 StGB a.F. weitgehend entsprach.

284 § 25 Abs. 2 Nr. 4 StGB a.F. stimmte weitgehend mit § 78 Abs. 1 Nr. 4 des E 1962 überein.

285 Niederschrift über die 41. Sitzung des Sonderausschusses für die Strafrechtsreform, S. 775 f.

286 Niederschrift über die 41. Sitzung des Sonderausschusses für die Strafrechtsreform, S. 776.

287 Niederschrift über die 42. Sitzung des Sonderausschusses für die Strafrechtsreform, S. 785.

für den Fall, daß der Proband wegen der Nachtat nicht geständig ist[288], dem Richter die Möglichkeit des Widerrufs eingeräumt werden, wenn über die neue Tat noch nicht rechtskräftig entschieden worden sei[289]. Es wäre mißlich, so wird angeführt, "wenn der zur Entscheidung über den Widerruf berufene Richter demjenigen, von dem er überzeugt sei, daß er eine neue Straftat begangen habe, attestieren müßte, sich bewährt zu haben"[290]. Dem Einwand, was denn geschehen solle, wenn das Gericht auf Grund einer fehlerhaften Überzeugung widerrufen habe, der Bewährungsproband seine Strafe habe absitzen müssen und später wegen der neuen Beschuldigung ein Freispruch erfolge, wird entgegengehalten, daß das Risiko, daß sich ein Richter irre, immer bestehe. Die Rechtsprechung habe sich auf den Standpunkt gestellt, daß in einem solchen Fall der Widerruf der Strafaussetzung nach Wiederaufnahmegrundsätzen wieder beseitigt werden könne[291]. Trotz derartiger Schwierigkeiten wäre es nicht richtig, dem Richter, der überzeugt sei, daß der Verurteilte eine neue Straftat begangen habe, zu verwehren, die Strafaussetzung zu widerrufen[292].

Diese Ausführungen wurden durch die Bemerkung unterstrichen, "es sei bisher nie auf eine rechtskräftige Verurteilung wegen einer neuen Straftat abgestellt worden". Der Richter, der über den Widerruf zu entscheiden habe, werde pflichtgemäß prüfen, ob eine neue Straftat hinreichend bewiesen sei. Vor Justizirrtümern sei man auch bei einer rechtskräftigen Verurteilung wegen der Anlaßtat nicht sicher. Wenn der Richter zu der Überzeugung gelange, daß der Verurteilte eine neue Straftat begangen und somit die ihm auferlegte Bedingung nicht erfüllt habe, müsse er die Möglichkeit des Widerrufs auch schon vor einer rechtskräftigen Aburteilung der Anlaßtat haben[293].

Sprachen sich die Mitglieder des Sonderausschusses für die Strafrechtsreform in ihrer 41. Sitzung aus den geschilderten Gründen noch für die Beibehaltung der Ge-

---

288 Insofern stellt die eine rechtskräftige Verurteilung nicht verlangende Rechtsprechung sogar noch strengere Anforderungen, da sie in der Regel ein Geständnis des Verurteilten verlangt, vgl. oben Fn. 186.

289 Niederschrift über die 41. Sitzung des Sonderausschusses für die Strafrechtsreform, S. 776.

290 Niederschrift über die 41. Sitzung des Sonderausschusses für die Strafrechtsreform, S. 776.

291 Zu diesem Argument siehe unten S. 139 ff.

292 Niederschrift über die 41. Sitzung des Sonderausschusses für die Strafrechtsreform, S. 776 f.

293 Niederschrift über die 41. Sitzung des Sonderausschusses für die Strafrechtsreform, S. 777.

neralklausel aus, so bildete sich bereits in der nächsten Sitzung[294] die Meinung, daß die Generalklausel einer gewissen Einengung bedürfe. Bei dem "sonstigen Verhalten" i. S. der Generalklausel sollte es sich ausschließlich um gesetzwidriges Verhalten handeln, worunter als Hauptanwendungsfall die Begehung einer Straftat verstanden wurde. Dieser Fall wurde denn auch in dem Formulierungsvorschlag vom 7.12.1966 für den Widerruf der Strafaussetzung (§ 78 Abs. 1 Nr. 4) besonders hervorgehoben[295]. Gleichzeitig wurde das Erfordernis einer rechtskräftigen Verurteilung, das bisher in § 25 Abs. 2 Nr. 2 StGB a. F. enthalten war, als hinfällig betrachtet. Hierzu wurde ausgeführt, daß die Begehung einer neuen Straftat sowohl nach geltendem Recht als auch nach der bisherigen Entwurfsfassung[296] in der Generalklausel enthalten war, so daß dem § 25 Abs. 2 Nr. 2 StGB a. F. ohnehin keine abschließende Bedeutung zugekommen sei[297]. Außerdem wurde der Kreis der Widerrufsanlaßtaten ausgedehnt, indem auf das Merkmal der "vorsätzlichen" Straftat verzichtet wurde, so daß auch Fahrlässigkeitstaten zum Widerruf führen können.

Faßt man den legislatorischen Entstehungsprozeß des § 25 Abs. 1 Nr. 1 StGB n. F. bzw. des § 56f Abs. 1 Satz 1 Nr. 1 StGB zusammen, so kann aus dem Wegfall des Erfordernisses einer rechtskräftigen Verurteilung in § 25 Abs. 2 Nr. 2 StGB a. F. allein noch nicht auf den Willen des Gesetzgebers zur Auslegung der "Begehung einer Straftat" geschlossen werden. Der Wegfall der Verurteilung in § 25 Abs. 2 Nr. 2 StGB a. F. kann nicht isoliert betrachtet, er muß vielmehr im Zusammenhang mit der Streichung der Generalklausel des § 25 Abs. 2 Nr. 4 StGB a. F. gewürdigt werden. Nach § 25 Abs. 2 Nr. 4 StGB a. F. hat es der Gesetzgeber - ebenso wie die absolut h. M. - als zulässig angesehen, den Widerruf auch wegen noch nicht abgeurteilter Straftaten auszusprechen. An dieser Rechtslage wollte der Gesetzgeber offenbar nicht rütteln[298]. Indem er das widerrufsrelevante Verhalten auf Straftaten begrenzte, war der Weg frei für die Streichung des § 25 Abs. 2 Nr. 2 StGB a. F. und die Regelung des Widerrufs wegen erneuter Straffälligkeit in <u>einer</u> Vorschrift.

---

294 Niederschrift über die 42. Sitzung des Sonderausschusses für die Strafrechtsreform, S. 780.

295 Niederschrift über die 42. Sitzung des Sonderausschusses für die Strafrechtsreform, S. 779.

296 Vgl. § 78 Abs. 1 Nr. 4 des E 1962.

297 Niederschrift über die 42. Sitzung des Sonderausschusses für die Strafrechtsreform, S. 780.

298 Dieser Schluß muß jedenfalls der Niederschrift über die 42. Sitzung des Sonderausschusses für die Strafrechtsreform, S. 780, entnommen werden.

Unter die heutige Widerrufsnorm des § 56f Abs. 1 Satz 1 Nr. 1 StGB fallen sowohl die Straftaten nach § 25 Abs. 2 Nr. 2 StGB a. F. als auch die vom Anwendungsbereich dieser Vorschrift nicht erfaßten Straftaten und Strafen, die früher unter die Generalklausel des § 25 Abs. 2 Nr. 4 StGB a. F. fielen. Ein Aussieben von Straftaten, die gleichwohl nicht zu einem Widerruf führen sollen, findet heute durch die Sozialprognoseklausel des § 56f Abs. 1 Satz 1 Nr. 1 StGB sowie die zusätzliche, der Widerrufsvermeidung dienende Vorschrift des § 56f Abs. 2 StGB statt.

Als Fazit der Betrachtung der Entstehungsgeschichte des § 56f Abs. 1 Satz 1 Nr. 1 StGB kann festgehalten werden, daß der Gesetzgeber bei der Formulierung dieser Norm seinen Willen zwar deutlicher hätte zum Ausdruck bringen können, daß aus der Neufassung der Widerrufsgründe des § 25 Abs. 2 Nr. 2 und 4 StGB a. F. aber gleichwohl sein Wille abzuleiten ist, für den Widerruf der Strafaussetzung zur Bewährung wegen der Begehung einer Straftat eine rechtskräftige Verurteilung wegen der Anlaßtat nicht (mehr) zu verlangen.

IV. Die objektiv-teleologische Auslegung

Als letztem und wichtigstem Auslegungsgesichtspunkt soll der Frage nach Sinn und Zweck des Widerrufsgrundes der "Begehung einer neuen Straftat" in seinem heutigen Verständnis nachgegangen werden.

Von den Anhängern der h. M. wird geltend gemacht, daß das Zuwarten auf ein rechtskräftiges Erkenntnis wegen der Anlaßtat dem Gesetzeszweck widerspreche[299]. Dieser erfordere eine möglichst frühzeitige Entscheidung über den Straferlaß bzw. den Widerruf. Nur durch einen schnellstmöglichen Widerruf könne dem Resozialisierungsziel ausreichend Rechnung getragen werden[300]. Anderenfalls sei ein weiteres Abgleiten desjenigen, der innerhalb der Bewährungszeit erneut straffällig geworden ist, zu befürchten[301]. Demgegenüber bewirke ein Abwarten auf eine rechtskräftige Verurteilung eine sinnlose Verfahrensverzögerung, was dem kriminalpolitischen Zweck der Strafaussetzung wenig dienlich sei[302]. Noch einen

---

299 Vgl. OLG Düsseldorf, StV 1992, 283, 284; OLG Karlsruhe, MDR 1974, 245; Lackner, § 56f StGB, Rdn. 3.

300 OLG Düsseldorf, StV 1992, 283, 284.

301 OLG Hamm, NJW 1973, 911 f.; LG Kiel, SchlHA 1992, 10, 11; Brunner, NStZ 1991, 534, 535.

302 Stree, NStZ 1992, 153 f.; Lackner, § 56f StGB, Rdn. 3.

Schritt weiter geht Haberstroh[303], der sogar die Funktionsfähigkeit des Rechtsinstituts der Strafaussetzung zur Bewährung bedroht sieht, falls eine Verurteilung abgewartet werden müsse. In diesem Fall könne die Strafaussetzung ihre Damoklesschwert-Funktion nicht mehr erfüllen.

Die Befürworter der Gegenauffassung werfen der h. M. insbesondere vor, daß ein vor rechtskräftiger Aburteilung der Anlaßtat ausgesprochener und vollstreckter Widerruf die Gefahr widersprechender Entscheidungen heraufbeschwöre, die sich dann realisiere, wenn in dem Verfahren über die Anlaßtat später ein Freispruch erfolge[304].

Fragt man nach dem Gesetzeszweck des § 56f Abs. 1 Satz 1 Nr. 1 StGB, so ist damit zwangsläufig die Frage nach dem Sinn und Zweck der Strafaussetzung zur Bewährung verknüpft. Denn § 56f StGB ist im System der Strafaussetzung zur Bewährung eine Folgenorm der Ausgangsbestimmung des § 56 StGB. Sein telos kann deshalb nicht isoliert von demjenigen der Strafaussetzung betrachtet werden.

Leitmotiv der Strafaussetzung zur Bewährung ist der Aspekt der Spezialprävention durch Resozialisierung bzw. Vermeidung der Entsozialisierung des Täters. Die Vollstreckung kurzer Freiheitsstrafen ist unzweckmäßig; bei Ersttätern ist sie sogar schädlich für die weitere Persönlichkeitsentwicklung des Verurteilten[305]. Die Möglichkeit, dem Gestrauchelten im Strafvollzug zu einer Besserung und Wiedereingliederung in die Gesellschaft zu verhelfen, muß als gering eingestuft werden. Statt dessen überwiegen die negativen Folgen des Strafvollzugs. Der Verurteilte wird aus seiner Familie und aus seinem Beruf herausgerissen. In der Vollzugsanstalt droht ihm die Gefahr zusätzlicher krimineller Ansteckung[306].

Um dem Resozialisierungsgedanken Rechnung zu tragen und die Bewährungsstrafe so häufig wie möglich an die Stelle der Vollstreckung einer Freiheitsstrafe treten zu lassen, hat der Gesetzgeber die Strafaussetzung gegenüber der ursprünglichen Fas-

---

303 NStZ 1984, 289, 293.

304 Mrozynski, JZ 1978, 255, 259; Schwerin, SchlHA 1991, 205, 207; Boetticher, NStZ 1991, 1, 5. Daß die Möglichkeit widersprechender Entscheidungen besteht, räumen ebenfalls ein: OLG Stuttgart, NJW 1964, 1585; OLGSt Nr. 9 zu § 56f StGB; OLG Zweibrücken, StV 1985, 465, 466; OLG Karlsruhe, MDR 1974, 245.

305 Stree, in Schönke/Schröder, § 56 StGB, Rdn. 3; Ruß, in LK, 10. Aufl., § 56 StGB, Rdn. 1; Kratzsch, JR 1972, 369, 372; Klussmann, NJW 1973, 685, 686.

306 Kunert, NJW 1970, 537, 540; vgl. auch S. 5 und die in Fn. 13 genannten Autoren.

sung in §§ 23 ff. StGB a. F. mehrfach ausgebaut, zuletzt durch das 23. StÄndG vom 13. 4. 1986[307]. Ein Ende der Entwicklung ist noch nicht in Sicht[308].

Die vom Gesetzgeber erwünschten Wirkungen der erweiterten Anwendung des Rechtsinstituts der Strafaussetzung zur Bewährung dürfen jedoch nicht durch zu schnell und aus zu geringen Anlässen ausgesprochene Widerrufe unterwandert werden. Dem Verurteilten darf nicht mit der einen Hand gegeben werden, was ihm alsbald mit der anderen Hand (vorschnell) wieder genommen wird. Zur Erweiterung des Anwendungsbereiches der §§ 56 ff. StGB muß daher eine restriktive Widerrufspraxis hinzutreten. Das 23. StÄndG verfolgt deshalb neben dem Ausbau der Strafaussetzung auch das Ziel, den Widerruf der Strafaussetzung zu erschweren[309]. Zentrale Vorschrift der Widerrufsvermeidung ist § 56f Abs. 2 StGB[310]. Der Widerrufsrichter hat mit Hilfe ambulanter Behandlungsmaßnahmen i. S. dieser Vorschrift zu versuchen, den Aussetzungszweck trotz des bewährungswidrigen Verhaltens des Probanden noch zu erreichen.

Ein Widerruf ist zwar solange wie möglich zu vermeiden; ein berechtigter Widerruf hat aber so schnell wie nötig zu erfolgen[311], da in diesem Fall das mit der Strafaussetzung verfolgte Ziel nicht erreicht worden und eine Vollstreckung der zur Bewährung ausgesetzten Strafe deshalb geboten ist. Allerdings ist vor übereilten Widerrufen zu warnen, insbesondere führt, wie Stree[312] meint, ein Zuwarten auf eine rechtskräftige Verurteilung wegen der Nachtat nicht zu einer dem kriminalpolitischen Zweck der Strafaussetzung widersprechenden Verfahrensverzögerung. Nimmt die h. M. die von ihr gestellten Ansprüche an die Überzeugungsbildung ernst, so sind allenfalls geringfügige Verfahrensverzögerungen im Fall eines Zuwartens auf eine rechtskräftige Aburteilung zu befürchten[313]. In den Fällen, in denen möglichst umgehend auf neue Straftaten von Bewährungsprobanden reagiert werden muß, können vorläufige Maßnahmen nach § 453c StPO ergriffen werden.

---

307 BGBl. I, S. 393. Vgl. zur Entwicklung der Strafaussetzung S. 8 ff.

308 Zum rechtspolitischen Diskussionsstand vgl. S. 22 f.

309 Vgl. Schäfer, S. 61; Maatz, MDR 1988, 1017.

310 Siehe dazu ausführlich S. 29 ff.

311 Insoweit ist der h. M. zuzustimmen.

312 NStZ 1992, 153 f.

313 Vgl. Ostendorf, StV 1990, 230, 231.

Der Hebel zur Verfahrensbeschleunigung ist vielmehr an einer anderen Stelle anzusetzen als beim Widerrufsverfahren. Die Rechtswirklichkeit der Strafrechtspflege zeigt, daß insgesamt gesehen von zügig durchgeführten Verfahren nicht die Rede sein kann. Die Überlastung der Gerichte und der Staatsanwaltschaften läßt es im allgemeinen kaum zu, daß das Strafverfahren unmittelbar der Begehung der Straftat nachfolgt. Diese mißliche Lage darf nicht dadurch kompensiert werden, daß bei jedem Bewährungsprobanden in der Weise reagiert wird, kurzerhand auf die zur Bewährung ausgesetzte Strafe zurückzugreifen, um sich der Person des Verurteilten schneller zu versichern und um dann für das neue Verfahren über die Anlaßtat mehr Zeit zur Verfügung zu haben.

Entgegen Haberstroh[314] ist im Fall eines Abwartens einer rechtskräftigen Verurteilung ein Wegfall der Abschreckungswirkung nicht zu befürchten. Der Verurteilte weiß, welche Sanktionen ihm im Fall eines Bewährungsbruches drohen. Er wird hierüber vom Gericht hinreichend belehrt (vgl. § 268a Abs. 3 StPO). Lediglich die Vollstreckung der angedrohten und zur Bewährung ausgesetzten Strafe kann sich gegenüber einem früheren Widerrufsausspruch verzögern[315]. Daß aber nicht unbedingt ein Bedürfnis für eine schnellstmögliche Vollstreckung der ausgesetzten Strafe besteht, erkennt selbst das BVerfG an[316], indem es zutreffend ausführt, daß oft kein besonderes oder gar zwingendes Bedürfnis dafür besteht, die zur Bewährung ausgesetzte Strafe schon vor Rechtskraft der neuerlichen Verurteilung zu vollstrecken. Im übrigen muß man auch die Zeit nach der Vollstreckung der Strafe, deren Aussetzung widerrufen worden ist, in die Überlegungen einbeziehen. Selbst wenn der Verurteilte bewährungsbrüchig geworden sein sollte[317], so muß doch beachtet werden, daß die Strafaussetzung zur Bewährung dazu dienen soll, daß sich der Verurteilte in seinem gesamten zukünftigen Leben möglichst straffrei verhält. Die Resozialisierungschancen dürften aber ungleich größer sein, wenn der Verurteilte die ihm vorgeworfene neue Tat auch wirklich begangen hat - wofür bei einer rechtskräftigen Feststellung eine wesentlich größere Richtigkeitsgewähr besteht -, als wenn sich der Widerruf im nachhinein als verfrüht und verfehlt herausstellt.

---

314 NStZ 1984, 289, 293.

315 Wobei es im Einzelfall durchaus beträchtliche Unterschiede geben kann, was von der Art der neuen Straftat und der Dauer des wegen ihr durchzuführenden Strafverfahrens abhängt.

316 BVerfG, NStZ 1987, 118; ebenso OLG Koblenz, StV 1991, 172, 173.

317 Was nach Haberstrohs Meinung noch nicht sicher feststeht, da nur der Verdacht der Begehung einer Straftat bestehe, vgl. Haberstroh, NStZ 1984, 289, 293.

Die Gefahr im Ergebnis widersprüchlicher Entscheidungen besteht nicht nur dann, wenn das Gericht, das über die neue Straftat zu urteilen hat, das Vorliegen einer Straftat im Gegensatz zum Widerrufsgericht verneint und den Bewährungsprobanden freispricht[318]. Ein vorzeitiger Widerruf erfolgt auch dann zu Unrecht, wenn später zwar eine Verurteilung erfolgt, das Gericht aber die neue Strafe zur Bewährung aussetzt, weil es eine günstige Sozialprognose bejaht. Berücksichtigt man, daß ein Widerruf in der Regel auszuscheiden hat, wenn die neue Strafe wieder zur Bewährung ausgesetzt wird[319] und daß das Anlaßgericht über die deutlich besseren Erkenntnismöglichkeiten (auch bezüglich der Stellung der Kriminalprognose) verfügt, spricht dieser Gesichtspunkt für ein Warten auf eine rechtskräftige Entscheidung. Erst dadurch kann die Gefahr divergierender Prognoseentscheidungen ausgeschlossen werden. Auch wenn Widerrufsgericht und Anlaßgericht die Begehung einer neuen Straftat übereinstimmend feststellen, muß doch wegen der dann unterschiedlichen Prognoseentscheidungen das Resozialisierungsziel leiden, da es für den Verurteilten zumeist nur schwer einsehbar sein dürfte, wenn ihm ein Gericht eine günstige, ein anderes Gericht dagegen eine ungünstige Prognose attestiert. Zumindest ist eine Beeinträchtigung seines Vertrauens in die Justiz zu befürchten.

Schließlich vermag auch der Einwand, eine rechtskräftige Verurteilung wegen der Anlaßtat könne nicht abgewartet werden, da sonst ein weiteres Absinken des Verurteilten drohe[320], nicht zu überzeugen. Um ein soziales Abgleiten des Verurteilten zu verhindern, ist der prophylaktische Ziele verfolgende Widerrufsgrund des § 56f Abs. 1 Satz 1 Nr. 2 StGB heranzuziehen und sind Maßnahmen nach § 56f Abs. 2 StGB zu ergreifen[321]. Dagegen geht es bei § 56f Abs. 1 Satz 1 Nr. 1 StGB darum, Konsequenzen aus einem bereits erfolgten Absinken zu ziehen[322]. Um der Gefahr weiterer Straftaten zu begegnen, empfehlen sich vorläufige Maßnahmen nach § 453c StPO.

---

318 Wenngleich dies den krassesten Fall widersprüchlicher Entscheidungen darstellt.

319 BVerfG, NStZ 1985, 357; LG Berlin, NStE Nr. 10 zu § 56f StGB = StV 1988, 395; LG Bochum, StV 1990, 270; Lackner, § 56f StGB, Rdn. 4.

320 Siehe die Nachweise in Fn. 301.

321 Bis zum Ablauf der Bewährungszeit kann das Widerrufsgericht Entscheidungen nach § 56e StGB i.V.m. §§ 56b - d StGB treffen.

322 Vgl. Mrozynski, JZ 1978, 255, 258.

Der von Tröndle[323] befürchtete Rückgang der Strafaussetzungen für den Fall, daß hohe Anforderungen an den Widerruf gestellt werden, kann nicht als Argument für einen schnellstmöglich ausgesprochenen Widerruf herangezogen werden. Eine solche Praxis wäre gesetzwidrig. Die Gewährung der Strafaussetzung darf nicht vom Ablauf des Widerrufsverfahrens abhängig gemacht werden. Die Gerichte dürfen nicht Freiheitsstrafen zur Bewährung aussetzen, um möglichst hohe Aussetzungsquoten zu erreichen, und dann die Strafaussetzungen bei der erstbesten Gelegenheit widerrufen. Die gesetzlichen Anforderungen an den Widerruf - auch wenn sie noch so streng sind - dürfen keine Abschreckungswirkung für die Gewährung von Strafaussetzungen haben.

Hier soll keinesfalls einer Widerrufsvermeidung um jeden Preis das Wort geredet werden. Will man aber das allseits betonte Ziel der Resozialisierung des Verurteilten konsequent verfolgen, so muß auch die Widerrufspraxis diesem Ziel Rechnung tragen. Erst wenn dem Verurteilten eine rechtskräftige Verurteilung wegen der Nachtat vorgehalten werden kann, läßt sich mit Sicherheit und einer für den Verurteilten einsichtigen Weise sagen, daß das Resozialisierungsziel - den Verurteilten von der Begehung künftiger Straftaten abzuhalten - nicht erreicht worden ist[324]. Solange das neue Verfahren dagegen noch nicht abgeschlossen ist und der Verurteilte die (begründete) Hoffnung hegen kann, er werde wegen der Nachtat letztlich nicht verurteilt, dürfte der Strafvollzug unter spezialpräventiven Gesichtspunkten regelmäßig sinnlos sein, denn der Betroffene wird den Widerruf als Unrecht empfinden[325]. Das Warten auf eine rechtskräftige Entscheidung stellt sich somit keineswegs als "reine Förmelei" dar, wie das OLG Düsseldorf[326] meint, sondern dient der Intention des Rechtsinstituts der Strafaussetzung zur Bewährung.

V. Zusammenfassung

Die Auslegung des Widerrufsgrundes der "Begehung einer neuen Straftat" in § 56f Abs. 1 Satz 1 Nr. 1 StGB ergibt ein zwiespältiges Bild.

Wortlaut und systematischer Zusammenhang der Vorschrift geben über ihren Inhalt keine eindeutige Auskunft. Mit dem Wortlaut "wenn der Verurteilte in der Bewäh-

---

323 Dreher/Tröndle, § 56f StGB, Rdn. 3b.

324 Blumenstein, NStZ 1992, 132, 133.

325 Auf diesen Aspekt weist Burmann, StV 1986, 80, 83, zutreffend hin.

326 StV 1992, 283, 284.

rungszeit eine Straftat begeht" ist sowohl eine einschränkende Auslegung dergestalt vereinbar, daß insoweit eine rechtskräftig festgestellte Straftat erforderlich ist, als auch eine Gesetzesinterpretation, die die Überzeugung des Widerrufsgerichtes von der Begehung der neuen Straftat genügen läßt. Die Systematik der Widerrufsgründe liefert ebenfalls keine Argumente, da es an der Vergleichbarkeit der Anknüpfungspunkte für den Widerruf fehlt. Ein Weisungs- oder Auflagenverstoß kann nicht mit einer Straftat auf eine Stufe gestellt werden; die Widerrufsentscheidung nach § 56f Abs. 1 Satz 1 Nr. 2, 3 StGB hat nicht den besonderen Charakter einer "Verurteilung".

Die Entstehungsgeschichte des § 56f Abs. 1 Satz 1 Nr. 1 StGB spricht gegen das Erfordernis einer rechtskräftigen Aburteilung der Anlaßtat. Zwar kann aus dem Wegfall der Voraussetzung einer Verurteilung in § 25 Abs. 2 Nr. 2 StGB a. F. allein noch nicht geschlossen werden, daß es auf eine rechtskräftige Verurteilung in § 56f Abs. 1 Satz 1 Nr. 1 StGB nach dem Willen des Gesetzgebers nicht ankommen soll. Eine Verurteilung war auch nach früherem Recht nicht zwingende Voraussetzung für einen Widerruf wegen erneuter Straffälligkeit; vielmehr war in Rechtsprechung und Rechtslehre allgemein anerkannt, daß nach § 25 Abs. 2 Nr. 4 StGB a. F. Straftaten auch ohne Vorliegen einer Verurteilung einen Widerruf auslösen konnten. Aus der Streichung der Verurteilung in § 25 Abs. 2 Nr. 2 StGB a. F. und dem Wegfall der Generalklausel des § 25 Abs. 2 Nr. 4 StGB a. F. muß aber geschlossen werden, daß der Gesetzgeber mit der heutigen Fassung die frühere Rechtslage gebilligt und übernommen hat.

Das mit der Widerrufsnorm verfolgte Ziel spricht dagegen für das Abwarten einer rechtskräftigen Feststellung der Anlaßtat. Sinn und Zweck des Widerrufs stehen in untrennbarem Zusammenhang mit der Intention der Strafaussetzung zur Bewährung. Die Strafaussetzung zur Bewährung verfolgt das Ziel, den zu einer Freiheitsstrafe Verurteilten auch ohne die Einwirkung des Strafvollzugs von der Begehung künftiger Straftaten abzuhalten. Um dem Resozialisierungsziel bestmöglich Genüge zu tun, ist für eine Entscheidung, die dem Verurteilten bescheinigt, sich nicht bewährt zu haben, eine größtmögliche Richtigkeitsgewähr erforderlich. Diese ist nach Durchführung einer Hauptverhandlung ungleich größer als nach einem summarischen Widerrufsverfahren. Deshalb darf eine den Resozialisierungsgedanken fördernde großzügige Handhabung der Strafaussetzung zur Bewährung nicht durch eine restriktive Widerrufspraxis unterlaufen werden. Geringfügige Unzuträglichkeiten, die sich aus dem weiteren Zeitablauf ergeben, müssen dafür hingenommen werden.

Fünftes Kapitel - Rechtsvergleichende Betrachtung

Nach dem Versuch einer Begriffsbestimmung der "Begehung einer Straftat" in § 56f Abs. 1 Satz 1 Nr. 1 StGB soll ein Blick über den nationalen Tellerrand hinaus gewagt und die Rechtslage zum Widerruf der Strafaussetzung zur Bewährung wegen der Begehung einer neuen Straftat in einigen ausgewählten europäischen Staaten skizziert werden. Begonnen wird dabei mit den deutschsprachigen Nachbarländern Österreich und Schweiz, bevor anschließend die Rechtslage in weiteren europäischen Ländern betrachtet wird[327].

I. Die Rechtslage in Österreich

Nach § 53 des österreichischen StGB hat das Gericht die bedingte Strafnachsicht[328] oder die bedingte Entlassung aus einer Freiheitsstrafe[329] zu widerrufen, wenn der Rechtsbrecher wegen einer während der Probezeit begangenen strafbaren Handlung verurteilt wird. Es muß sich dabei um eine rechtskräftige Verurteilung handeln[330]. Ein Widerruf, der auf ein noch nicht rechtskräftiges Urteil Bezug nimmt, wird auch nicht dadurch geheilt, daß dieses Urteil später rechtskräftig wird.

II. Die Rechtslage in der Schweiz

Das schweizerische Strafrecht sieht für eine "Rückversetzung"[331] nach einer bedingten Entlassung expressis verbis eine Verurteilung vor (Art. 38 Ziff. 4 StGB). Für den Widerruf des bedingten Strafvollzugs genügt dagegen nach dem Geset-

---

327 Vgl. dazu den Überblick über die Rechtslage zum Widerruf in ausländischen Rechtsordnungen von Ostendorf, StV 1992, 288, 290 f., sowie die ausführliche Darstellung in den bei Jescheck, Die Freiheitsstrafe und ihre Surrogate im deutschen und ausländischen Recht, abgedruckten Landesberichten.

328 Die bedingte Strafnachsicht, § 43 öStGB, ist im wesentlichen bedeutungsgleich mit der Strafaussetzung zur Bewährung nach § 56 StGB.

329 Die bedingte Entlassung, § 46 öStGB, ist vergleichbar mit der Reststrafenaussetzung nach § 57 StGB.

330 OGH, ÖJZ 1969, EvBl. Nr. 371, S. 558, 559; ÖJZ 1973, EvBl. Nr. 48, S. 105, 106; Kunst, in Wiener Kommentar, § 53 StGB, Rdn. 5. Nur für die Ablehnung der bedingten Nachsicht oder Entlassung kann - anders als für den Widerruf - auch der dringende Verdacht einer weiteren Straftat genügen, vgl. Kunst, in Wiener Kommentar, § 53 StGB, Rdn. 4.

331 Die "Rückversetzung" ist obligatorisch bei einer Verurteilung zu einer unbedingten Freiheitsstrafe von mehr als drei Monaten. Bei einer milderen oder bedingt zu vollziehenden Strafe kommt sie fakultativ zur Anwendung (Art. 38 Ziff. 4 Satz 2 StGB).

zeswortlaut, daß der Verurteilte während der Probezeit ein Verbrechen oder Vergehen begeht (Art. 41 Ziff. 3 Abs. 1 StGB). Dieser Widerrufsgrund liegt gleichwohl nur dann vor, wenn das Verbrechen oder Vergehen zu einer Verurteilung führt[332]. Zwar kennt das schweizerische Recht daneben in Art. 41 Ziff. 3 StGB - ähnlich wie § 25 Abs. 2 Nr. 4 StGB a. F. - noch eine Generalklausel[333]. Es besteht jedoch Einigkeit darüber, daß die Generalklausel nur sehr zurückhaltend angewendet werden und nicht dazu dienen darf, die Voraussetzungen zu umgehen, die das Gesetz für die anderen Widerrufsgründe fordert[334]. Ein noch nicht abgeschlossenes Strafverfahren darf jedenfalls nicht als Täuschung des Vertrauens behandelt werden[335].

Als Argument für das Erfordernis einer Bestrafung wegen der Anlaßtat kann die durch die Zweite Teilrevision 1971 eingeführte Zuständigkeitsregelung herangezogen werden. Danach ist für die Widerrufsentscheidung wegen während der Probezeit begangener Straftaten derjenige Richter zuständig, der auch über die Anlaßtat zu befinden hat (Art. 41 Ziff. 3 Abs. 2 Satz 1 StGB[336]).

III. Die Rechtslage in den übrigen Ländern

Auch in den anderen europäischen Rechtsordnungen, auf die im folgenden kurz eingegangen werden soll, wird in der Regel eine (rechtskräftige) Verurteilung wegen der Anlaßtat für den Widerruf der Strafaussetzung zur Bewährung wegen der Begehung einer neuen Straftat verlangt.

Das französische Strafrecht[337] unterscheidet zwischen der einfachen Strafaussetzung ("sursis simple") und der Strafaussetzung zur Bewährung ("sursis avec mise à l'épreuve"). Erstere ist bei allen Strafen möglich, sofern der Verurteilte in den letzten fünf Jahren nicht wegen eines Verbrechens oder Vergehens des gemeinen Rechts zu einer Gefängnisstrafe über zwei Monate oder zu einer Verbrechensstrafe

---

332 Hauser/Rehberg, Art. 41 Ziff. 3 Abs. 1, S. 60 f.; Schultz, Einführung, S. 113, 119; ders., Schweiz. Zs. f. Strafrecht 89 [1973], 52, 70, wonach die neue Tat urteilsmäßig, wenngleich nicht durch ein rechtskräftiges Urteil, festgestellt werden müsse.

333 ... "oder täuscht er in anderer Weise das auf ihn gesetzte Vertrauen".

334 Stratenwerth, § 4 II, Rdn. 127; Schultz, Einführung, S. 114.

335 Trechsel, Art. 41, Rdn. 52 mit Nachweisen aus der Rechtsprechung.

336 Für die übrigen Widerrufsfälle verbleibt es bei der Zuständigkeit des Richters des ersten Urteils; vgl. dazu Trechsel, Art. 41, Rdn. 59.

337 Vgl. dazu Zieschang, S. 163 ff.; Bernards, in Jescheck, S. 301 ff.

verurteilt wurde. Im Gegensatz zur Strafaussetzung zur Bewährung ist der Betroffene keiner Betreuung unterstellt. Die Strafaussetzung zur Bewährung findet Anwendung bei Verurteilungen zu Gefängnisstrafen, unabhängig davon, welche Strafen gegenüber dem Betroffenen bereits vorher ausgesprochen waren. Der Widerruf der einfachen Strafaussetzung verlangt, daß die neue Straftat mit einer Verbrechensstrafe oder einer Gefängnisstrafe ohne Strafaussetzung sanktioniert worden ist (Art. 735 Code de Procedure Penal). Der Widerruf der Strafaussetzung zur Bewährung erfordert ebenfalls eine Verurteilung wegen der neuen Tat (Art. 744-3 Code de Procedure Penal).

Das belgische Recht differenziert noch stärker als das französische zwischen verschiedenen Bewährungsinstituten. Es unterscheidet die Aussetzung der Verhängung der Strafe und die Aussetzung zur Bewährung jeweils mit und ohne Bewährungsauflagen. Für den Widerruf ist allen Instituten gemeinsam, daß die neue Straftat eine Kriminalstrafe oder Gefängnisstrafe nach sich zieht, bevor ein Widerruf erfolgen kann[338].

In den Niederlanden ist der Widerruf dergestalt geregelt, daß das Gericht zunächst über die neue Straftat und sodann (in demselben Urteil) über den Widerruf entscheidet (Art. 14g nStGB).

In Spanien[339] wird die Strafaussetzung widerrufen, wenn der Verurteilte wegen einer neuen Straftat verurteilt wird (vgl. Art. 14 der Ley de Condena Condicional von 1908).

Nach § 61 Abs. 2 des dänischen Strafgesetzbuches schließlich setzt das Gericht eine (einheitliche) Strafe sowohl für das neue wie für das bereits abgeurteilte Delikt fest, wenn der zu einer bedingten Strafe Verurteilte während der Bewährungszeit eine Straftat begeht.

IV. Fazit

Zieht man ein Fazit des Streifzugs durch die europäische Rechtslandschaft, so kann konstatiert werden, daß für den Widerruf der Strafaussetzung zur Bewährung wegen der Begehung einer neuen Straftat regelmäßig eine Verurteilung wegen der Anlaßtat verlangt wird. Bemerkenswert und aufschlußreich ist, daß in einzelnen Ländern das Widerrufsverfahren von dem für die Ahndung der neuen Straftat zu-

---

338 Vgl. im einzelnen Bernards, in Jescheck, S. 53 ff.

339 Vgl. dazu den Landesbericht von Maurer, in Jescheck, S. 973 ff.

ständigen Richter zusammen mit diesem Verfahren durchgeführt und auf eine Strafe erkannt wird. Damit dürfte auch der Einwand der Unpraktikabilität des Abwartens einer rechtskräftigen Verurteilung widerlegt werden können. Ein Nichtabwarten einer rechtskräftigen Entscheidung im deutschen Recht würde damit eine Ausnahme von dem sonst in Europa geltenden Recht darstellen, was gerade im Hinblick auf die Harmonisierung der europäischen Rechtsordnungen vermieden werden sollte.

Sechstes Kapitel - Vergleich zu anderen Widerrufsnormen

I. Einführung

Nachdem bisher der Widerrufsgrund der "Begehung einer neuen Straftat" nach dem nationalen Recht und nach ausländischen Rechtsordnungen betrachtet worden ist, soll nun versucht werden, Erkenntnisse über das richtige Verständnis der Widerrufsnorm des § 56f Abs. 1 Satz 1 Nr. 1 StGB durch eine vergleichende Betrachtung dieser Vorschrift zu anderen Widerrufsvorschriften zu gewinnen.

Begonnen werden soll dabei mit dem dem Strafaussetzungsrecht angehörenden und das letzte Glied in der Kette der die Strafaussetzung betreffenden Entscheidungen bildenden Widerruf des Straferlasses. Im Anschluß daran soll ein Blick auf die parallele Problematik des Widerrufs der Aussetzung der Unterbringung und des Widerrufs der Aussetzung des Berufsverbots geworfen werden. Danach wird der Regelungsbereich des Strafgesetzbuches verlassen und der Widerruf der Aussetzung einer Jugendstrafe nach dem JGG behandelt. Abgeschlossen wird dieses Kapitel schließlich durch eine Betrachtung der Rechtslage zur Ausweisung von Ausländern und zur Versagung der Einbürgerung von heimatlosen Ausländern jeweils wegen Straffälligkeit.

II. Der Widerruf des Straferlasses

Nach dem Ablauf der Bewährungszeit[340] hat das zuständige Gericht darüber zu befinden, ob der positiven Legalbewährungsprognose als Basis für die Strafaussetzung die Grundlage entzogen ist oder ob sie aufrechterhalten werden kann. Erstenfalls hat es die Strafaussetzung zu widerrufen (§ 56f Abs. 1 StGB) oder Maßnahmen nach § 56f Abs. 2 StGB zu ergreifen, anderenfalls die ausgesetzte Strafe zu erlassen (§ 56g Abs. 1 StGB).

Der durch Beschluß auszusprechende Straferlaß bedeutet die Feststellung, daß keine Widerrufsgründe vorliegen[341]. Die Vollstreckung der zur Bewährung ausgesetzten Strafe ist nunmehr (an sich) ausgeschlossen.

---

340 Sofern nicht zuvor die Strafaussetzung widerrufen worden ist.

341 Dagegen muß nicht positiv festgestellt werden, daß sich der Verurteilte bewährt hat, vgl. Stree, in Schönke/Schröder, § 56g StGB, Rdn. 1; Ruß, in LK, 10. Aufl., § 56g StGB, Rdn. 1.

Aus kriminalpolitischen Gründen ist es jedoch notwendig, den rechtskräftigen Straferlaß wieder zu beseitigen, wenn sich nachträglich herausstellt, daß der Verurteilte vor Ablauf der Bewährungszeit schwere Straftaten begangen hat. Andererseits ist aus Gründen der Rechtssicherheit darauf Bedacht zu nehmen, daß der einmal ausgesprochene Verzicht auf die Strafvollstreckung grundsätzlich aufrechterhalten bleibt. § 56g Abs. 2 StGB sucht einen Ausgleich dieser widerstreitenden Gesichtspunkte dadurch zu schaffen, daß er unter sachlich und zeitlich eng umrissenen Beschränkungen einen Widerruf des Straferlasses zuläßt[342].

Der Widerruf des Straferlasses wurde durch das 1. StrRG als § 25a in das StGB eingefügt. Dieser Norm entspricht die heute geltende Fassung des § 56g Abs. 2 StGB.

Ein Widerruf des Straferlasses kommt wegen solcher Straftaten in Betracht, die bei Ausspruch des Straferlasses noch nicht zur Überzeugung des Gerichtes festgestellt oder dem Gericht gänzlich unbekannt waren[343].

Der Verurteilte muß innerhalb der Bewährungszeit oder in der Zeit zwischen der Entscheidung über die Strafaussetzung und deren Rechtskraft (§ 56g Abs. 2 Satz 3 i.V.m. § 56f Abs. 1 Satz 2 StGB) eine vorsätzliche Straftat begangen haben und wegen dieser Tat zu einer Freiheitsstrafe von mindestens sechs Monaten rechtskräftig verurteilt worden sein (§ 56g Abs. 2 Satz 1 StGB). Bei der Verurteilung zu einer Gesamtstrafe muß mindestens eine Einzelstrafe sechs Monate erreichen[344]. Wie beim Widerruf der Strafaussetzung muß auch beim Widerruf des Straferlasses der Verurteilte durch die Straftat gezeigt haben, daß sich die der Strafaussetzung zugrunde liegende Erwartung nicht erfüllt hat. Diese einschränkende Voraussetzung ergibt sich aus einem Vergleich zu § 56f Abs. 1 StGB, da ein Widerruf des Straferlasses auf die Fälle beschränkt bleiben muß, in denen auch ein Widerruf der Strafaussetzung in Betracht käme[345]. Die in § 56g Abs. 2 Satz 2 StGB enthaltene Fristbestimmung, nach der ein Widerruf nur innerhalb eines Jahres nach Ablauf der Bewährungszeit und innerhalb von sechs Monaten nach Rechtskraft der Verurtei-

---

342 Vgl. dazu die Begründung zu § 78 Abs. 3 des E 1962, BT-Drucks. IV/650, S. 204.

343 Vgl. Stree, in Schönke/Schröder, § 56g StGB, Rdn. 7; Dreher/Tröndle, § 56g StGB, Rdn. 2. Dagegen beschränkt sich der Kreis der widerrufsrelevanten Straftaten auf zum Zeitpunkt der Entscheidung über den Straferlaß dem Richter noch nicht bekannte Straftaten, wenn die Gerichte nach dem auf S. 34 f. vorgeschlagenen Verfahrensgang vorgehen.

344 Vgl. Horn, in SK, § 56g StGB, Rdn. 10 mit Nachweisen aus der Rechtsprechung.

345 Stree, in Schönke/Schröder, § 56g StGB, Rdn. 10; Ruß, in LK, 10. Aufl., § 56g StGB, Rdn. 4.

lung wegen der neuen Tat zulässig ist, führt zu einer erheblichen Reduzierung der Zahl der Widerrufsbeschlüsse, zumal der Verurteilte durch die Einlegung von Rechtsmitteln gute Chancen hat, die Rechtskraft der Verurteilung so lange hinauszuzögern, bis die Jahresfrist abgelaufen ist.

Durch den Widerruf des Straferlasses wird der Rechtszustand vor dem Straferlaß wiederhergestellt. Ob damit die Vollstreckung der Strafe automatisch zulässig wird oder ob es hierfür noch eines ausdrücklichen Widerrufs der Strafaussetzung bedarf, ist umstritten[346]. Um dem Gericht auch beim Widerruf des Straferlasses die Möglichkeit zu eröffnen, Maßnahmen nach § 56f Abs. 2 StGB zu ergreifen, ist diese Frage im letzteren Sinn zu beantworten.

Nunmehr ist zu fragen, ob aus der für den Widerruf des Straferlasses ausdrücklich vorgesehenen Verurteilung wegen der neuen Tat geschlossen werden kann, daß auch für den Widerruf der Strafaussetzung wegen der Begehung einer Straftat die Verurteilung wegen der Anlaßtat abgewartet werden muß, oder ob sachliche Gründe es gerechtfertigt erscheinen lassen, unterschiedliche Anforderungen an die Feststellung der neuen Straftat zu stellen. Zur Beantwortung dieser Frage sind die Rechtswirkungen der Entscheidungen über die Strafaussetzung und den Straferlaß herauszuarbeiten und miteinander in Beziehung zu setzen.

Die Entscheidung über die Strafaussetzung ist Bestandteil der Entscheidung über die Straffrage. Sie erwächst in Rechtskraft, wenn nicht gegen das verurteilende Erkenntnis insgesamt oder gegen den die Strafaussetzung betreffenden Teil des Urteils[347] Rechtsmittel eingelegt werden. Die Strafaussetzung zur Bewährung hat zur Folge, daß die verhängte Freiheitsstrafe zunächst nicht vollstreckt wird. Ob die Strafe endgültig nicht vollstreckt wird, hängt vom Verhalten des Verurteilten in der vom Gericht bestimmten Bewährungszeit ab. Der Verurteilte wird über die Möglichkeit des Widerrufs der Strafaussetzung ausdrücklich belehrt (§ 268a Abs. 3 Satz 1 StPO)[348, 349].

---

346 Für einen gesonderten Widerruf: OLG Düsseldorf, MDR 1992, 506; OLG Hamm, NStZ 1989, 323; Stree, in Schönke/Schröder, § 56g StGB, Rdn. 11. Dagegen: OLG Düsseldorf, MDR 1987, 865 f.; Gribbohm, in LK, § 56g StGB, Rdn. 14; Dreher/Tröndle, § 56g StGB, Rdn. 3.

347 Zur Zulässigkeit der isolierten Anfechtung des die Strafaussetzung betreffenden Teils des Urteils vgl. Stree, in Schönke/Schröder, § 56 StGB, Rdn. 53 mit zahlreichen Nachweisen aus der Rechtsprechung.

348 Demgegenüber ist eine Belehrung über die Möglichkeit des Widerrufs des Straferlasses nach dem Gesetz nicht vorgeschrieben.

Im Gegensatz zur prognostischen Strafaussetzungsentscheidung hat die Entscheidung über den Straferlaß reflektierenden Charakter. Dem Verurteilten wird rechtskräftig bescheinigt, daß keine Widerrufsgründe vorliegen, mithin die Strafe nunmehr (endgültig) nicht mehr vollstreckt werde. Der Straferlaß schafft damit einen besonderes Vertrauen begründenden Rechtszustand. In dem Verurteilten wird der Eindruck erweckt, die entscheidende Klippe auf dem Weg zur endgültigen Verschonung von der Vollstreckung der ausgesetzten Freiheitsstrafe umschifft zu haben. Er kann jetzt davon ausgehen, daß sein neues (strafbares) Verhalten - jedenfalls was die Vollstreckung der ausgesetzten Strafe anbetrifft - sanktionslos bleibt.

Will das zuständige Gericht - innerhalb der zeitlichen Grenzen des § 56g Abs. 2 Satz 2 StGB - den Straferlaß gleichwohl widerrufen, weil inzwischen eine Verurteilung wegen einer neuen Straftat erfolgt ist, so handelt es sich um einen Eingriff in die Rechtskraft des Straferlasses zuungunsten des Verurteilten[350]. Diesen Eingriff in die Rechtskraft einer Entscheidung hat der Gesetzgeber bewußt in materieller und zeitlicher Hinsicht eingeschränkt[351]. Damit liegt eine beabsichtigte Differenzierung zu den Anforderungen an die Feststellung der neuen Straftat beim Widerruf der Strafaussetzung vor.

Als Ergebnis kann somit festgehalten werden, daß aus dem Erfordernis einer rechtskräftigen Verurteilung wegen der Nachtat für den Widerruf des Straferlasses nicht auf eine ebensolche Verurteilung für den Widerruf der Strafaussetzung geschlossen werden kann. Die unterschiedlichen Regelungsgehalte der beiden Widerrufsvorschriften des § 56f StGB und des § 56g StGB vermögen vielmehr unterschiedliche Anforderungen an die Feststellung der neuen Straftat zu rechtfertigen.

III. Der Widerruf der Aussetzung einer Unterbringung

Die Frage, welche Anforderungen an den Nachweis der neuen Tat zu stellen sind, stellt sich nicht nur für den Widerruf der Strafaussetzung zur Bewährung, sondern wird gleichermaßen praxisrelevant für den Widerruf der Aussetzung einer Unter-

---

349 Unterläßt das Gericht die Belehrung oder wird sie fehlerhaft erteilt, kommt dem nicht die Wirkung zu, daß ein Widerruf der Aussetzung zu unterbleiben habe. Vgl. Stree, in Schönke/Schröder, § 56 StGB, Rdn. 52; Lackner, § 56f StGB, Rdn. 1; Oske, MDR 1966, 290, 293; vgl. auch BVerfG, StV 1992, 283. A. A. Koch, NJW 1977, 419, 420 f.

350 OLG Karlsruhe, MDR 1974, 245; Dreher/Tröndle, § 56g StGB, Rdn. 2; Schrader, NJW 1973, 1832, 1833 f.; Sturm, JZ 1970, 81, 87.

351 Vgl. den Ersten Schriftlichen Bericht des Sonderausschusses für die Strafrechtsreform, BT-Drucks. V/4094, S. 13.

bringung (§ 67g StGB). § 67g Abs. 1 Nr. 1 StGB verlangt für den Widerruf - ebenso wie § 56f Abs. 1 Satz 1 Nr. 1 StGB -, daß der Verurteilte eine neue Tat begeht[352]. Im folgenden ist deshalb der Diskussionsstand zur "Begehung einer neuen Tat" i.S. des § 67g Abs. 1 Nr. 1 StGB darzustellen.

§ 61 StGB zählt in seinem enumerativen Katalog der Maßregeln der Besserung und Sicherung unter anderem die Unterbringung in einem psychiatrischen Krankenhaus (Nr. 1), die Unterbringung in einer Entziehungsanstalt (Nr. 2) und die Unterbringung in der Sicherungsverwahrung (Nr. 3) auf. Die Vollstreckung dieser freiheitsentziehenden Maßregeln kann nach §§ 67b Abs. 1, 67c Abs. 1, 67d Abs. 2 StGB zur Bewährung ausgesetzt werden, wenn der Zweck der Maßregel auch ohne den Vollzug erreicht werden kann[353]. Die Aussetzung einer Unterbringung wird widerrufen, wenn einer der in § 67g Abs. 1-3 StGB aufgeführten Widerrufsgründe vorliegt. Von diesen Widerrufsgründen interessiert hier allein der Widerruf wegen der Begehung einer rechtswidrigen Tat (§ 67g Abs. 1 Nr. 1 StGB).

Soweit das Problem im Schrifttum zum Widerruf der Aussetzung einer Unterbringung überhaupt gesehen wird, wird davon ausgegangen, daß das Widerrufsgericht von der Tatbegehung überzeugt sein muß, ein Abwarten der noch ausstehenden rechtskräftigen Entscheidung demnach nicht geboten ist[354]. Allerdings sucht man eine nähere Begründung und Erläuterung zumeist vergeblich.

---

352 Mit dem Unterschied, daß für den Widerruf der Aussetzung einer Unterbringung - zumindest in den Fällen einer Unterbringung in einem psychiatrischen Krankenhaus sowie einer Unterbringung in einer Entziehungsanstalt - die Begehung einer rechtswidrigen Tat genügt. Zur umstrittenen Frage, ob der Widerruf der Aussetzung einer Unterbringung in der Sicherungsverwahrung die Begehung einer schuldhaften Tat erfordert, siehe Böckenhauer, S. 49 ff.

353 § 67b Abs. 1 StGB betrifft die Aussetzung einer Unterbringung in einem psychiatrischen Krankenhaus oder einer Entziehungsanstalt durch das erkennende Gericht. § 67c Abs. 1 StGB hat die Aussetzung einer Unterbringung durch die Strafvollstreckungskammer nach dem Vorwegvollzug einer Freiheitsstrafe zum Inhalt. § 67d Abs. 2 StGB schließlich regelt die der Strafrestaussetzung vergleichbare Aussetzung der weiteren Vollstreckung einer Unterbringung.

354 Böckenhauer, S. 87 ff.; Dreher/Tröndle, § 67g StGB, Rdn. 2; Stree, in Schönke/Schröder, § 67g StGB, Rdn. 3; Horn, in SK, § 67g StGB, Rdn. 7, der bis zum rechtskräftigen Abschluß des die neue Tat betreffenden Verfahrens das Widerrufsgericht bei seiner Überzeugungsbildung zu "besonderer Zurückhaltung" mahnt; Horstkotte, in LK, § 67g StGB, Rdn. 19, empfiehlt, bei der Aussetzung der Sicherungsverwahrung regelmäßig nicht zu widerrufen, bevor wegen der neuen Tat rechtskräftig entschieden ist.

Aus der Rechtsprechung hatte bisher - soweit ersichtlich - nur das OLG Karlsruhe[355] Veranlassung, sich mit dieser Frage ausführlicher zu beschäftigen. Das Gericht hält - im konkreten Fall für den Widerruf der Aussetzung der Sicherungsverwahrung - eine rechtskräftige Feststellung der Anlaßtat nicht für erforderlich. Es genüge vielmehr, daß das widerrufende Gericht auf Grund feststehender Tatsachen davon überzeugt sei, daß der Verurteilte die neue Tat begangen habe. Der Widerruf sei insbesondere dann veranlaßt, wenn der Verurteilte die neue Tat zugegeben habe und Rechtfertigungsgründe nicht ersichtlich seien[356]. Die Auffassung des OLG Karlsruhe stimmt damit mit der zu der damaligen Zeit einhelligen Rechtsprechung zum Widerruf der Strafaussetzung zur Bewährung wegen der Begehung einer neuen Straftat überein.

Faßt man den Meinungsstand zum Widerruf der Aussetzung einer Unterbringung zusammen, so ist festzustellen, daß hieraus neue Erkenntnisse für den Widerruf der Strafaussetzung nach § 56f Abs. 1 Satz 1 Nr. 1 StGB nicht gewonnen werden können. Für den Widerruf nach § 67g Abs. 1 Nr. 1 StGB wird lediglich die Überzeugung des Widerrufsgerichts verlangt; auf eine rechtskräftige Entscheidung wegen der neuen Tat soll es nicht ankommen. An die Überzeugungsbildung werden die gleichen Anforderungen gestellt wie beim Widerruf der Strafaussetzung zur Bewährung wegen der Begehung einer neuen Tat, wobei zur Begründung zumeist auf die Parallelvorschrift des § 56f Abs. 1 Satz 1 Nr. 1 StGB verwiesen wird.

IV. Der Widerruf der Aussetzung eines Berufsverbots

Das Berufsverbot stellt eine weitere, allerdings nur selten angeordnete Maßregel der Besserung und Sicherung dar (§§ 61 Nr. 6, 70 StGB). Für den Widerruf der Aussetzung eines Berufsverbots verlangt § 70b Abs. 1 Nr. 1 StGB - wie § 67g Abs. 1 Nr. 1 StGB -, daß der Verurteilte eine rechtswidrige Tat begeht. Für deren Feststellung wird ebenfalls für ausreichend erachtet, daß das Widerrufsgericht von der Tatbegehung überzeugt ist[357], so daß auf das zum Widerruf der Aussetzung einer Unterbringung Gesagte verwiesen werden kann.

---

355 GA 1975, 86 f.

356 OLG Karlsruhe, GA 1975, 86 f.

357 Hanack, in LK, § 70b StGB, Rdn. 5; Stree, in Schönke/Schröder, § 70b StGB, Rdn. 3.

V. Der Widerruf der Aussetzung der Jugendstrafe

§ 26 Abs. 1 Nr. 1 JGG, der den Widerruf der Aussetzung der Jugendstrafe wegen erneuter Straffälligkeit regelt, stimmt wörtlich mit der Formulierung in § 56f Abs. 1 Satz 1 Nr. 1 StGB überein. Zu den Voraussetzungen dieses Widerrufsgrundes wird in der Kommentarliteratur zum JGG zumeist auf Rechtsprechung und Schrifttum zur gleichgelagerten Problematik im Erwachsenenstrafrecht verwiesen[358]. Aus dem einschlägigen Schrifttum verlangt Ostendorf[359] aus rechtsstaatlichen Gründen eine rechtskräftige Verurteilung wegen der Anlaßtat, während Brunner[360] - ebenso wie das LG Osnabrück[361] und das LG Hamburg[362] - mit der h.M. zu § 56f Abs. 1 Satz 1 Nr. 1 StGB die Überzeugung des Widerrufsgerichts von der Tatbegehung genügen läßt.

Rechtspolitisch wird in den Vorschlägen der DVJJ-Kommission für ein neues JGG unter der Rubrik "Vorschläge zur Regelung von freiheitsentziehenden Sanktionen" (Punkt 7.2) verlangt, den Widerruf der Strafaussetzung nicht an die Begehung einer neuen Straftat sondern an eine erneute rechtskräftige Verurteilung wegen einer Tat zu knüpfen[363].

VI. Die Ausweisung von Ausländern wegen Straffälligkeit

Während § 10 Abs. 1 Nr. 2 des Ausländergesetzes vom 28. April 1965[364] für die Ausweisung eines Ausländers die Verurteilung wegen einer Straftat vorsah, enthalten die §§ 46, 47 des Ausländergesetzes in der heute geltenden Fassung[365] ein differenzierendes Regelungsgeflecht zur Frage der Ausweisung von Ausländern wegen Straffälligkeit.

---

358 Vgl. etwa Eisenberg, §§ 26, 26a JGG, Rdn. 5.

359 AK-JGG, §§ 26, 26a, Rdn. 7.

360 JGG, §§ 26, 26a, Rdn. 3; ders., NStZ 1991, 534, 535.

361 NStZ 1991, 533, 534.

362 MDR 1994, 1140 f.

363 Vorschläge der DVJJ-Kommission zur Reform des Jugendkriminalrechts, DVJJ-Journal 1-2/1992, S. 4, 38 f.

364 BGBl. I, S. 353.

365 Gesetz zur Neuregelung des Ausländerrechts vom 9. Juli 1990, BGBl. I, S. 1354.

§ 46 Nr. 2 AuslG verlangt lediglich die Begehung einer Straftat; eine Verurteilung ist nicht erforderlich[366]. Die zuständige Ausländerbehörde hat nach pflichtgemäßem Ermessen das strafbare Verhalten auf Grund eigener Ermittlungen festzustellen; hierbei kann sie sich der Erkenntnisse aus einem Ermittlungsverfahren oder einem Strafprozeß bedienen. Demgegenüber verlangen §§ 47 Abs. 1 Nr. 1, 2, Abs. 2 Nr. 1 AuslG eine rechtskräftige Verurteilung zu einer Freiheitsstrafe. Im Unterschied zu § 46 AuslG regelt § 47 AuslG keine Ermessens- sondern die Ist- (Abs. 1) und die Regel- (Abs. 2) ausweisung.

Nach § 10 Abs. 1 Nr. 2 AuslG 1965 war zwar - wie bereits ausgeführt - für die Ausweisung eine Verurteilung erforderlich, es bestand jedoch Einigkeit darüber, daß die Verurteilung nicht rechtskräftig sein mußte[367].

Aus den Regelungen des § 10 Abs. 1 Nr. 2 AuslG 1965 einerseits und der §§ 46 Nr. 2, 47 Abs. 1 Nr. 1, 2, Abs. 2 Nr. 1 AuslG andererseits können indes keine Schlüsse für das Problem des Widerrufs der Strafaussetzung wegen der Begehung einer Straftat gezogen werden. Bei der Ausweisung handelt es sich nicht um eine Strafmaßnahme (obwohl sie vom Betroffenen zumeist so empfunden wird); sie hat vielmehr einen ordnungs- und sicherheitsrechtlichen Charakter und stellt damit eine Maßnahme der polizeilichen Gefahrenabwehr dar. Sie dient nicht dazu, ein bestimmtes menschliches Verhalten zu ahnden, sondern einer künftigen Störung der öffentlichen Sicherheit und Ordnung oder einer Beeinträchtigung sonstiger erheblicher Belange der Bundesrepublik Deutschland vorzubeugen[368]. Der Ausländer kann sich infolgedessen auch nicht auf den Schutz der Unschuldsvermutung des Art. 6 Abs. 2 EMRK[369] berufen[370].

---

366 Vgl. Kanein/Renner, § 46 AuslG, Rdn. 13 f.

367 BVerwG, JR 1969, 474, 475; NJW 1988, 660; Kanein, § 10 AuslG, Rdn. 51; IntKommEMRK (Vogler), Art. 6, Rz. 387 f.; vgl. auch Nr. 9 der Allgemeinen Verwaltungsvorschrift zur Ausführung des Ausländergesetzes (AuslVwV) zu § 10, in der es heißt, daß § 10 Abs. 1 Nr. 2 AuslG 1965 nicht voraussetzt, daß die gerichtliche Entscheidung rechtskräftig ist.

368 So BVerwGE 35, 291, 293 f.

369 Ohne auf den sachlichen Anwendungsbereich der Unschuldsvermutung an dieser Stelle schon näher eingehen zu wollen.

370 Vgl. IntKommEMRK (Vogler), Art. 6, Rz. 388; BVerwG, NJW 1988, 660.

VII. Die Versagung der Einbürgerung heimatloser Ausländer wegen Straffälligkeit

Nach dem Gesetz über die Rechtsstellung heimatloser Ausländer im Bundesgebiet (HAG)[371] haben Angehörige dieser Personengruppe einen Anspruch auf erleichterte Einbürgerung, um dem besonderen Schicksal dieses Personenkreises Rechnung zu tragen[372].

Während der Gesetzentwurf der Bundesregierung zur Neuregelung des Ausländerrechts für die Versagung der Einbürgerung heimatloser Ausländer noch die Begehung einer Straftat genügen ließ[373], verlangt die Neufassung des § 21 HAG in Abs. 1 Satz 1 Nr. 2 jetzt die Verurteilung zu einer Freiheitsstrafe[374]. Auch wenn aus dieser Neufassung des HAG (noch) keine allgemeine Tendenz abgeleitet werden kann, so handelt es sich doch um einen Schritt in die richtige Richtung - hin zu mehr Rechtsstaatlichkeit.

VIII. Zusammenfassung

Der Gesetzgeber hat mit der Regelung des Widerrufs des Straferlasses in § 56g Abs. 2 StGB dem Richter eine verständliche und in der Praxis problemlos anzuwendende Vorschrift an die Hand gegeben. Eine ähnlich klar gefaßte Norm ist auch für den wesentlich häufiger vorkommenden Widerruf der Strafaussetzung wegen einer neuen Straftat wünschenswert. Eine Korrektur ist jedoch nur durch den Gesetzgeber möglich. Denn wegen der unterschiedlichen Regelungsgehalte beider Widerrufsvorschriften verbietet sich eine einfache Übertragung der an die Feststellung der neuen Straftat für den Widerruf des Straferlasses zu stellenden Anforderungen auf den Widerruf der Strafaussetzung nach § 56f Abs. 1 Satz 1 Nr. 1 StGB.

Das StGB verlangt für den Widerruf der Aussetzung einer Unterbringung in § 67g Abs. 1 Nr. 1 StGB und den Widerruf der Aussetzung eines Berufsverbots in § 70b Abs. 1 Nr. 1 StGB ebenso wie für den Widerruf der Strafaussetzung zur Bewährung die Begehung einer neuen Tat. Die in Rechtsprechung und Schrifttum nur sehr zurückhaltend erörterte Frage, was unter der Begehung der neuen Tat i.S. der

---

371 Vom 25. April 1951, BGBl. I, S. 269.

372 Diese Sonderregelung gilt für Ausländer, die infolge des Zweiten Weltkrieges ihre Heimat verloren haben oder nicht mehr dorthin zurückkehren können.

373 BT-Drucks. 9/6321, S. 36.

374 Gesetz zur Neuregelung des Ausländerrechts vom 9. Juli 1990, BGBl. I, S. 1354, 1383.

§§ 67g Abs. 1 Nr. 1, 70b Abs. 1 Nr. 1 StGB zu verstehen ist, wird dahingehend beantwortet, daß eine rechtskräftige Verurteilung nicht erforderlich sei.

Das Jugendstrafrecht enthält in § 26 Abs. 1 Nr. 1 JGG für den Widerruf der Aussetzung einer Jugendstrafe eine mit § 56f Abs. 1 Satz 1 Nr. 1 StGB wörtlich übereinstimmende Vorschrift. Ihre Auslegung orientiert sich am Meinungsstand zu § 56f Abs. 1 Satz 1 Nr. 1 StGB. In diesem Zusammenhang bleibt abzuwarten, welchen Einfluß die Vorschläge der DVJJ-Kommission auf die künftige Gestaltung dieses Widerrufsgrundes haben werden.

Die in §§ 46 Nr. 2, 47 Abs. 1 Nr. 1, 2, Abs. 2 Nr. 1 AuslG zur Ausweisung von Ausländern wegen Straffälligkeit sowie in § 21 Abs. 1 Satz 1 Nr. 2 HAG zur Versagung der Einbürgerung heimatloser Ausländer wegen Straffälligkeit getroffenen Regelungen können nicht zur Klärung der Frage der Begehung einer Straftat nach § 56f Abs. 1 Satz 1 Nr. 1 StGB beitragen. Bei diesen Verwaltungsakten handelt es sich nicht um Strafmaßnahmen, so daß es an einer vergleichbaren Beurteilungsgrundlage fehlt.

Siebtes Kapitel - Die Feststellung der neuen Straftat

I. Einführung

Verlangt man für den Widerruf der Strafaussetzung zur Bewährung wegen der Begehung einer neuen Straftat ein rechtskräftiges Erkenntnis wegen der Nachtat, so liegen die Anforderungen an den Widerrufsgrund des § 56f Abs. 1 Satz 1 Nr. 1 StGB eindeutig fest. Das zuständige Widerrufsgericht muß eine rechtskräftige Verurteilung wegen der Anlaßtat abwarten, ehe es über den Widerruf der ausgesetzten Strafe befinden kann. Erfolgt eine solche Verurteilung, so hat das Widerrufsgericht "lediglich" die sonstigen Voraussetzungen dieses Widerrufsgrundes[375] festzustellen, bevor es die gewährte Strafaussetzung widerrufen kann.

Begnügt man sich dagegen mit der h.M. in Rechtsprechung und Schrifttum mit der Überzeugung des Widerrufsgerichtes von der Begehung der neuen Straftat, so stellt sich zwangsläufig die Frage, auf welche Art und Weise das Widerrufsgericht diese Überzeugung gewinnen kann.

Als erster Aspekt ist in diesem Zusammenhang zu untersuchen, welche Anforderungen an die richterliche Überzeugungsbildung zu stellen sind.
Nachdem die maßgeblichen Beurteilungskriterien für die Überzeugungsbildung herausgearbeitet und kritisch gewürdigt worden sind, ist die Frage aufzuwerfen, ob die Notwendigkeit einer mit Freiheitsentzug verbundenen Einwirkung auf den Verurteilten im Verfahren des Bewährungswiderrufs überhaupt zuverlässig festgestellt werden kann. Hier wird aufzuzeigen sein, inwieweit das Widerrufsverfahren in seiner derzeitigen Ausgestaltung in den §§ 453, 454 StPO mit elementaren dem Schutz des Verurteilten dienenden rechtsstaatlichen Prinzipien konform geht.

II. Die richterliche Überzeugungsbildung von der neuen Tat

Im folgenden ist zu klären, auf Grund welcher Tatsachengrundlage das Widerrufsgericht nach der h.M. in der Rechtsprechung und Rechtslehre die Überzeugung von der Tatbegehung gewinnt[376].

---

375 Siehe dazu S. 24 ff.

376 Vgl. dazu auch S. 36 ff.

1. Die Anforderungen der h.M. an die richterliche Überzeugungsbildung

Die h.M. verlangt, daß das Widerrufsgericht auf Grund zweifelsfreier Tatsachen in eigenständiger Würdigung die feste Überzeugung gewinnt, daß der Verurteilte die neue Tat begangen hat[377]. An die richterliche Überzeugungsbildung in bezug auf die schuldhafte Begehung der Nachtat seien dabei hohe und klar umrissene Anforderungen zu stellen[378]. Ein Widerruf sei nur zulässig, wenn Täterschaft und Schuld in einer jeden vernünftigen Zweifel ausschließenden Weise festgestellt werden könnten; dagegen sei in Fällen geringsten Zweifels der Eintritt der Rechtskraft des Schuldspruchs wegen der Anlaßtat abzuwarten[379]. Damit das Widerrufsgericht auf Grund zweifelsfreier Tatsachen die Überzeugung von der Tatbegehung erlangen könne, verlangt das OLG Stuttgart[380], daß es die Akten des neuen Verfahrens einsieht, um sich auf Grund einer eigenständigen Beurteilung selbst von der Täterschaft des Verurteilten zu überzeugen. Keinesfalls, so wird betont, dürfe sich das Widerrufsgericht allein auf die Anklageschrift verlassen.

"Zweifelsfrei erwiesene Tatsachen" nehmen die Gerichte hauptsächlich auf Grund eines im neuen Ermittlungsverfahren abgegebenen Geständnisses des Verurteilten an[381]. Ein solches Geständnis dürfe dann als Grundlage für einen Widerruf herangezogen werden, wenn es keinerlei Anlaß zu Zweifeln hinsichtlich seiner Glaubhaftigkeit biete[382]. Hiervon habe sich der Widerrufsrichter auf Grund der beigezoge-

---

377 BVerfG, NStZ 1987, 118; NStZ 1988, 21; OLG Hamburg, MDR 1992, 396 f.; OLG Hamm, StV 1992, 284 f.; OLG Karlsruhe, MDR 1974, 245; OLG Stuttgart, NJW 1976, 200; OLGSt Nr. 9 zu § 56f StGB; LG Kiel, SchlHA 1992, 10, 11; Dreher/Tröndle, § 56f StGB, Rdn. 3b; Lackner, § 56f StGB, Rdn. 3.

378 OLG Hamburg, MDR 1992, 396, 397; OLG Köln, NJW 1991, 505, 506; OLG Düsseldorf, NStE Nr. 6 zu § 56f StGB; StV 1992, 283, 284; NJW 1993, 1280, 1281; OLG Stuttgart, MDR 1991, 982; LG Kiel, SchlHA 1992, 10, 11.

379 OLG Köln, NJW 1991, 505, 506; OLG Düsseldorf, wistra 1991, 186; StV 1992, 283, 284; NStZ 1992, 300; LG Kiel, SchlHA 1992, 10, 11. Infolgedessen hat die Rechtsprechung den Widerruf z.B. bei Zweifeln an der Schuldfähigkeit oder wenn der Verurteilte die neue Tat bestritten hatte, verneint; vgl. die Zusammenstellung der diesbezüglichen Entscheidungen auf S. 43, Fn. 185.

380 NJW 1976, 200, 201; ebenso LG Kiel, SchlHA 1992, 10, 11; Frank, MDR 1982, 353, 360; Brunner, NStZ 1991, 534.

381 Vgl. die Auflistung der Entscheidungen, in denen der Widerruf auf Grund eines Geständnisses des Verurteilten ausgesprochen wurde, auf S. 43, Fn. 186.

382 OLG Köln, NJW 1991, 505, 506; OLG Düsseldorf, StV 1992, 283, 284; OLG Zweibrücken, StV 1985, 465; OLG Karlsruhe, MDR 1974, 245; OLG Stuttgart, Die Justiz 1972, 318; NJW 1976, 200; LG Osnabrück, NStZ 1991, 533, 534; LG Kiel, SchlHA 1992, 10, 11.

nen Ermittlungsakten selbst ein Bild zu machen. Das BVerfG[383] erachtet es für die Feststellung der neuen Straftat für ausreichend, wenn das Widerrufsgericht das im neuen Ermittlungsverfahren bei der Polizei abgelegte und später vor dem Ermittlungsrichter wiederholte Geständnis für glaubhaft hält und infolgedessen von der erneuten Straffälligkeit des Verurteilten überzeugt ist. Dagegen verschärft das OLG Schleswig[384] die Anforderungen für die Zugrundelegung eines Geständnisses für den Widerruf, indem es zusätzlich zur Glaubhaftigkeit des Geständnisses verlangt, daß es im Beisein des Verteidigers vor einem Richter abgegeben und bis zur Widerrufsentscheidung nicht begründet widerrufen worden ist.
Gelegentlich findet sich außer der Bezugnahme auf ein glaubhaftes Geständnis der Hinweis auf andere unverrückbare objektive Beweismittel als Grundlage für den Bewährungswiderruf[385]. Eine nähere Erläuterung hierzu gibt das OLG jedoch nicht[386].

Es kann somit festgehalten werden, daß sich die Rechtsprechung, soweit sie eine rechtskräftige Verurteilung wegen der Nachtat nicht verlangt, zur Begründung ihrer Überzeugung von der Begehung einer neuen Straftat in aller Regel auf ein im Erkenntnisverfahren abgelegtes Geständnis des Verurteilten stützt. Dieses Geständnis soll im Widerrufsverfahren lediglich an Hand der beigezogenen Ermittlungsakten auf seine Glaubhaftigkeit überprüft werden.
Ob ein derart gewonnenes Geständnis eine ausreichende Beurteilungsgrundlage für die Feststellung einer neuen Straftat abgeben kann, ist Gegenstand der folgenden Erörterungen.

---

383 NStZ 1991, 30.

384 StV 1992, 327, 328, unter Bezugnahme auf die Entscheidung der Europäischen Kommission für Menschenrechte vom 9.10.1991, StV 1992, 282 f.; ebenso Horn, in SK, § 56f StGB, Rdn. 8.

385 OLG Hamm, StV 1992, 284, 285.

386 Das OLG Düsseldorf, wistra 1991, 186, zieht als Erkenntnisquelle für seine Überzeugungsgewinnung - neben dem Geständnis des Verurteilten - den Umstand heran, daß das unerlaubt aus dem Ausland eingeführte Rauschgift bei dem Verurteilten sichergestellt worden ist.

2. Das Geständnis als Grundlage der richterlichen Überzeugungsbildung

a) Historischer Rückblick

Das Geständnis kann auf eine lange Tradition zurückblicken[387]. Dem Geständnis wurde früher im Strafverfahren eine wesentlich größere Bedeutung beigemessen als im heutigen Strafprozeß.

Im sich zu Beginn des 13. Jahrhunderts in Deutschland entwickelnden Inquisitionsverfahren[388], in dem die Prozeßstellung des Verdächtigen auf die eines bloßen Untersuchungsobjektes beschränkt blieb, gewann das Geständnis eine beherrschende Stellung für das Beweisverfahren. Legte der Beschuldigte ein Geständnis ab, so bedurfte es keiner weiteren Beweise (wie z.B. die Überführung durch zwei Zeugen, die die Tat aus eigenem Wissen und nicht nur vom Hörensagen kannten) für seine Verurteilung. Um ein Geständnis zu erzwingen, bediente man sich der peinlichen Frage, d.h. der Folter. Nur das Geständnis als "regina probationum" (Königin der Beweismittel) galt als sicher und zuverlässig.

Auch unter der Geltung der Peinlichen Gerichtsordnung Karls V., der Constitutio Criminalis Carolina von 1532, kam dem Geständnis absolute Beweiskraft zu. Das Geständnis war nun unersetzliche Voraussetzung der Verurteilung, es galt als das Mittel der Beweisgewinnung schlechthin.

Die Abkehr von der selbstverurteilenden Kraft des Geständnisses kam nur zögernd in Gang. Trotz der Abschaffung der Folter Mitte des 18. Jahrhunderts blieb das Geständnis weiterhin das wichtigste Beweismittel. Der Abgabe eines Geständnisses konnte jetzt durch die Verhängung sog. "Lügenstrafen"[389] nachgeholfen werden. Allmählich setzte sich aber doch die Erkenntnis durch, gewisse Erfordernisse für die Verwertbarkeit von Geständnissen zu verlangen. So legte das Allgemeine Kriminalrecht von 1805 für die preußischen Staaten gemäß § 370 dem Geständnis nur dann volle Beweiskraft bei, wenn "es gerichtlich, ernstlich und ausdrücklich, auf rechtmäßige Frage des Richters oder von freien Stücken abgelegt ist und die Hauptumstände der Tat enthält, auch mit anderen erwiesenen Umständen nicht in Widerspruch stehet". Nach der württembergischen Strafprozeßordnung von 1843

387 Siehe zur historischen Entwicklung des Geständnisses die ausführliche Darstellung von Moos, S. 13 ff.

388 Zur Entwicklung des Inquisitionsprozesses siehe Eb. Schmidt, Einführung, S. 86 ff.

389 Vgl. dazu Moos, S. 28 f.

und der badischen Strafprozeßordnung von 1845 bestand keine Geständnispflicht mehr, wodurch die bisherige Bedeutung des Geständnisses wesentlich abgeschwächt wurde. Es lag jetzt im Ermessen des Gerichts, inwieweit ein Geständnis in der Hauptverhandlung die weitere Beweisaufnahme entbehrlich machte.

In der Reichsstrafprozeßordnung von 1877 wurde endgültig das Prinzip der Aussagefreiheit normiert. § 136 Abs. 1 StPO a.F. bestimmte, daß der Beschuldigte vor der Vernehmung zur Sache durch den Richter zu befragen sei, "ob er etwas auf die Beschuldigung erwidern wolle". Materiell-rechtlich wurde das Verbot, Geständnisse zu erzwingen, durch die Strafvorschrift des § 343 StGB abgesichert.

b) Begriff und heutige Bedeutung des Geständnisses für die Wahrheitsermittlung

Das Geständnis wird in der StPO wörtlich nur in § 254 StPO im Rahmen der Vorschriften zur Beweisaufnahme sowie als Wiederaufnahmegrund in § 362 Nr. 4 StPO erwähnt.

Unter einem Geständnis ist jedes Zugestehen von Tatsachen zu verstehen, die für die Schuldfrage oder für die Rechtsfolgenentscheidung von Bedeutung sein können[390]. Das Geständnis muß sich nicht notwendig auf die Einräumung der ganzen Tat beziehen, sondern kann auch lediglich einzelne für den Schuldspruch unmittelbar oder mittelbar erhebliche Tatsachen zum Inhalt haben[391].

Im Zivilprozeß ist ein Geständnis als einseitige Erklärung einer Partei an das Gericht zu verstehen, eine vom Gegner behauptete Tatsache entspreche der Wahrheit[392]. Prozessual hat diese Erklärung zur Folge, daß die Tatsache unstreitig geworden ist und deshalb eine Beweisaufnahme mit anschließender Beweiswürdigung nicht mehr stattfindet.
Im Strafverfahren kommt dem Geständnis dagegen seit der Abschaffung der Beweisregeln im letzten Jahrhundert keinerlei formelle Wirkung mehr zu. Das Geständnis stellt nunmehr - nur noch - eine wichtige Beweistatsache dar, die im Rahmen der Einlassung des Beschuldigten zwar normalerweise eine starke Beweiskraft

---

390 Mayr, in KK, § 254 StPO, Rdn. 3; Kleinknecht/Meyer-Goßner, § 254 StPO, Rdn. 2; Moos, S. 39; Schlüchter, S. 851; BGH, bei Holtz, MDR 1977, 984; Dencker, ZStW 102 [1990], 51, 62.

391 Gollwitzer, in LR, § 254 StPO, Rdn. 12; Alsberg/Nüse/Meyer, S. 283.

392 BGH, NJW 1983, 1496, 1497; Hartmann, in Baumbach/Lauterbach/Albers/Hartmann, Einführung, §§ 288-290 ZPO, Anm. 1.

erlangt, aber keinen absolut sicheren Beweis erbringt und deshalb die Heranziehung anderer Beweismittel nicht schlechterdings entbehrlich macht[393]. Das Geständnis unterliegt der freien Beweiswürdigung (vgl. § 261 StPO) und muß auf seine Glaubhaftigkeit hin überprüft werden. Das bedeutet, daß es denkgesetzlich möglich sein und der allgemeinen Lebenserfahrung entsprechen muß[394]. Die Glaubhaftigkeit entfällt nicht ohne weiteres dadurch, daß der Beschuldigte sein Geständnis später widerruft[395].

c) Die Fehlerhaftigkeit von Geständnissen

Obwohl ein Geständnis im Normalfall ein zuverlässiges und sicheres Beweismittel darstellt, kommt es nicht selten vor, daß ein Beschuldigter in einem Strafverfahren ein falsches Geständnis abgibt. Die Motive für ein Geständnis können vielgestaltiger Natur sein. In Betracht kommen beispielsweise Reue, Befreiung von Gewissensqualen, Hoffnung auf ein günstiges Urteil, Erwarten von unmittelbaren Vorteilen (z.B. Haftentlassung), mangelnde Widerstandskraft gegenüber den Vernehmungspersonen[396].

Als Ursachen für ein falsches Geständnis sind z.B. zu nennen:

- Angst (sie gehört zu dem Komplex von Beweggründen, bei denen sich die oft erstmalig mit der Justiz Konfrontierten in ihrer Situation als Beschuldigte hilflos und überlastet fühlen);
- Vernehmungsdruck;
- Resignation (infolge vermeintlich erdrückender Beweismittel, Ratlosigkeit, unheilbarer Erkrankung, Erschöpfung);

---

393 Vgl. Moos, S. 40 f.; Roxin, § 15, S. 81.

In diesem Sinn hat der BGH in einem Urteil vom 29.4.1987, NStZ 1987, 474, zum Ausdruck gebracht, daß die Beweiswürdigung des Tatrichters wegen Unvollständigkeit rügbar wird, wenn neben dem Geständnis nicht auch andere Beweismittel herangezogen werden, aus denen sich die Richtigkeit des Geständnisses ergibt.

394 Kleinknecht/Meyer-Goßner, § 362 StPO, Rdn. 7; Schmidt, in KK, § 362 StPO, Rdn. 14; Schlüchter, S. 851. Zur besonderen Problematik von Geständnissen junger Menschen siehe Brunner, NStZ 1991, 534 f. m.w.N.

395 OLG Hamm, GA 1957, 123; Gössel, in LR, § 362 StPO, Rdn. 18.

396 Weitere Beweggründe bei Peters, Strafprozeß, § 54 III, S. 398.

- Verdeckungsabsicht (die Verschaffung eines Alibis für eine andere, schwerere Straftat, die der "Täter" tatsächlich begangen hat);
- Begünstigungsabsicht (der Wunsch, durch die Übernahme fremder Schuld dritte Personen vor Verfolgung und Bestrafung zu schützen[397]);
- Mitbelastung Dritter (Falschgeständnisse, die in der Absicht und mit dem Ziel abgelegt werden, dritten Personen Schaden zuzufügen);
- Geltungsbedürfnis (insbesondere bei aufsehenerregenden und in der Berichterstattung durch die Medien sensationell aufgemachten Kriminalfällen finden sich häufig Selbstbezichtigungen);
- psychopathologische Faktoren[398].

Falsche Geständnisse können sich auf rein fiktive Straftaten beziehen oder an tatsächlich begangene Delikte anknüpfen.

Die Untersuchungen von Peters zu den Fehlerquellen im Strafprozeß machen die Bedeutung falscher Geständnisse deutlich. Danach spielt in nahezu sieben Prozent aller Wiederaufnahmeverfahren zugunsten des Verurteilten ein falsches Geständnis eine entscheidende Rolle[399]. Dieser erstaunlich hohe Prozentsatz gibt Anlaß zu der Vermutung, daß tatsächlich noch in einem deutlich weiterreichenden Umfang unwahre Geständnisse abgegeben werden. Dies folgt zum einen daraus, daß der Anteil der Wiederaufnahmeverfahren an rechtskräftig gewordenen Verurteilungen insgesamt auf lediglich 0,023 % veranschlagt wird[400], zum anderen spricht hierfür der hohe Stellenwert, den das Geständnis als Beweismittel noch immer genießt.

---

397 Insbesondere bei Verkehrsdelikten nehmen die "Täter" häufig die Schuld nahestehender Personen auf sich, um diese der Verfolgung zu entziehen oder vor sonst erwartbaren besonderen Nachteilen (z.B. Entziehung der Fahrerlaubnis) zu schützen.

An dieser Stelle ist auch der Fall des heute 39 Jahre alten Jürgen Auer zu nennen, der 1984 wegen gemeinschaftlich mit einem italienischen Bekannten begangenen Mordes zu lebenslanger Freiheitsstrafe verurteilt wurde. Sein Grundlage der Verurteilung bildendes Geständnis erklärte Auer - dessen Verfahren inzwischen wiederaufgenommen worden ist - damit, daß er damals irrtümlich geglaubt habe, unheilbar an Magenkrebs erkrankt zu sein. Er habe deshalb seinem Freund "etwas Gutes tun wollen". Vgl. hierzu den Bericht in der Hessisch-Niedersächsischen Allgemeinen vom 15.7.1992.

398 Siehe dazu Beneke, S. 78 ff.

399 Peters, Fehlerquellen, S. 13-28.

400 Peters, Fehlurteil, S. 259, 260 (für den Zeitraum 1962-1970).

Zwar ist der Widerruf eines Geständnisses vom Gericht grundsätzlich ebenso wie das zuvor abgelegte Geständnis auf seine Glaubhaftigkeit hin zu überprüfen[401]; die geringen Erfolgsaussichten, sich von einem einmal abgegebenen Geständnis zu lösen, belegen jedoch dessen Tragweite[402].
Exemplarisch mag an dieser Stelle folgender spektakulärer Fall angeführt werden[403]: Der heute 51 Jahre alte Holger Gensmer war im Jahr 1970 wegen Mordes zu einer lebenslangen Freiheitsstrafe verurteilt worden. Gensmer hatte den Mord gestanden, sein Geständnis aber kurze Zeit später widerrufen. 1987 erreichte sein Verteidiger unter Vorlage eines in den Polizeiakten untergegangenen Alibis ein Wiederaufnahmeverfahren. Nach 16 Jahren wurde Gensmer "wegen festgestellter Unschuld" mit 50.000,- DM Haftentschädigung entlassen.

d) Stellungnahme

Ausgangspunkt der Überzeugungsgewinnung ist die Forderung des BVerfG[404], daß der Widerruf der Strafaussetzung nur auf Grund einer zumindest ebenso fundierten Tatsachengrundlage vorgenommen werden dürfe, wie sie nötig sei, um von vornherein die Strafaussetzung zur Bewährung zu versagen. Da die Entscheidung über die Strafaussetzung Teil der Entscheidung über die Straffrage ist[405] und die hierfür nötigen Erkenntnisse auf Grund einer Hauptverhandlung gewonnen werden, kann hieraus eigentlich nur der Schluß gezogen werden, daß die materiellrechtliche Beurteilung der zum Widerruf führenden Anlaßtat ebenfalls auf Grund einer Hauptverhandlung zu erfolgen hat. Zumindest ist es von Verfassungs wegen geboten, das Widerrufsverfahren hinsichtlich der Tatsachenfeststellung zu verbessern, so daß es der mündlichen Verhandlung im Erkenntnisverfahren vergleichbar wird.

Die richterliche Aufklärungspflicht, wie sie für die Hauptverhandlung in der Vorschrift des § 244 Abs. 2 StPO festgeschrieben ist, beansprucht auch bei voll-

---

401 Vgl. Gössel, in LR, § 362 StPO, Rdn. 18.

402 Als gering werden die Erfolgsaussichten für den Widerrufenden, das einmal abgelegte falsche Geständnis nachträglich zu korrigieren, auch von Peters, Fehlerquellen, S. 7 f. und von Beneke, S. 100 ff., eingestuft.

403 Vgl. den Bericht in der Gießener Allgemeinen Zeitung vom 5.4.1991.

404 NStZ 1987, 118.

405 Siehe S. 86.

streckungsrechtlichen Prognoseentscheidungen Geltung[406]. Auch für sie gilt das "Gebot bestmöglicher Sachaufklärung"[407]. Gründe dafür, daß dieser Grundsatz nicht auch für den Widerruf der Strafaussetzung gilt, sind nicht ersichtlich.

Ob dem Gebot, den Sachverhalt umfassend und bestmöglich aufzuklären, schon dadurch Genüge getan wird, daß der Widerruf auf ein Geständnis im wegen der Anlaßtat durchgeführten Ermittlungsverfahren gestützt wird, muß bezweifelt werden. Sind nämlich neben einem Geständnis keine ergänzenden Sachbeweise oder Zeugenaussagen vorhanden, so liegt die Möglichkeit einer Fehlentscheidung nahe. Deshalb durften beispielsweise nach dem Strafrecht der ehemaligen Deutschen Demokratischen Republik die in einem Geständnis enthaltenen Informationen erst dann als wahr unterstellt werden, wenn ihre Wahrheit mit anderen Beweismitteln nachgewiesen war[408]. Deshalb bestimmt beispielsweise § 319 Abs. 2 der japanischen Strafprozeßordnung, daß trotz des geltenden Prinzips der freien Beweiswürdigung niemand allein auf Grund seines Geständnisses verurteilt werden darf. Eine solche Vorschrift sucht man in der deutschen Strafprozeßordnung vergebens.

Beneke[409] kommt nicht zuletzt aus diesen Gründen in seiner Untersuchung über das falsche Geständnis als Fehlerquelle im Strafverfahren zu der Erkenntnis, daß Fehlurteile auf Grund unwahrer Geständnisse zu einem großen Teil die Kehrseite der weitreichenden Bedeutung verkörpern, die einem Tatgeständnis im Strafverfahren zukommt.
Die Zahl der auf die Abgabe falscher Geständnisse gestützten Wiederaufnahmeverfahren belegt nur allzu deutlich, daß eine unkritische Haltung aller Verfahrensbeteiligten gegenüber dem einmal abgelegten Schuldbekenntnis und die daraus resultierende geringe Erfolgsaussicht eines Geständniswiderrufs immer wieder Ursache von Fehlentscheidungen wird. Betroffen sind hiervon - wie die Studie von Peters[410] zeigt - sämtliche Bereiche der Kriminalität bis hin zu Fällen von Kapitalverbrechen, in denen die Folgen eines Fehlurteils für die Betroffenen besonders gravierend sind und in denen wegen der Schwere des neuen Delikts der Widerruf einer ausgesetzten Strafe nahezu obligatorisch ist. Schließt sich deshalb die Emp-

---

406 BVerfGE 70, 297, 309.

407 Vgl. BVerfGE 57, 250, 277.

408 Vgl. zum Beweiswert eines Geständnisses nach dem Recht der ehemaligen Deutschen Demokratischen Republik Temming, NStZ 1992, 112, 114 f.

409 S. 134.

410 Fehlerquellen, S. 13-28.

fehlung an die Strafverfolgungsorgane an, einem in einem Strafverfahren abgelegten Geständnis nicht unkritisch gegenüber zu stehen und ist bei einem Widerruf eines Geständnisses ohnehin Vorsicht geboten, so kommen speziell für die Verwertung von Geständnissen in einem Widerrufsverfahren noch weitere Aspekte hinzu, die den Beweiswert von Geständnissen für die Entscheidung über den Widerruf der Strafaussetzung zusätzlich einschränken.

Hört das Gericht, welches über den Widerruf zu befinden hat, den Verurteilten wegen der neuen Tat nicht persönlich an, sondern entscheidet es - wie im Regelfall - im schriftlichen Verfahren[411], so kann es sich kein eigenes Bild von der Glaubwürdigkeit dieser Person bzw. der Glaubhaftigkeit seines im Rahmen der polizeilichen oder ermittlungsrichterlichen Vernehmung abgelegten Geständnisses machen. Es entfällt dann der unmittelbare persönliche Eindruck, dessen Gewährleistung gerade Ziel der Sachaufklärung in einer Hauptverhandlung ist (vgl. § 250 StPO). Um den Beweiswert eines Geständnisses nicht weiter zu schmälern, ist deshalb die Forderung zu erheben, daß für die Verwertbarkeit eines Geständnisses im Widerrufsverfahren das Geständnis (nochmals) vor dem Widerrufsgericht abzulegen ist. Insoweit genügt es nicht, daß der Widerrufsrichter lediglich das in den Ermittlungsakten[412] dokumentierte Geständnis auf seine Glaubhaftigkeit hin überprüft[413], auch wenn darin kein Verstoß gegen den in § 250 StPO normierten Grundsatz der Unmittelbarkeit zu sehen ist, da dieser nur für die Hauptverhandlung und nicht für das Beschlußverfahren nach §§ 453, 454 StPO gilt[414].

Als Gegenargument kann in diesem Zusammenhang auch nicht die Vorschrift des § 254 StPO herangezogen werden. § 254 StPO erlaubt als Ausnahmeregelung zu § 250 StPO zwar die Verlesung eines richterlichen Protokolls über ein Geständnis, so daß dem erkennenden Richter insoweit ebenfalls nur das schriftlich fixierte Geständnis als Beurteilungsgrundlage zur Verfügung steht. Gleichwohl kann sich der Richter in der Hauptverhandlung zumeist noch ein hinreichendes Bild über die

---

411 Zur Kritik am schriftlichen Widerrufsverfahren vgl. den nächsten Abschnitt.

412 Deren Beiziehung die Rechtsprechung immerhin verlangt, vgl. OLG Stuttgart, NJW 1976, 200, 201; LG Kiel, SchlHA 1992, 10, 11.

413 So aber BVerfG, NStZ 1991, 30; OLG Düsseldorf, StV 1992, 283, 284; OLG Köln, NJW 1991, 505, 506.

414 Zum Grundsatz der Unmittelbarkeit im deutschen Strafverfahren siehe die Monographie von Geppert, Der Grundsatz der Unmittelbarkeit im deutschen Strafverfahren.

Glaubwürdigkeit des Angeklagten machen, da dieser in der Hauptverhandlung grundsätzlich anwesend sein muß (§ 230 Abs. 1 StPO)[415].

Erachtet man ein Geständnis als Grundlage für die Überzeugungsbildung des Gerichts als ausreichend, so verkehrt sich ein wichtiger Folgeaspekt des Geständnisses in sein Gegenteil. Das Geständnis, sofern es rechtzeitig erfolgt, wirkt sich dann nicht mehr - wie im Normalfall - strafzumessungsrechtlich strafmildernd für den Geständigen sondern unter Umständen zu seinen Lasten aus. Legt der Verurteilte wegen der neuen Tat ein Geständnis ab, so soll umgehend ein Widerruf erfolgen dürfen - gesteht er nicht, so kann ein Widerruf (vorerst) noch nicht erfolgen! Diese Konsequenz ist mit der Zielsetzung des strafprozessualen "Beweismittels" Geständnis schlechterdings nicht vereinbar. Ein Geständnis verkümmert damit zum Spielball taktischer Überlegungen des Verurteilten. Für ihn bleibt abzuwägen, ob sich ein Geständnis insgesamt, d.h. auf das neue Erkenntnisverfahren und das Widerrufsverfahren bezogen, "lohnt", ob es sich also letztlich positiv oder negativ auswirkt. Daß dabei die Wahrheitsfindung mitunter auf der Strecke bleibt, liegt auf der Hand.

Auch wenn mit der Widerrufsentscheidung expressis verbis keine Verurteilung ausgesprochen wird, so hat doch der Widerruf praktisch gesehen für den Verurteilten dieselbe Wirkung wie eine Verurteilung. Der Verurteilte muß die ausgesetzte Freiheitsstrafe verbüßen, deren Vollstreckung nunmehr angeordnet wird. Deshalb muß für die Überzeugung des Widerrufsrichters von der Tatbegehung, die sich auf Tatbestandsmäßigkeit, Rechtswidrigkeit und Schuld beziehen muß[416], der gleiche Beurteilungsmaßstab zugrunde gelegt werden wie für die persönliche Gewißheit des Tatrichters bei einer Verurteilung. Diese Überzeugung kann das Gericht nur aus dem Inbegriff einer Hauptverhandlung schöpfen, für die die Grundsätze der Unmittelbarkeit und der Mündlichkeit gelten.

III. Die Rechtsstellung des Verurteilten im Verfahren über den Widerruf

Nachdem im vorangegangenen Teil dieses Abschnitts herausgearbeitet worden ist, daß zumindest der alleinigen Heranziehung eines Geständnisses, welches der Verurteilte in dem wegen der neuen Tat durchgeführten Ermittlungsverfahren abgelegt hat, als Grundlage der Überzeugungsbildung des über den Widerruf entscheiden-

---

415 Ausnahmen von der Anwesenheitspflicht sind in §§ 231a, 232, 233, 329, 350, 387, 412 StPO geregelt.

416 Vgl. oben S. 24.

den Gerichts erhebliche Bedenken entgegenzusetzen sind, ist nunmehr zu untersuchen, ob die Belange des Verurteilten in dem Verfahren der Überzeugungsgewinnung hinreichend Berücksichtigung finden.

Dazu ist zunächst die gesetzliche Ausgestaltung des Widerrufsverfahrens nach den §§ 453, 454 StPO im Überblick darzustellen. Im Anschluß daran ist zu fragen, ob die in diesen beiden Vorschriften normierten Beteiligungsrechte des Verurteilten den verfassungsrechtlichen Anforderungen genügen. In diesem Zusammenhang ist auf die Grundsätze des rechtlichen Gehörs und des fairen Verfahrens einzugehen.

1. Das Widerrufsverfahren nach den §§ 453, 454 StPO

Das Widerrufsverfahren ist ein Verfahren, das mit dem Ziel eingeleitet wird, eine bereits ausgesprochene Verurteilung zu einer Freiheitsstrafe auf Grund in der Bewährungszeit eingetretener bestimmter Umstände nunmehr zu vollstrecken.

Soweit verfahrensmäßige Unterschiede zwischen den einzelnen Widerrufsgründen (vgl. § 56f Abs. 1 Satz 1 Nr. 1-3 StGB) bestehen, interessiert hier vor allem das Verfahren hinsichtlich des Widerrufsgrundes der Begehung einer neuen Straftat (§ 56f Abs. 1 Satz 1 Nr. 1 StGB). Gleichwohl können die übrigen Widerrufsgründe nicht völlig außer Betracht bleiben; soweit aus diesbezüglichen Verfahrensregelungen Ableitungen für das Widerrufsverfahren bezüglich des Widerrufsgrundes des § 56f Abs. 1 Satz 1 Nr. 1 StGB gezogen werden können, sind sie deshalb ebenfalls in die Erörterungen mit einzubeziehen.

Die Nachtragsentscheidungen nach §§ 453, 454 StPO[417] werden durch das nach § 462a StPO zuständige Gericht ohne mündliche Verhandlung durch Beschluß getroffen, der gemäß § 34 StPO mit Gründen zu versehen ist.

§ 453 Abs. 1 Satz 2 StPO schreibt zwingend vor, daß die Staatsanwaltschaft und der Verurteilte[418] vor der Entscheidung über den Widerruf zu hören sind. Die Staatsanwaltschaft wird hier als Strafverfolgungs-, nicht als Strafvollstreckungsbe-

---

417 § 453 StPO bezieht sich auf die durch das erkennende Gericht ausgesprochene Strafaussetzung zur Bewährung und deren Widerruf, § 454 StPO behandelt das Verfahren bei der Aussetzung des Strafrestes. Hinsichtlich des Verfahrens des Widerrufs einer Strafrestaussetzung verweist § 454 Abs. 3 Satz 1 StPO auf § 453 StPO. Soweit deshalb im weiteren Verlauf der Arbeit vom Widerrufsverfahren die Rede ist, wird als Rechtsnorm lediglich die Vorschrift des § 453 StPO zitiert.

418 Das Gesetz spricht hier von dem "Angeklagten"; der Begriff ist jedoch nicht im rechtstechnischen Sinn des § 157 StPO zu verstehen.

hörde tätig[419]. Das versehentliche Unterlassen der Anhörung der Staatsanwaltschaft ist jedoch unschädlich[420].

Die Anhörung des Verurteilten[421] muß ihm Gelegenheit geben, sich zu der von der Staatsanwaltschaft beantragten und vom Gericht beabsichtigten für ihn nachteiligen Entscheidung zu äußern. Er muß auch die Möglichkeit zur Stellungnahme zu für ihn nachteiligen Tatsachen erhalten, die dem Gericht von dritter Seite mitgeteilt worden sind[422].

Wie das Gericht das Anhörungsverfahren ausgestaltet, steht in seinem Ermessen. In aller Regel wird es sich mit der am wenigsten arbeitsintensiven und der Bedeutung einer so einschneidenden Maßnahme wie dem Widerruf nur unzureichend gerecht werdenden Form der Anhörung, der schriftlichen Anhörung des Verurteilten, begnügen[423]. Eine mündliche Anhörung des Verurteilten verlangt das Gesetz zwar nicht, sie wird jedoch allgemein als zulässig angesehen[424]. Ob darüber hinausgehend eine mündliche Verhandlung mit allen Beteiligten durchgeführt werden kann, ist dagegen umstritten[425]. Die eine mündliche Verhandlung ablehnende Meinung stützt sich zur Begründung auf den Wortlaut des § 309 StPO, wonach das Beschwerdegericht über eine Beschwerde ohne mündliche Verhandlung entscheidet

---

419 LG München I, NStZ 1981, 453; Müller, in KMR, § 453 StPO, Rdn. 6; Katholnigg, NStZ 1992, 195; Wendisch, in LR, § 453 StPO, Rdn. 7; a.A. Engel, NStZ 1987, 110, 111, wonach die Staatsanwaltschaft im Bewährungswiderrufsverfahren weder als Ermittlungs- noch als Strafvollstreckungsbehörde tätig, sondern als Vertreterin des öffentlichen Interesses lediglich "gehört" werde.

Der Unterschied zwischen Vollstreckungsbehörde und Strafverfolgungsbehörde liegt darin, daß die der Vollstreckungsbehörde obliegenden Geschäfte durch § 31 Abs. 2 Satz 1 RPflG grundsätzlich dem Rechtspfleger übertragen sind, während Maßnahmen der Strafverfolgungsbehörde dem in § 142 GVG aufgeführten Personenkreis vorbehalten sind.

420 OLG Düsseldorf, NStZ 1992, 349 (Ls.).

421 An dieser Stelle sollen lediglich die gesetzlich vorgesehenen Formen der Anhörung des Verurteilten skizziert werden. Auf die de lege ferenda wünschenswerte Ausgestaltung des Anhörungsrechtes des Verurteilten wird an späterer Stelle (S. 119 ff.) noch ausführlich einzugehen sein.

422 OLG Oldenburg, NJW 1961, 1368; Kleinknecht/Meyer-Goßner, § 453 StPO, Rdn. 6.

423 Zur Kritik an der schriftlichen Anhörung vgl. Boetticher, NStZ 1991, 1 ff.; Lemke, ZRP 1978, 281 f. und unten S. 119 ff.

424 Vgl. Kleinknecht/Meyer-Goßner, § 453 StPO, Rdn. 3; Wendisch, in LR, § 453 StPO, Rdn. 6; Müller, in KMR, § 453 StPO, Rdn. 7.

425 Bejahend Wendisch, in LR, § 453 StPO, Rdn. 6; Fischer, in KK, § 453 StPO, Rdn. 3; verneinend Kleinknecht/Meyer-Goßner, § 453 StPO, Rdn. 3.

und schließt daraus, daß eine mündliche Verhandlung im Beschlußverfahren nicht stattfinden dürfe.

Eine mündliche Anhörung soll stattfinden - jedenfalls soll dem Verurteilten Gelegenheit zur mündlichen Anhörung gegeben werden -, wenn das Gericht über einen Widerruf der Strafaussetzung wegen Verstoßes gegen Auflagen oder Weisungen (§ 56f Abs. 1 Satz 1 Nr. 2, 3 StGB) zu entscheiden hat (§ 453 Abs. 1 Satz 3 StPO). Der Verurteilte soll dadurch die Möglichkeit erhalten, den Vorwurf zu entkräften, daß er gegen Auflagen oder Weisungen gröblich oder beharrlich verstoßen habe. Ihm soll die Gelegenheit gegeben werden, beachtenswerte Gründe für deren Nichterfüllung vorzutragen, zu deren schriftlicher Fixierung er in einer für das Gericht überzeugenden Weise nicht in der Lage ist[426]. Von dieser Verstärkung des Mündlichkeitsprinzips verspricht sich der Gesetzgeber, daß in derartigen Fällen häufiger als nach bisherigem Recht von einem Widerruf der Strafaussetzung abgesehen werden wird. Die Sollvorschrift wird allgemein so verstanden, daß die mündliche Anhörung zwingend ist, wenn sie eine weitere Aufklärung verspricht[427] oder wenn ihr keine schwerwiegenden Gründe entgegenstehen[428].

Ist die Anhörung des Verurteilten nicht möglich (z.B. weil er untergetaucht ist), soll der Widerrufsbeschluß ohne seine Anhörung erlassen und ihm nach § 40 StPO öffentlich zugestellt werden dürfen[429]. Das rechtliche Gehör sei dann entsprechend § 33a StPO nachzuholen[430]. Das bedeutet, daß das rechtliche Gehör in einem Nachverfahren durch das Gericht gewährt werden muß, welches den Widerrufsbeschluß erlassen hat. Nach a.A. kann statt des Widerrufs der Strafaussetzung und der öffentlichen Zustellung des Widerrufsbeschlusses zunächst ein Sicherungshaftbefehl nach § 453c StPO erlassen werden[431].

---

426 Vgl. die Begründung zum Entwurf eines StÄndG, BT-Drucks. 10/2720, S. 14; siehe zur Neuregelung auch Greger, JR 1986, 353, 354 f.

427 KG, JR 1988, 39.

428 OLG Düsseldorf, StV 1987, 257 f.; OLG Hamm, NStZ 1987, 247; LG Freiburg, StV 1987, 540 f.; LG Bonn, NStZ 1986, 574.

429 OLG Bremen, MDR 1976, 865; OLG Köln, NJW 1963, 875; Müller, in KMR, § 453 StPO, Rdn. 6.

430 BGHSt 26, 127, 130; OLG Celle, NJW 1973, 2306, 2307; OLG Karlsruhe, MDR 1974, 685, 686; OLG Düsseldorf, MDR 1992, 789 f.

431 Müller, in KMR, § 453 StPO, Rdn. 5; OLG Düsseldorf, JR 1989, 166, 167 mit zustimmender Anm. Wendisch, JR 1989, 168 f.

Ist ein Bewährungshelfer bestellt, so hat ihn das Gericht vor der Entscheidung über den Widerruf zu unterrichten (§ 453 Abs. 1 Satz 4 StPO). Der Bewährungshelfer soll hierdurch Gelegenheit erhalten, dem Gericht zusätzliche Erkenntnisse über die Persönlichkeit des Verurteilten sowie Hintergründe eines Bewährungsversagens zu vermitteln. Ist keine Bewährungshilfe angeordnet, kann[432] sich das Gericht der Gerichtshilfe bedienen (§ 463d StPO).

Gegen den Widerruf der Strafaussetzung ist gemäß § 453 Abs. 2 Satz 3 StPO die sofortige Beschwerde zulässig. Der Widerruf der Strafaussetzung wegen der Begehung einer neuen Straftat kann mit der Begründung angefochten werden, daß die Voraussetzungen des § 56f Abs. 1 Satz 1 Nr. 1 StGB nicht vorgelegen hätten oder eine mildere Maßnahme nach § 56f Abs. 2 StGB ausreichend gewesen sei. Nach dem OLG Düsseldorf[433] kann das Beschwerdegericht den Rechtsgrund für den Widerruf austauschen, sofern dem Verurteilten vorher rechtliches Gehör gewährt worden ist.

Vollstreckbar wird der Widerruf erst mit Rechtskraft des Widerrufsbeschlusses, denn der Beschluß stellt sich als urteilsähnliche Entscheidung dar, die erst die Vollstreckbarkeit des Strafausspruchs schafft[434].

Auf Grund der Einfügung des § 453c StPO zum 1.1.1975 durch das 1. StVRG vom 9.12.1974, BGBl. I, S. 3393, verlangen einige Gerichte nunmehr, daß der Erlaß eines Sicherungshaftbefehls stets Vorrang vor der öffentlichen Zustellung eines Widerrufsbeschlusses haben müsse. Wenn das Gesetz die Möglichkeit eröffne, rechtliches Gehör vor Eintritt der Rechtskraft zu gewähren, dürfe dieses wegen des Grundsatzes der Verhältnismäßigkeit nicht in ein nachträgliches umgewandelt und damit mehr als erforderlich beschränkt werden; vgl. LG München II, NJW 1975, 2307, 2308; OLG Hamburg, NJW 1976, 1327; OLG Frankfurt, StV 1983, 113; OLG Celle, StV 1987, 30; ebenso Krause, NJW 1977, 2249, 2250.

432 A.A. LG Bonn, NStZ 1986, 574: muß.

433 MDR 1983, 68.

434 Heute h.M.; vgl. Dreher/Tröndle, § 56f StGB, Rdn. 9; Wendisch, in LR, § 453 StPO, Rdn. 14, 20 f.; Hanack, JZ 1966, 43, 50; Eb. Schmidt, Lehrkommentar, § 453 StPO, Rz. 17; Wetterich/Hamann, S. 94. Die früher h.M. wertete den Widerruf als die Beseitigung eines der Vollstreckung entgegenstehenden Hindernisses, welches mit dem Erlaß des Widerrufsbeschlusses wirksam werde und es grundsätzlich trotz der Anfechtung bleibe, sofern nicht das Beschwerdegericht die Vollziehung aussetzt (§ 307 StPO); vgl. Schäfer, in LR, 21. Aufl., § 451 StPO, IX 5; weitere Nachweise bei Hanack, JZ 1966, 43, Fn. 3.

Zur Vollstreckbarkeit von Widerrufsbeschlüssen siehe auch Blösch, NJW 1963, 1296 f.

2. Der Grundsatz des rechtlichen Gehörs

a) Einführung

Nach der Darstellung der Grundzüge des Widerrufsverfahrens soll nun geprüft werden, ob die Grundsätze des rechtlichen Gehörs und des fairen, rechtsstaatlichen Verfahrens eine nähere Präzisierung der für den Widerruf der Strafaussetzung zur Bewährung wegen der Begehung einer neuen Straftat in das Ermessen des zuständigen Gerichts gestellten Ausgestaltung der Beteiligung des Verurteilten ermöglichen oder gebieten.

Begonnen wird dabei mit dem Grundsatz des rechtlichen Gehörs[435]. Nach einem Überblick über die Grundlagen dieses Verfahrensgrundrechtes wird der Frage nachzugehen sein, ob ein Verstoß gegen das rechtliche Gehör vorliegt, wenn der Verurteilte im Widerrufsverfahren nur schriftlich angehört wird, oder anders ausgedrückt, ob eine Freiheitsstrafe endgültig vollstreckt werden darf, ohne den Verurteilten vorher nochmals[436] mündlich zu hören.

b) Grundlagen

Der Anspruch auf rechtliches Gehör ist in Art. 103 Abs. 1 GG verankert und als Grundrecht ausgestaltet[437]. Art. 103 Abs. 1 GG lautet: "Vor Gericht hat jedermann Anspruch auf rechtliches Gehör."

Das Grundrecht auf rechtliches Gehör ist das prozessuale "Urrecht" des Menschen[438]. Es dient dem Schutz der Menschenwürde und soll gerechte Entscheidun-

---

435 Der Grundsatz des fairen, rechtsstaatlichen Verfahrens wird im nächsten Abschnitt behandelt, siehe S. 112 ff.

436 D.h. nach der Verurteilung zu einer Freiheitsstrafe, die zur Bewährung ausgesetzt wird, bzw. nach der mündlichen Anhörung im Rahmen der Strafrestaussetzung (vgl. § 454 Abs. 1 StPO).

437 Außer in Art. 103 Abs. 1 GG ist der Anspruch auf rechtliches Gehör auch in Art. 6 Abs. 1 EMRK enthalten. Da er sich jedoch bereits unmittelbar aus der Verfassung ergibt, bedarf es zu seiner näheren Begründung der Heranziehung der EMRK (speziell des Art. 6 Abs. 1 EMRK) an dieser Stelle nicht. Auf Art. 6 EMRK wird deshalb erst im Rahmen der Erörterungen zum Grundsatz des fairen Verfahrens einzugehen sein. In der StPO kommt der Grundsatz in zahlreichen Einzelvorschriften zum Ausdruck; vgl. z.B. §§ 33 Abs. 1, Abs. 3, 136, 163a Abs. 1, 201, 240, 243 Abs. 4, 257 Abs. 1, 258, 265 StPO.

438 BVerfGE 55, 1, 6.

gen fördern[439]. Durch das rechtliche Gehör soll gewährleistet werden, daß der Einzelne nicht nur als bloßes Objekt am Verfahren teilnimmt, sondern vor[440] einer ihn betreffenden Entscheidung zu Wort kommt, um Einfluß auf das Verfahren und dessen Ergebnis nehmen zu können[441]. Dazu ist es erforderlich, das rechtliche Gehör in zumutbarer Weise und mit genügender Vorbereitungszeit zu gewähren.

Das rechtliche Gehör beinhaltet eine formelle und eine materielle Komponente. Formell muß dem Betroffenen[442] die Möglichkeit gewährt werden, sich zu der beabsichtigten Entscheidung des Gerichts zu äußern; d.h. er muß zu den der gerichtlichen Entscheidung zugrunde liegenden Tatsachen und zur Rechtslage Stellung nehmen können[443]. Materiell gebietet das rechtliche Gehör, daß dem Gericht die Pflicht obliegt, die Äußerungen des Betroffenen zur Kenntnis zu nehmen und zu beachten[444]. Daraus ergibt sich, daß der Betroffene rechtzeitig zu hören ist, um seine Stellungnahme bei der endgültigen Entscheidungsfindung des Gerichts noch berücksichtigen zu können.

Art. 103 Abs. 1 GG garantiert nur die Gelegenheit zum rechtlichen Gehör; nimmt der Betroffene sie aus nicht anerkennenswürdigen Gründen[445] nicht wahr, so ist dem Verfassungsgebot gleichwohl Genüge getan und er muß die dadurch entstandenen prozessualen Nachteile ohne ein Recht auf nochmalige Anhörung tragen[446].

---

439 BVerfGE 55, 72, 93; Hanack, JZ 1966, 43, 48; Kunig, in v. Münch, Art. 103 GG, Rdn. 3.

440 Ausnahmen vom Grundsatz, sich vor der Entscheidung äußern zu können, bestehen im Strafbefehlsverfahren (§ 407 Abs. 3 StPO), in dem das rechtliche Gehör erst durch den Einspruch (§ 410 StPO) ausgeübt werden kann, und in den Fällen, in denen der Zweck einer Untersuchungsmaßnahme durch vorherige Gewährung rechtlichen Gehörs gefährdet würde (§ 33 Abs. 4 StPO).

441 Schmidt-Aßmann, in Maunz/Dürig, Art. 103 GG, Rdn. 2; Kunig, in v. Münch, Art. 103 GG, Rdn. 9.

442 Sofern nicht speziell der Verurteilte im Rahmen eines Widerrufsverfahrens gemeint ist, soll im folgenden der Ausdruck "Betroffener" als Inbegriff für denjenigen, dem rechtliches Gehör zu gewähren ist, verwendet werden.

443 BVerfGE 64, 135, 143 f.; 60, 175, 210; BGHSt 13, 123, 124; Schmidt-Aßmann, in Maunz/Dürig, Art. 103 GG, Rdn. 66; Leibholz/Rinck/Hesselberger, Art. 103 GG, Rz. 91; Rüping, S. 154 f.

444 Ständige Rechtsprechung, vgl. BVerfGE 11, 218, 220; 14, 320, 323; 18, 380, 383; 21, 102, 103 f.; 22, 267, 273; 42, 364, 367; 60, 250, 252; Rüping, S. 178; Kunig, in v. Münch, Art. 103 GG, Rdn. 10.

445 Siehe dazu BGHSt 13, 123, 126; Roxin, § 18 B I, S. 95.

446 Vgl. BVerfGE 5, 9, 10 f.; Hauser, S. 150; Schmidt-Aßmann, in Maunz/Dürig, Art. 103 GG, Rdn. 81.

c) Reichweite des Grundsatzes des rechtlichen Gehörs

Art. 103 Abs. 1 GG gewährt nach allgemeiner Meinung[447] keinen Anspruch auf eine bestimmte Verfahrensart. Der Verurteilte hat aus dem Prozeßgrundrecht des rechtlichen Gehörs[448] weder einen Anspruch auf eine mündliche Verhandlung[449] noch auf eine mündliche Anhörung[450]. Denn das Prinzip der mündlichen Verhandlung ist kein Verfassungsgrundsatz sondern eine einfach-rechtliche Prozeßrechtsmaxime[451]. Art. 103 Abs. 1 GG geht davon aus, daß die nähere Ausgestaltung des rechtlichen Gehörs den einzelnen Verfahrensordnungen überlassen ist[452]. Es ist Sache des Gesetzgebers zu entscheiden, inwieweit er in einem bestimmten Verfahren einen Anspruch auf eine mündliche Verhandlung bzw. eine mündliche Anhörung geben will. Es genügt deshalb im Hinblick auf Art. 103 Abs. 1 GG, daß der Verurteilte hinreichend Gelegenheit hat, sein Äußerungsrecht schriftlich auszuüben[453].

d) Verletzung des Prozeßgrundrechts auf rechtliches Gehör

Das rechtliche Gehör ist für das Funktionieren eines rechtsstaatlichen Strafverfahrens unentbehrlich.

Es ist zu befürchten, daß diesem Grundsatz in zahlreichen Widerrufsverfahren nur unzureichend nachgekommen wird. Schuld daran sind vor allem die in der Regel formularisierten und für Rechtsunkundige nur schwer verständlichen Aufforderun-

---

447 BVerfGE 6, 19, 20; 15, 303, 307; 31, 364, 370; LG Bremen, StV 1992, 327; Schmidt-Aßmann, in Maunz/Dürig, Art. 103 GG, Rdn. 84.

448 Auch aus Art. 6 Abs. 1 EMRK soll nach allgemeiner Meinung kein absolutes Recht auf eine persönliche Anhörung abgeleitet werden können; vgl. Schmidt-Aßmann, in Maunz/Dürig, Art. 103 GG, Rdn. 26; Wegener, MDR 1981, 617, 619; Kleinknecht/Meyer-Goßner, Art. 6 MRK, Rdn. 3; Röhl, NJW 1964, 273, 275; a.A. wohl Thomann, S. 63 ff., der aus Art. 6 EMRK und der prozessualen Fürsorgepflicht Forderungen an Form und Inhalt der Anhörungen ableitet.

449 Ständige Rechtsprechung, vgl. BVerfGE 5, 9, 11; 6, 15, 20; 15, 249, 256; 25, 352, 357; 36, 85, 87; 42, 364, 370; 60, 175, 210 f.; BVerwGE 57, 272, 273.

450 BVerfG, NStZ 1988, 21; BayObLG 1956, 353, 360.

451 BVerfGE 15, 303, 307; BVerwGE 57, 272, 273; Schmidt-Aßmann, in Maunz/Dürig, Art. 103 GG, Rdn. 84; Leibholz/Rinck/ Hesselberger, Art. 103 GG, Rz. 457.

452 BVerfGE 5, 9, 11; 9, 89, 95 f.; 18, 399, 405; 25, 352, 357; 36, 85, 87; 60, 175, 210; BGHSt 13, 123, 124; Leibholz/ Rinck/Hesselberger, Art. 103 GG, Rz. 182.

453 Schmidt-Aßmann, in Maunz/Dürig, Art. 103 GG, Rdn. 84.

gen des Gerichts, zum Antrag der Staatsanwaltschaft auf Widerruf der gewährten Strafaussetzung Stellung zu nehmen.

Gleichwohl folgt aus den oben dargelegten Gründen, daß das Unterlassen der persönlichen, mündlichen Anhörung des Verurteilten vor der Entscheidung über den Widerruf keine Verletzung des Prozeßgrundrechts auf rechtliches Gehör darstellt. Dem Gesetzgeber der StPO war es im Hinblick auf Art. 103 Abs. 1 GG nicht versagt, sich für die vorgeschriebene Anhörung im Widerrufsverfahren mit einer schriftlichen Anhörung des Verurteilten zu begnügen.

3. Der Grundsatz des fairen, rechtsstaatlichen Verfahrens

a) Überblick

Auch wenn im Hinblick auf das Prozeßgrundrecht des rechtlichen Gehörs keine verfassungsrechtlichen Bedenken gegen die Schriftlichkeit des Widerrufsverfahrens zu erheben sind, besagt dies nicht, daß mit der gegenwärtigen Regelung eine zufriedenstellende Verfahrensweise für die Feststellung des Widerrufsgrundes des § 56f Abs. 1 Satz 1 Nr. 1 StGB gefunden ist.

Im folgenden ist daher zu erörtern, ob aus dem Grundsatz des fairen Verfahrens Modifizierungen gegenüber der gegenwärtigen Rechtspraxis geboten sind.
Zunächst ist eine dogmatische Herleitung und eine Inhaltsbestimmung dieses fundamentalen Rechtsgrundsatzes vorzunehmen. Im Anschluß daran soll geprüft werden, ob sich aus diesem Verfahrensgrundsatz zum einen ein Recht auf eine mündliche Anhörung des Verurteilten im Widerrufsverfahren herleiten läßt und ob zum anderen die Bestellung eines Pflichtverteidigers für dieses Verfahren geboten erscheint.

b) Dogmatische Herleitung

Der Begriff des fairen Verfahrens wird aus dem englischen "fair trial" abgeleitet. Er gilt im anglo-amerikanischen Rechtskreis seit Jahrhunderten als eines der dominierenden Prinzipien des Strafverfahrens und läßt sich bis in das 13. Jahrhundert zurückverfolgen[454]. In der deutschen Strafrechtswissenschaft und -praxis war der fair trial als Verfahrensprinzip dagegen bis Mitte der 60iger Jahre weitgehend unbe-

---

454 Vgl. dazu Dörr, S. 5 ff.; Herrmann, S. 152 ff.

kannt[455]. Im Gegensatz zu den sog. klassischen Prozeßmaximen wie Anklageprinzip, Instruktionsmaxime, Mündlichkeit, Öffentlichkeit und Unmittelbarkeit ist das Recht auf ein faires Verfahren - ebenso wie der Grundsatz der Fürsorgepflicht oder die Geltung des Verhältnismäßigkeitsgrundsatzes - somit kein gewachsenes Rechtsinstitut[456].
Der Grundsatz des fairen Verfahrens ist weder in der StPO noch im Grundgesetz an irgendeiner Stelle ausdrücklich erwähnt[457]. Gleichwohl ist dieses Rechtsinstitut allgemein anerkannt[458]. Über seine dogmatische Herleitung bestehen dagegen erhebliche Meinungsunterschiede.

Die Rechtsprechung[459] und ein erheblicher Teil des Schrifttums[460] leiten das Gebot der fairen Verfahrensführung aus Verfassungsprinzipien ab. Ausgangspunkt ist dabei die Überlegung, daß das Strafprozeßrecht "angewandtes Verfassungsrecht" darstellt und die StPO letztlich "ein Ausführungsgesetz zum Grundgesetz" ist[461].
In erster Linie wird von den einzelnen Verfassungsprinzipien auf das Rechtsstaatsprinzip[462] rekurriert, welches seinerseits als ungeschriebener Verfassungssatz aus den Art. 20 Abs. 3, 28 Abs. 1 GG abgeleitet wird[463]. Daneben werden als

---

455 Vgl. Heubel, S. 27.

456 Hübner, S. 58.

457 Allein in der Verfassung des Landes Brandenburg ist - wohl als einziger Landesverfassung - der Anspruch auf ein faires Verfahren expressis verbis normiert (Art. 52 Abs. 4).

458 BVerfGE 26, 66, 71; BGHSt 24, 125, 131; Schäfer, in LR, StPO, Einl. Kap. 6, Rdn. 16; Kleinknecht/Meyer-Goßner, StPO, Einl., Rdn. 19; Guradze, Art. 6 EMRK, Anm. 15, S. 98. Lediglich Heubel, S. 73, 122, 140 ff., hält das Rechtsinstitut des fair trial für unnütz. Seiner Ansicht nach kommt dem Grundsatz keine erkennbare Funktion im Strafverfahren zu. Er sei deshalb für das Verfahrensrecht sowohl rechtstheoretisch als auch rechtspraktisch entbehrlich.

459 BVerfGE 26, 66, 71 (in dieser Entscheidung vom 3.6.1969 spricht das BVerfG erstmals von einem Recht auf ein faires Verfahren und führt aus, daß dieses Recht zu den wesentlichen Grundsätzen eines rechtsstaatlichen Strafverfahrens gehöre); seitdem ständige Rechtsprechung, vgl. BVerfGE 38, 105, 111; 40, 95, 99; BVerfG, NJW 1978, 151.

460 Sax, in KMR, StPO, Einleitung II, Rdn. 12 f.; Roxin, § 11 V, S. 60; Kleinknecht/Meyer-Goßner, StPO, Einl., Rdn. 19; Schäfer, in LR, StPO, Einl., Kap. 6, Rdn. 16.

461 Sax, in Grundrechte, S. 909, 967.

462 BVerfGE 26, 66, 71; 38, 105, 111; 39, 156, 163; 39, 238, 242 f.; 40, 95, 99; 46, 202, 210; BGHSt 24, 125, 131; Kleinknecht/Meyer-Goßner, StPO, Einl., Rdn. 19; Schäfer, in LR, StPO, Einl., Kap. 6, Rdn. 16; Kuhlmann, DRiZ 1976, 11, 13 f.; Schlothauer, StV 1986, 213, 215.

463 Vgl. BVerfGE 2, 380, 403; Hübner, S. 242.

weitere verfassungsrechtliche Grundlagen das Prinzip der Menschenwürde[464], das allgemeine Persönlichkeitsrecht[465] und das Sozialstaatsprinzip[466] herangezogen. Das BVerfG[467] sieht in dem Recht auf ein faires, rechtsstaatliches Verfahren inzwischen ein allgemeines Prozeßgrundrecht, dessen Wurzeln in der freiheitssichernden Funktion der Grundrechte und Grundfreiheiten des Menschen liegen.

Ein weiteres Standbein des Grundsatzes des fairen Verfahrens ist seine Verankerung in der von Vogler[468] als "europäisches Grundgesetz" bezeichneten Europäischen Menschenrechtskonvention. Der Grundsatz habe - so wird ausgeführt - in Art. 6 Abs. 1 EMRK seinen positiv-rechtlichen Ausdruck gefunden[469].

Die Konvention zum Schutze der Menschenrechte und Grundfreiheiten ist ein völkerrechtlicher Vertrag, der am 4.11.1950 von den damals 15 Mitgliedstaaten des Europarates in Rom unterzeichnet worden ist. Inzwischen sind ihm alle 29 derzeitigen[470] Mitgliedstaaten des Europarates beigetreten.
Die Bundesrepublik Deutschland hat die Konvention durch Zustimmungsgesetz vom 7.8.1952 ratifiziert[471]. Laut Bekanntmachung vom 15.12.1953[472] ist die Menschenrechtskonvention am 3.9.1953 für die Bundesrepublik Deutschland in Kraft getreten.

Umstritten ist, welche Rechtsqualität der Menschenrechtskonvention für das innerstaatliche Prozeßrecht zukommt. Die Skala der dazu vertretenen Rechtsansichten reicht von der Annahme, die Menschenrechtskonvention stehe im Rang eines einfachen Bundesgesetzes, über die Auffassung, der Konvention komme Verfas-

---

464 BVerfGE 57, 250, 275; Goerlich, NJW 1976, 1526, 1528; Müller-Dietz, ZStW 93 [1981], 1177, 1206.

465 BVerfGE 39, 156, 163; Müller-Dietz, ZStW 93 [1981], 1177, 1206.

466 Roxin, § 11 V, S. 60; Niemöller/Schuppert, AöR 107 [1982], 387, 404.

467 BVerfGE 57, 250, 275; 86, 288, 317.

468 Jura 1992, 586, 591.

469 EKMR, NJW 1963, 2247, 2248; BGHSt 24, 125, 131; Guradze, Art. 6 EMRK, Anm. 15, S. 98; Stenger, S. 165; Bischofberger, S. 95; Hauser, § 53, S. 154; Kleinknecht/Meyer-Goßner, Art. 6 MRK, Rdn. 4; Hübner, S. 247; Geppert, Jura 1992, 597, 599; Gollwitzer, in LR, Art. 6 MRK, Rdn. 24 (Kernstück der Verfahrensgarantien des Art. 6 MRK).

470 Stand: 14. Mai 1993.

471 BGBl. 1952 II, 685 ff., 953 (Berichtigung).

472 BGBl. 1954 II, 14.

sungsrang zu, bis hin zu der These, die Menschenrechtskonvention habe einen höheren Rang als das Grundgesetz[473].

Nach Rechtsprechung[474] und h.M. im Schrifttum[475] kommt der Konvention nur der Rang eines einfachen Bundesgesetzes zu. Begründet wird diese Annahme mit der vor allem bis zum Ende der 50iger Jahre vertretenen Transformationslehre[476]. Die Konvention sei erst durch das Zustimmungsgesetz in die deutsche innerstaatliche Rechtsordnung umgesetzt worden; das bedeute, daß ihr gegenüber dem sonstigen innerstaatlichen Recht kein Vorrang zukomme. Da das "transformierende" Gesetz selbst nur ein einfaches und kein verfassungsänderndes Gesetz sei, könne das "transformierte" Gesetz, die Konvention, ebenfalls nur den Rang eines einfachen Gesetzes innehaben.
Die Transformationstheorie in den Hintergrund drängend setzt sich in der Wissenschaft mehr und mehr die Vollzugslehre durch. Nach dieser Theorie bedarf der völkerrechtliche Vertrag keiner Transformation, sondern erlangt innerstaatliche Geltung bereits durch einen Vollzugsbefehl des zuständigen staatlichen Organs[477].
Daneben sind in der Literatur wiederholt in unterschiedlicher Weise Versuche unternommen worden, die Europäische Menschenrechtskonvention mit einem übergesetzlichen Rang auszustatten.
So wird die Auffassung vertreten, daß die Normierungen der Europäischen Menschenrechtskonvention als allgemeine Regeln des Völkerrechts einzuordnen seien mit der Folge, daß sie gemäß Art. 25 GG dem innerstaatlichen Gesetzesrecht vorgehen und mit dem Grundgesetz gleichrangig seien[478].

---

473 In Österreich ist die EMRK vom nationalen Gesetzgeber als Verfassungsrecht rezipiert worden, vgl. Pahr, EuGRZ 1975, 576 f. Für die Schweiz hat das Schweizerische Bundesgericht in seinem Urteil vom 19.3.1975, EuGRZ 1975, 351, erkannt, daß die Rechte der EMRK "ihrer Natur nach einen verfassungsrechtlichen Inhalt haben", weshalb "die Verletzung der Konvention der Verletzung verfassungsmäßiger Rechte gleichzustellen ist".

474 BVerfGE 10, 271, 274; 34, 384, 395; 41, 88, 105 f.; BGHSt 21, 81, 84; BVerwGE 47, 365, 378; 52, 313, 334.

475 Kühne, § 2 II, S. 7; Dürig, in Maunz/Dürig, Art. 1 GG, Rdn. 59; Wendt, MDR 1955, 658; Krey, JZ 1979, 702, 708; Kleinknecht/Meyer-Goßner, MRK, vor Art. 1, Rdn. 3; Tettinger, S. 3; Geppert, Jura 1992, 597, 598; Stenger, S. 25.

476 Siehe zur Transformationstheorie Schmid, S. 24 ff.; Stern, § 14, S. 480, 505.

477 Guradze, Einleitung, S. 12 f.; Mosler, S. 16 ff.

478 Schorn, S. 44 f.; Guradze, Einleitung § 5, S. 13 ff.; Marxen, GA 1980, 365, 372; Echterhölter, JZ 1955, 689, 692, der den übergesetzlichen Rang der Konventionsnormen aus Art. 1 Abs. 2 GG abzuleiten versucht. Gegen die Deutung der Normen der EMRK als allgemeine Regeln des Völkerrechts überzeugend OVG Münster, NJW 1956, 1374, 1375.

Desweiteren wird die Meinung vertreten, die Konvention habe einen höheren Rang als das Grundgesetz. Dieses Ergebnis wird daraus geschlossen, daß die Europäische Menschenrechtskonvention in ihren wesentlichen Teilen überpositives vorstaatliches Recht enthalte, das allen staatlich gesetzten Rechtsnormen vorgehe[479].

Der vorstehend skizzierte Meinungsstreit über die Bedeutung der Konvention für das innerstaatliche Recht erlangt vor allem Relevanz für die Frage, ob eine Verfassungsbeschwerde auf die behauptete Verletzung einer Konventionsnorm gestützt werden kann[480]. Dieser Frage braucht indes für den weiteren Gang dieser Arbeit nicht nachgegangen zu werden, da sie zur Lösung des hier zu behandelnden Problems nicht entscheidend beitragen kann. Es genügt insoweit festzuhalten, daß die Europäische Menschenrechtskonvention nach fast allgemeiner Ansicht unmittelbar geltendes innerstaatliches Recht der Bundesrepublik Deutschland ist[481], so daß Art. 6 Abs. 1 EMRK Grundlage für die Ableitung des fair trial-Grundsatzes sein kann.

Um den eingangs dieses Abschnitts[482] gestellten Fragestellungen nachgehen zu können, ist es nunmehr vonnöten, Klarheit über den Inhalt des Art. 6 Abs.1 EMRK zu erlangen.

---

479 Baumann, in Festschrift für Eb. Schmidt, S. 525, 529 f.

480 Ablehnend vom Standpunkt der Rechtsprechung und h.M. im Schrifttum aus BVerfGE 10, 271, 274; 34, 384, 395; 41, 88, 105 f.; Kleinknecht/Meyer-Goßner, MRK, Vor Art. 1, Rdn. 6; Dörr, S. 91 ff. Zur Begründung wird darauf verwiesen, daß § 90 BVerfGG die Grundrechte und die grundrechtsgleichen Rechte abschließend aufzähle, deren Verletzung mit der Verfassungsbeschwerde gerügt werden kann. Für eine Verfassungsbeschwerde Klug, in Gedächtnisschrift für Peters, S. 434, 442. Instruktiv zu diesem Problem Vogler, ZStW 82 [1970], S. 743, 746 f.

481 Ganter, S. 44 f.; Dörr, S. 60; Hübner, S. 248 f.; Vogler, ZStW 82 [1970], 743, 745; Kleinknecht/Meyer-Goßner, MRK, Vor Art. 1, Rdn. 3; Kohlmann, in Festschrift für Peters, S. 311, 313 f.; a.A. wohl nur Henrichs, MDR 1955, 140, 142.

482 S. 112.

c) Inhalt des „fair trial"

In der deutschen Übersetzung lautet der einschlägige Teil des Art. 6 Abs. 1 EMRK:

> "Jedermann hat Anspruch darauf, daß seine Sache in billiger Weise öffentlich und innerhalb einer angemessenen Frist gehört wird, und zwar von einem unabhängigen und unparteiischen, auf Gesetz beruhenden Gericht, das über zivilrechtliche Ansprüche und Verpflichtungen oder über die Stichhaltigkeit der gegen ihn erhobenen strafrechtlichen Anklage zu entscheiden hat."

Geht man von dieser amtlichen deutschen Fassung des Art. 6 Abs. 1 Satz 1 EMRK aus, so stellt sich die Frage, inwieweit aus diesem Postulat Erkenntnisse für die Ausgestaltung des Straf- und speziell des Widerrufsverfahrens gewonnen werden können.

Eine enge Wortanalyse könnte zu dem Schluß führen, Art. 6 Abs. 1 EMRK begründe nicht mehr und nicht weniger als den Anspruch auf rechtliches Gehör[483], der jedoch bereits in Art. 103 Abs. 1 GG seine verfassungsgesetzliche Verankerung gefunden hat[484]. Für die Auslegung des Art. 6 Abs. 1 Satz 1 EMRK sind indes - ausgehend von der Tatsache, daß die Konvention ein internationales Vertragswerk ist - die authentischen Urtexte in den Amtssprachen des Europarates - Englisch und Französisch - maßgebend[485].

Die Formulierung "in billiger Weise" findet sich im englischen Text als "fair hearing" und im französischen Text als "entendue équitablement" wieder. Da die deutsche Übersetzung denkbar farblos ist und kaum Rückschlüsse auf den Sinngehalt des Art. 6 Abs. 1 EMRK zuläßt, gewinnt die englische Version fast zwangsläufig größere Bedeutung für die Auslegung. In der englischen Fassung steht für die Übersetzung des "billigen" Verfahrens der Begriff des "fair and public hearing", wobei von der Übertragung her die Formulierung "hearing" wörtlich "Gehör" oder "Anhörung" bedeutet, hiermit aber auch "Verhandlung" oder "Verfahren" gemeint sein kann[486]. Unter Hinweis auf den Begriff des "fair hearing" ist jedenfalls die

---

483 Im älteren Schrifttum wurde in der Tat dem Art. 6 Abs. 1 Satz 1 EMRK lediglich diese Bedeutung entnommen, vgl. Baur, AcP 153 [1954], 393, 399; Arndt, NJW 1959, 6, 8.

484 Siehe zum rechtlichen Gehör S. 109 ff.

485 Vgl. Kohlmann, in Festschrift für Peters, S. 311, 314.

486 Vgl. Hübner, S. 250 f.; in diesem Sinn auch Guradze, Art. 6 EMRK, Anm. 5, S. 98, der auf den Begriff "fair" abstellt, von dem er meint, er habe selbständige Bedeutung und sei der Kern des ganzen Art. 6 EMRK, was in der deutschen Übersetzung nicht zum Ausdruck komme.

h.M. zutreffend der Ansicht, daß sich der Normgehalt des Art. 6 Abs. 1 EMRK nicht in der Garantie des rechtlichen Gehörs erschöpft, sondern als Anspruch des Einzelnen auf ein faires, rechtsstaatliches Verfahren zu interpretieren ist[487].

Der Anspruch auf "fair hearing" wird von der Konvention nicht im einzelnen definiert. Konkretere Formen erlangt dieser Begriff dann, wenn man zur Inhaltsbestimmung die Absätze 2 und 3 des Art. 6 EMRK heranzieht, die nach verbreiteter Meinung Mindesterfordernisse für ein faires Verfahren aufstellen, ohne jedoch die Funktion einer abschließenden Aufzählung zu haben[488].

Daneben wird aus Art. 6 Abs. 1 EMRK auch der auf dem "audiatur et altera pars"-Prinzip[489] beruhende Grundsatz der Waffen- und Chancengleichheit im Strafprozeß abgeleitet[490]. Der Inhalt dieses Grundsatzes wird dahingehend verstanden, daß er gebiete, Angeklagtem und Staatsanwalt grundsätzlich die gleiche verfahrensrechtliche Stellung einzuräumen, wobei allerdings zu beachten ist, daß Waffengleichheit nur insoweit gewährt werden kann, als die unterschiedlichen Prozeßrollen dies erlauben[491]. Besondere Bedeutung hat das Prinzip der Waffengleichheit in der Spruchpraxis der Europäischen Menschenrechtskommission und des Europäischen Gerichtshofes für Menschenrechte erlangt, wie die zahlreichen Entscheidungen zu diesem Teilbereich des Art. 6 Abs. 1 EMRK belegen[492].

Ein weiterer Bestandteil des Grundsatzes des fairen Verfahrens ist der Schutz des Angeklagten vor Überraschungsentscheidungen[493], der eine spezifische Aus-

---

487 BVerfGE 26, 66, 71; 38, 105, 111; 40, 95, 99; Vogler, ZStW 82 [1970], 743 ff.; Roxin, § 11 V, S. 60; Hübner, S. 250 f.; Schorn, S. 212 f.; Dörr, S. 105.

488 Vogler, ZStW 82 [1970], 743, 769; Frowein/Peukert, Art. 6 EMRK, Rdn. 54; Peukert, EuGRZ 1980, 247, 259.

489 Zutreffend Peukert, EuGRZ 1980, 247, 254; Vogler, ZStW 82 [1970], 743, 769.

490 BVerfGE 38, 105, 111; BGHSt 12, 136, 139; Spaniol, S. 229 ff.; Kohlmann, in Festschrift für Peters, S. 311, 316; Frowein/Peukert, Art. 6 EMRK, Rdn. 60 ff.; Dörr, S. 74 ff.; IntKommEMRK (Vogler), Art. 6, Rz. 353; ders., ZStW 82 [1970], 743, 769 f. und ZStW 89 [1977], 761, 778; sehr ausführlich zur Waffengleichheit Sandermann, "Waffengleichheit" im Strafprozeß.

491 Vgl. BGHSt 12, 136, 139; 18, 369, 371; Roxin, § 11 V, S. 60; IntKommEMRK (Vogler), Art. 6, Rz. 356 f.; Geppert, Jura 1992, 597, 599; Müller, NJW 1976, 1063, 1067.

492 Vgl. EKMR, NJW 1963, 2247 m.w.N.; Entscheidungen des Europäischen Gerichtshofs für Menschenrechte, Bd. 1, S. 143, 181, Ziff. 22 der Entscheidungsgründe (Fall Neumeister); siehe auch Dörr, S. 75 f.

493 Appl, S. 151; Schlothauer, StV 1986, 213, 215.

prägung des Anspruchs auf rechtliches Gehör gemäß Art. 103 Abs. 1 GG darstellt[494].

Als Zwischenergebnis ist festzuhalten, daß der Grundsatz des fairen Verfahrens als verfassungsrechtliches Grundprinzip heute anerkannt, in seinen Konturen und Grenzen jedoch schwer zu fassen ist. Er enthält keine in allen Einzelheiten bestimmten Gebote und Verbote, sondern bedarf vielmehr der Konkretisierung je nach den sachlichen Gegebenheiten im Einzelfall. Auch seine dogmatische Herleitung ist noch nicht abschließend geklärt.

d) Mündliche Anhörung des Verurteilten im Widerrufsverfahren

Nachdem der grundlegende Inhalt des Rechtsinstituts des fairen Verfahrens herausgearbeitet worden ist, ist nunmehr zu untersuchen, ob sich hieraus ein Recht des Verurteilten auf eine mündliche - statt der gebräuchlichen schriftlichen - Anhörung im Widerrufsverfahren ergibt.

Ausgangspunkt der Überlegungen ist die Feststellung, daß sich der Widerrufsbeschluß als urteilsähnliche Entscheidung darstellt, indem er die Vollstreckbarkeit des Strafausspruches erst schafft[495]. Daraus ergibt sich die Forderung nach ähnlich stark ausgeprägten Verteidigungsrechten wie in der Hauptverhandlung.

Die Notwendigkeit einer mündlichen Anhörung liegt auf der Hand. Es wurde bereits an anderer Stelle[496] ausgeführt, daß die (schriftliche) Anhörung des Verurteilten häufig dergestalt abläuft, daß ihm seitens des Gerichts ein standardisierter Vordruck ohne weitere Begründung und Erläuterung zur Beantwortung zugesandt wird. Sofern der Adressat nicht gerade auf Grund seines Ausbildungsstandes oder seiner Gerichtserfahrung damit umzugehen weiß, wird er kaum oder zumindest nur eingeschränkt in der Lage sein, sämtliche für die Widerrufsentscheidung relevanten Umstände[497] vorzutragen oder Beweismittel dafür vorzulegen. Es bestehen somit häufig erhebliche Kommunikationsschwierigkeiten[498] zwischen Verurteiltem und Gericht in einem Bereich, in dem anwaltlicher Schutz nur selten gegeben ist.

---

494 Hübner, S. 77.

495 Vgl. oben S. 108.

496 S. 106 f.

497 Unter Einbeziehung der weiteren Widerrufsvoraussetzungen, vgl. zu ihnen S. 24 ff.

498 Diese beklagt Lemke, ZRP 1978, 281, 282.

Diese Verfahrenspraxis dürfte nur schwer mit dem vom BVerfG aufgestellten Grundsatz in Einklang zu bringen sein, daß die Durchsetzung des staatlichen Strafanspruches nur in einem die Grundrechte des Beschuldigten wahrenden, justizförmig geordneten Verfahren erfolgen darf[499]. Daraus folgt notwendigerweise, daß der automatisierte und schematische Widerruf einer Strafaussetzung zur Bewährung zu vermeiden ist. Auch für den Widerruf muß ein Verfahren zur Verfügung gestellt werden, an dessen Ende eine auf einer hinreichenden Tatsachengrundlage beruhende, nachprüfbare und dem Grundsatz der Verhältnismäßigkeit entsprechende Entscheidung ergeht[500]. Denn nur so wird der Wirkkraft des Freiheitsgrundrechtes des Art. 2 Abs. 2 Satz 2 GG und dem Resozialisierungsanspruch des Verurteilten aus Art. 2 Abs. 1 i.V.m. Art. 1 Abs. 1 GG Rechnung getragen.
Das BVerfG hat in seinem Beschluß vom 26. Mai 1981 weiter ausgeführt, daß aus dem Prozeßgrundrecht auf ein faires, rechtsstaatliches Verfahren folge, daß das Gericht "bei der Erforschung einer Straftat und bei der Ermittlung der für Schuld und Strafe maßgebenden Tatsachen in die erkenntnismäßig bestmögliche Sachnähe zu den Tatsachen zu treten habe, die für Unrechtstatbestand, Schuld und Sanktionen beweisrelevant sind"[501]. An diese Entscheidung anknüpfend führt das BVerfG in seiner Entscheidung vom 8. Oktober 1985[502] aus, daß diese Anforderungen an eine zuverlässige Wahrheitserforschung "nicht nur im strafprozessualen Hauptverfahren, sondern auch für die im Vollstreckungsverfahren zu treffenden Entscheidungen zu beachten sind". Aus dieser Entscheidung hat das BVerfG schließlich im Beschluß vom 4. Dezember 1986[503] für das Widerrufsverfahren abgeleitet, daß es in den Fällen des § 56f Abs. 1 Satz 1 Nr. 1 StGB geboten ist, "den Widerruf nur auf Grund einer zumindest ebenso fundierten Tatsachengrundlage vorzunehmen, wie sie nötig ist, um trotz Vorliegens der übrigen Voraussetzungen die Strafaussetzung zur Bewährung gemäß den §§ 56, 57 StGB von vornherein zu versagen". Hierdurch ist es verfassungsrechtlich geboten, das Widerrufsverfahren hinsichtlich der Tatsachenfeststellung und der Möglichkeiten des Verurteilten, auf das Verfahren und die Entscheidung Einfluß zu nehmen, so zu verbessern, daß es der Hauptverhandlung im Erkenntnisverfahren vergleichbar wird[504]. Auf dieser Linie liegt

---

499 BVerfGE 57, 250, 275; vgl. dazu Boetticher, NStZ 1991, 1 f.

500 Boetticher, NStZ 1991, 1, 2.

501 BVerfGE 57, 250, 277.

502 BVerfGE 70, 297, 308.

503 BVerfG, NStZ 1987, 118.

504 So auch Boetticher, NStZ 1991, 1, 3.

auch das OLG Zweibrücken, wenn es ausführt, daß es dem Gebot eines für den Verurteilten fairen Verfahrens entspreche, grundsätzlich die Entscheidung des erkennenden Gerichts abzuwarten, falls das Widerrufsgericht nicht die neue Straftat nach den Regeln feststellt, wie sie für die Verurteilung gelten[505].

Als Fazit dieser Ausführungen läßt sich deshalb aus dem Grundsatz des fairen Verfahrens die Forderung ableiten, von der schriftlichen Anhörungsform in der Praxis abzugehen und den Verurteilten mündlich durch das Widerrufsgericht anzuhören.

Durch eine mündliche Anhörung wird das Beschlußverfahren der Hauptverhandlung angeglichen. In der gleichen Weise wie dort dem Angeklagten, kann die mündliche Anhörung dem Verurteilten die Chance eröffnen, seine Persönlichkeit in die Waagschale zu werfen und den Mitgliedern des Gerichts die Möglichkeit zu geben, sich einen persönlichen Eindruck von dem Anzuhörenden zu verschaffen.

Eine mündliche Anhörung im Widerrufsverfahren ist nicht zuletzt deshalb vonnöten, weil die Entscheidung über die gegen den Widerrufsbeschluß eingelegte sofortige Beschwerde ohne mündliche Verhandlung ergeht (vgl. § 309 StPO). Zwar wird aus dieser Vorschrift zum Teil geschlossen, daß eine mündliche Verhandlung im Widerrufsverfahren nicht stattfinden dürfe[506], dieser Schluß ist indes verfehlt. Gerade weil eine mündliche Verhandlung im Beschwerdeverfahren nicht stattfindet, bedarf es bei einer für die betroffene Person so einschneidenden und weitreichenden Maßnahme wie dem Widerruf zumindest einer mündlichen Anhörung, um durch eine umfassende mündliche Erörterung ein klareres Bild von den Grundlagen der zu treffenden Entscheidung zu gewinnen.

Die mündliche Anhörung des Verurteilten im Widerrufsverfahren ist nicht nur für die Feststellung der neuen Straftat von Bedeutung. Noch stärkeres Gewicht gewinnt sie für die Frage, ob trotz Vorliegens einer neuen Straftat von einem Widerruf abgesehen werden kann, sei es, daß gleichwohl noch eine günstige Prognose gestellt werden kann, sei es, daß nach § 56f Abs. 2 StGB mildere Maßnahmen als der Widerruf ergriffen werden können. Die mündliche Anhörung des Verurteilten kann damit auch der Widerrufsvermeidung dienen, einem Ziel, welches den Gesetzgeber maßgeblich dazu bewogen hat, für den Widerruf wegen Verstoßes gegen

---

505 OLG Zweibrücken, StV 1985, 465, 466; das OLG verweist insbesondere auf die Grundsätze der Mündlichkeit und der Unmittelbarkeit des (Erkenntnis-)Verfahrens.

506 Vgl. S. 106, Fn. 425.

Auflagen und Weisungen eine mündliche Anhörung gesetzlich zu verankern[507]. Die Argumentation des Gesetzgebers, dem Verurteilten die Gelegenheit zu geben, beachtenswerte Gründe für die Nichterfüllung von Auflagen oder Weisungen in mündlicher Form verständlicher vorzutragen als durch eine schriftliche Fixierung, kann selbstverständlich nicht für die Frage der Begehung einer neuen Straftat Geltung beanspruchen. Sie kann aber für die vom Gericht - im Hinblick auf die genannten Möglichkeiten von einem Widerruf abzusehen - festzustellende Persönlichkeitsstruktur des Verurteilten von großer Bedeutung sein, zumal dann, wenn man der Forderung von Boetticher[508] nach einer stärkeren Einbindung des Bewährungshelfers - sofern bestellt - in das Widerrufsverfahren nachgibt.

Eine obligatorische mündliche Anhörung des Verurteilten im Widerrufsverfahren stünde schließlich im Einklang mit der mündlichen Pflichtanhörung des Verurteilten im Strafrestaussetzungsverfahren (§ 454 Abs. 1 Satz 3 StPO) und würde der mit der Neufassung des § 58 JGG durch das 1. JGG-Änderungsgesetz vom 30.8.1990[509] eingeleiteten Abkehr von der schriftlichen Anhörung im Widerrufsverfahren folgen.

e) Pflichtverteidigung im Widerrufsverfahren

Als weiterer Ansatzpunkt für eine Verbesserung der Rechtsstellung des Verurteilten im Verfahren über den Widerruf ist die Möglichkeit einer Pflichtverteidigung für dieses Verfahren in Betracht zu ziehen.

Die Mißlichkeiten, denen sich der Verurteilte im Widerrufsverfahren ausgesetzt sieht, wurden bereits im letzten Gliederungspunkt geschildert[510]. Hieraus ergibt sich nicht selten die Konsequenz, daß sich der nicht anwaltlich vertretene Verurteilte gegenüber dem anwaltlich vertretenen Verurteilten in einer deutlich schlechteren Position befindet. Denn dieser vermag häufig seine Lebenssituation gründlicher durchdacht haben und geschickter vorzutragen. Daß die Widerrufsentscheidung allein aus diesem Grund anders ausfallen kann, wenn es etwa um die Frage der Anwendung des § 56f Abs. 2 StGB geht, ist naheliegend. Dies hat zur Folge,

---

507 Vgl. S. 107.

508 NStZ 1991, 1, 5.

509 BGBl. I, S. 1853. Nach § 58 Abs. 1 Satz 3 JGG ist dem Jugendlichen vor dem Widerruf der Strafaussetzung nach § 26 JGG Gelegenheit zur mündlichen Äußerung vor dem Richter zu geben.

510 Vgl. hierzu auch Lemke, ZRP 1978, 281 f.

daß die Frage der anwaltlichen Vertretung, mithin die Frage der finanziellen Möglichkeiten des Verurteilten, mitentscheidend für den Widerruf der Strafaussetzung sein kann. Diese Konsequenz tangiert angesichts der Schwere des mit der Widerrufsentscheidung für den Verurteilten verbundenen Eingriffs in seine gesamte Lebenssituation nicht zuletzt auch den Grundsatz des fairen Verfahrens.

Denn aus dem Grundsatz des fairen Verfahrens folgt auch, daß der Betroffene[511] die Möglichkeit haben muß, sich bestmöglich zu verteidigen[512]. Zwar gewährt nach der Judikatur des BVerfG Art. 103 Abs. 1 GG kein Recht auf die Bestellung eines Pflichtverteidigers[513]. In einem Beschluß vom 19. Oktober 1977[514] hat das BVerfG jedoch betont, es könne sich aus dem Gebot fairer Verfahrensführung ergeben, daß es in Prozessen besonderer Tragweite oder besonderen Schwierigkeitsgrades verfassungsrechtlich geboten sein kann, für eine anwaltliche Vertretung eines Beteiligten seitens des Staates Sorge zu tragen.

Nun bezieht sich die Regelung der notwendigen Verteidigung in § 140 StPO nach der Systematik des Gesetzes allein auf das Ermittlungs- und Hauptverfahren. Die Rechtswirkung der Verteidigerbestellung endet demgemäß grundsätzlich mit der Rechtskraft des Urteils[515]. Es ist jedoch fast einhellige Meinung, daß § 140 StPO auch im Vollstreckungsverfahren Geltung beansprucht und zumindest analog anwendbar ist[516].

Die Anwendung des § 140 StPO im Widerrufsverfahren rechtfertigt sich aus folgenden Gesichtspunkten: Wie im Strafverfahren der Angeklagte, so sieht sich im Verfahren nach § 453 StPO der Verurteilte einem Staatsanwalt und dem Gericht gegenüber. Wie im Strafverfahren steht seine persönliche Freiheit auf dem Spiel. Schließlich findet wie im Strafverfahren eine umfassende Erforschung und Beurtei-

---

511 Bzw. der Verurteilte im Widerrufsverfahren.

512 Roxin, § 11 V, S. 60; EKMR, NJW 1963, 2247 f.; BGHSt 24, 15, 24.

513 BVerfGE 9, 124, 132; 31, 297, 301; 31, 306, 308; 38, 105, 118; 39, 156, 168.

514 BVerfGE 46, 202, 210.

515 BGH, NJW 1952, 797; OLG Celle, NStZ 1985, 519; OLG Hamm, NStZ 1983, 189; Laufhütte, in KK, § 141 StPO, Rdn. 9.

516 OLG Koblenz, MDR 1976, 336; OLG Bamberg, NStZ 1985, 39 mit ablehnender Anm. Pöpperl, NStZ 1985, 39, der für eine Anwendung der Vorschriften der Zivilprozeßordnung über die Prozeßkostenhilfe plädiert; gegen ihn mit überzeugender Argumentation Schütz, NStZ 1985, 347 f.; Kleinknecht/Meyer-Goßner, § 140 StPO, Rdn. 33; Dahs/Feigen, NStZ 1984, 66 f.; Laufhütte, in KK, § 141 StPO, Rdn. 10; a.A. OLG Bremen, NStZ 1984, 91.

lung seiner Persönlichkeit und seines Charakters, seines gesamten Umfeldes sowie seiner Zukunftsaussichten statt. Daraus folgt, daß wegen der starken Ähnlichkeit mit der Stellung eines Angeklagten im Strafverfahren die Bestellung eines Pflichtverteidigers im Widerrufsverfahren unter denselben Kautelen geboten ist wie im Erkenntnisverfahren.

Während die Fälle der notwendigen Verteidigung nach § 140 Abs. 1 StPO im Katalog der Nummern 1-8 dezidiert aufgeführt sind, findet sich in Abs. 2 dieser Vorschrift eine generalklauselartige Erfassung der sonstigen Fälle, in denen der Gesetzgeber eine Pflichtverteidigerbestellung für notwendig hält. Die "Schwere der Tat", die das Gesetz als erstes Kriterium nennt, beurteilt sich vor allem nach der zu erwartenden Rechtsfolgenentscheidung. Die danach erforderliche Straferwartung wird in der Rechtsprechung unterschiedlich bemessen. Überwiegend wird eine Straferwartung von mindestens einem Jahr Freiheitsstrafe als ausreichend und notwendig für die Mitwirkung eines Verteidigers angesehen[517]. Beim Widerruf der Strafaussetzung zur Bewährung erwartet den Verurteilten häufig der Vollzug einer längerfristigen Freiheitsstrafe, vor allem dann, wenn die Gerichte von der Verhängung einer kurzfristigen Freiheitsstrafe (Freiheitsstrafe unter sechs Monaten) nur zurückhaltend Gebrauch machen, wie es die Vorschrift des § 47 StGB vorsieht.

Ein weiteres Kriterium für die Beurteilung der Notwendigkeit einer Verteidigung ist die Schwierigkeit der Sach- oder Rechtslage[518]. Dieses Merkmal dürfte in vielen Fällen schon allein wegen der Schwierigkeit der Prognoseentscheidung[519] sowie der nach § 56f Abs. 2 StGB zu beurteilenden Berücksichtigung des Verhältnismäßigkeitsgrundsatzes zu bejahen sein.

Schließlich nennt § 140 Abs. 2 StPO die Unfähigkeit des Beschuldigten, sich selbst zu verteidigen, als Grund für eine Verteidigerbestellung. Seine Verteidigungsfähigkeit richtet sich nach seinen geistigen Fähigkeiten, seinem Gesundheitszustand sowie den sonstigen Umständen des Falles[520].

---

517 BayObLG, StV 1985, 447; KG, StV 1985, 448, 449; OLG Nürnberg, StV 1987, 191 f.; OLG Karlsruhe, StV 1992, 313 mit zahlreichen weiteren Nachweisen; Kleinknecht/Meyer-Goßner, § 140 StPO, Rdn. 23; Lüderssen, in LR, § 140 StPO, Rdn. 45.

518 Vgl. hierzu Lüderssen, in LR, § 140 StPO, Rdn. 52 ff.

519 Siehe zu den Schwierigkeiten derartiger Prognoseentscheidungen oben S. 14, Fn. 50.

520 Vgl. Kleinknecht/Meyer-Goßner, § 140 StPO, Rdn. 30 f.

Über den Wortlaut des § 140 Abs. 2 StPO hinaus ist die Bestellung eines Verteidigers auf Antrag stets erforderlich, wenn die Ablehnung der Beiordnung aus anderen Gründen den Anspruch des Angeklagten auf ein faires Verfahren verletzen würde[521].

Zusammenfassend läßt sich festhalten, daß der Grundsatz des fairen Verfahrens gebietet, dem Verurteilten in den Fällen des § 140 StPO einen Verteidiger für das Widerrufsverfahren beizuordnen. Um das Verstehensdefizit des Verurteilten gegenüber den rechtskundigen anderen Prozeßsubjekten zu kompensieren und um der Bedeutung und Tragweite des Widerrufsbeschlusses für den Verurteilten hinreichend Rechnung zu tragen, empfiehlt es sich, von diesem Rechtsinstitut möglichst regen Gebrauch zu machen.

IV. Zusammenfassung und Ergebnis

Die Begründung für die Auffassung der h.M. in Rechtsprechung und Schrifttum, nach der für den Widerruf der Strafaussetzung zur Bewährung wegen der Begehung einer neuen Straftat eine rechtskräftige Verurteilung wegen der Nachtat nicht verlangt wird, vermag nicht zu überzeugen. Bei näherer Überprüfung der von der h.M. propagierten "festen Überzeugung" des Widerrufsgerichtes von der Anlaßtat stellt sich nämlich heraus, daß die im Widerrufsverfahren gewonnene "Überzeugung" bei weitem nicht die Richtigkeitsgewähr bietet wie die Schuldfeststellung in einer Hauptverhandlung.

Das Widerrufsgericht legt seiner Überzeugungsbildung in aller Regel ein vom Verurteilten im neuen Ermittlungsverfahren abgelegtes Geständnis zugrunde. Dieses vom widerrufenden Gericht lediglich auf seine Glaubhaftigkeit hin überprüfte Geständnis bildet jedoch häufig keine sichere und zuverlässige Entscheidungsgrundlage, da es in vielen Fällen mit einem erheblichen Unsicherheitsfaktor belastet und aus den verschiedensten Gründen falsch sein kann.

Das weitgehend in das Ermessen des Widerrufsgerichtes gestellte Verfahren nach § 453 StPO leistet einer widerrufsfreundlichen Praxis Vorschub und kann seine freiheitsschützende Funktion nicht erfüllen. Zwar stellt die zumeist schriftlich durchgeführte Anhörung des Verurteilten keinen Verstoß gegen den Grundsatz des rechtlichen Gehörs dar, denn Art. 103 Abs. 1 GG gewährt keinen Anspruch auf eine bestimmte Anhörungsform; gleichwohl besteht die Gefahr, daß das rechtliche

---

521 BVerfGE 56, 185, 186; 63, 380, 391.

Gehör bei der schriftlichen, formularmäßigen Anhörung zu einer bedeutungslosen Formalie herabgewürdigt wird.

Der auch im Widerrufsverfahren Geltung beanspruchende Grundsatz des fairen Verfahrens gebietet dagegen eine mündliche Anhörung des Verurteilten, möglichst mit allen Beteiligten.
Eine mündliche Anhörung als eine besonders hervorgehobene Form des rechtlichen Gehörs würde weder zu einer nennenswerten Verfahrensverzögerung (gegenüber der schriftlichen Anhörungsform) führen noch eine ins Gewicht fallende Mehrbelastung der Strafverfolgungsorgane zur Folge haben. Sie würde aber die Verteidigungsmöglichkeiten des Verurteilten erheblich stärken - insbesondere dann, wenn die Gerichte die auch im Vollstreckungsverfahren bestehende Möglichkeit der Pflichtverteidigerbestellung nach § 140 StPO voll ausschöpfen - und der verbesserten Wahrheitsfindung dienen, indem der Verurteilte, gegebenenfalls mit anwaltlicher Hilfe, besser zur Sachverhaltsaufklärung beitragen kann.
Schließlich kann das Gericht in einer mündlichen Erörterung einen persönlichen Eindruck von dem Verurteilten gewinnen. Dadurch ist es möglich, die Zukunftsprognose über den Probanden zuverlässiger zu stellen und von dem der Widerrufsvermeidung dienenden Instrumentarium des § 56f Abs. 2 StGB häufiger Gebrauch zu machen.

Achtes Kapitel - Der Grundsatz der Unschuldsvermutung

Als nächstes ist die Frage aufzuwerfen, ob die Unschuldsvermutung einen Widerruf der Strafaussetzung zur Bewährung wegen der Begehung einer neuen Straftat vor deren rechtskräftiger Aburteilung zuläßt oder ob sie - wie vor allem die Gegenseite argumentiert - einer Berücksichtigung der neuen Tat vor deren rechtskräftiger Feststellung für die Widerrufsentscheidung entgegensteht.

Um festzustellen, ob die Unschuldsvermutung verletzt ist, wenn ein Widerruf vor rechtskräftiger Verurteilung wegen der Nachtat erfolgt, ist zunächst - nach einer kurzen dogmatischen Herleitung dieses Grundsatzes - die Bedeutung und der Inhalt der Unschuldsvermutung einer näheren Analyse zu unterziehen.

I. Dogmatische Herleitung

Die Unschuldsvermutung ist weder im Grundgesetz unter den strafprozessualen Grundrechten explizit aufgeführt, noch ist sie in der StPO ausdrücklich normiert. Gleichwohl stellt sie heute ein in der Bundesrepublik Deutschland allgemein anerkanntes fundamentales Element eines rechtsstaatlichen Verfahrens dar[522]. Ausdrückliche Erwähnung findet die Unschuldsvermutung in einigen Länderverfassungen[523] sowie in Art. 6 Abs. 2 EMRK. Desweiteren normieren Art. 11 Ziff. 1 der Allgemeinen Erklärung der Menschenrechte[524] und Art. 14 Abs. 2 des Internationalen Paktes über bürgerliche und politische Rechte vom 19. Dezember 1966 die Unschuldsvermutung[525].

Die Unschuldsvermutung ist die Folge eines durch das Gebot der Achtung der Menschenwürde (Art. 1 Abs. 1 GG) bestimmten und auf dem Schuldprinzip auf-

---

522 Vogler, in Festschrift für Kleinknecht, S. 429, 436; Kühl, NJW 1984, 1264, 1265; Peukert, EuGRZ 1980, 247, 259; Krauß, in Strafrechtsdogmatik, S. 153.

523 Vgl. Berlin, Art. 65 Abs. 2; Brandenburg, Art. 53 Abs. 2; Bremen, Art. 6 Abs. 3; Hessen, Art. 20 Abs. 2 S. 1; Rheinland-Pfalz, Art. 6 Abs. 3 S. 2; Saarland, Art. 14 Abs. 2.

524 Resolution 217 [III] der Generalversammlung der Vereinten Nationen vom 10. Dezember 1948.

525 Zur historischen Entwicklung der Unschuldsvermutung ausführlich Köster, S. 1 ff., der auch eine Zusammenstellung der Rezeption der Unschuldsvermutung in die nationalen Rechtsordnungen der UN-Mitgliedstaaten erstellt hat, S. 137 ff.

bauenden materiellen Strafrechts[526] und gehört als Bestandteil des Rechtsstaatsprinzips (Art. 20 Abs. 3, 28 Abs. 1 GG) zum Verfassungsrecht[527].

II. Inhalt der Unschuldsvermutung

Während die Existenz der Unschuldsvermutung für das Recht der Bundesrepublik Deutschland unbestritten ist[528], bereitet deren inhaltliche Bestimmung nach wie vor erhebliche Schwierigkeiten[529].

Art. 6 Abs. 2 EMRK lautet wie folgt:

> "Bis zum gesetzlichen Nachweis seiner Schuld wird vermutet, daß der wegen einer strafbaren Handlung Angeklagte unschuldig ist."

Aus dieser Begriffsbestimmung folgt für das Strafrecht, daß der Täter nur bei erwiesener Schuld bestraft werden darf[530]. Art. 6 Abs. 2 EMRK betrifft damit die Feststellung der Schuld, nicht Art und Ausmaß der Strafe[531].

Zu klären ist nun zunächst, auf welche Art und Weise der "gesetzliche Nachweis" der Schuld zu erbringen ist.

Insoweit besteht allgemeiner Konsens, daß die Bestimmung darüber, was zum gesetzlichen Schuldnachweis i.S. des Art. 6 Abs. 2 EMRK gehört und auf welche Art

---

526 IntKommEMRK (Vogler), Art. 6, Rz. 382; ders., in Festschrift für Kleinknecht, S. 429, 436; Sax, in Grundrechte, S. 909, 987; Gollwitzer, in LR, Art. 6 MRK, Rdn. 8, 105.

527 BVerfGE 19, 342, 347; 22, 254, 265; 25, 327, 331; 74, 358, 370; Marxen, GA 1980, 365, 372; IntKommEMRK (Vogler), Art. 6, Rz. 382; ders., in Festschrift für Kleinknecht, S. 429, 435; ders., NStZ 1987, 127, 128.

528 Gleichwohl hat die Unschuldsvermutung in der Praxis - im Gegensatz zum Schrifttum - bisher nur eine vergleichsweise geringe Bedeutung erfahren, was gelegentlich beklagt wird; z. B. von Müller, in Festgabe für Koch, S. 191, 195.

529 Roxin, § 11 II, S. 559, hält den sachlichen Gehalt der Unschuldsvermutung für bis heute ungeklärt; ebenso Rüping, ZStW 91 [1979], 351, 358.

530 Vgl. IntKommEMRK (Vogler), Art. 6, Rz. 397; ders., in Festschrift für Kleinknecht, S. 429, 435.

531 EGMR, EuGRZ 1976, 221, 235 (Fall Engel). Eine gemessen an der Schuld zu hohe Strafe kann also nicht als Verstoß gegen die Unschuldsvermutung gerügt werden.

und Weise der Schuldnachweis zu führen ist, den innerstaatlichen Verfahrensordnungen überlassen bleibt[532].
Das bedeutet, daß die Schuldfeststellung dem materiellen Recht und dem Prozeßrecht zu entsprechen hat[533]. Daraus folgt, daß es für den gesetzlichen Schuldnachweis nicht allein darauf ankommt, daß der Richter von der Schuld des Angeklagten überzeugt ist[534]; aus Art. 6 Abs. 2 EMRK folgt vielmehr, daß der gesetzliche Nachweis der Schuld nur durch ein rechtskräftiges Urteil erbracht werden kann[535]. Bevor nicht ein rechtskräftiges Urteil ergangen ist, lassen deshalb auch noch so erdrückende Beweismittel die Geltung der Unschuldsvermutung unberührt.

Ob die Unschuldsvermutung während des gesamten Ermittlungsverfahrens gegen einen Beschuldigten eine gleichbleibende Ausstrahlungskraft besitzt oder sich in ihrer Intensität modifiziert, ist umstritten.
Während eine Meinung[536] mit dem Anwachsen des Tatverdachts der Unschuldsvermutung zu Recht eine um so größere Aufmerksamkeit zukommen lassen will, damit trotz der für den Verdächtigen ungünstigen Bedingungen die disziplinierende Wirkung dieses Prinzips erhalten bleibt, meint die diametral entgegengesetzte Auffassung, die Unschuldsvermutung werde um so schwächer, je stärker der Tatverdacht zunehme und sich auf eine Schuldüberzeugung hin verdichte, um sich schließlich in der Schuldüberzeugung aufzulösen[537].
Nach einer weiteren Ansicht ist die durch die Rechtsvermutung der Unschuld geschaffene gesetzliche Sicherheit weder teilbar noch nach verschiedenen Verdachts-

---

532 BGHSt 21, 306, 308; IntKommEMRK (Vogler), Art. 6, Rz. 398; ders., in Festschrift für Kleinknecht, S. 429, 438; Kühl, JR 1978, 94, 96; Frowein/Peukert, Art. 6 EMRK, Rdn. 111; Peukert, EuGRZ 1980, 247, 259.

533 IntKommEMRK (Vogler), Art. 6, Rz. 398; Schorn, S. 223; Guradze, Art. 6 EMRK, Anm. 5, S. 105.

534 So aber Schorn, S. 224 f.

535 BVerfGE 22, 254, 265; 35, 202, 232; EGMR, EuGRZ 1983, 475, 480 (Fall Minelli); Dörr, S. 61; Frowein/Peukert, Art. 6 EMRK, Rdn. 111; Peukert, EuGRZ 1980, 247, 259; Kühl, JR 1978, 94, 96, 99.
Art. 20 Abs. 2 Satz 1 der Verfassung des Landes Hessen verlangt ausdrücklich ein rechtskräftiges Urteil. Siehe auch § 449 StPO, wonach Strafurteile nicht vollstreckbar sind, bevor sie rechtskräftig geworden sind.

536 Vogler, in Festschrift für Kleinknecht, S. 429, 439; Marxen, GA 1980, 365, 374; Krauß, in Strafrechtsdogmatik, S. 153, 158.

537 Sax, in Grundrechte, S. 909, 988, der Tatverdacht und Unschuldsvermutung als zwei entgegengesetzte Pole ein und desselben psychologischen Vorganges der Überzeugungsbildung begreift.

graden abstufbar, sondern während des gesamten Verfahrens eine konstante Größe[538].

Zusammenfassend ergibt sich, daß dem Grundsatz der Unschuldsvermutung zwei wesentliche Funktionen zukommen:

- Er bestimmt als "oberstes Verfahrensregulativ"[539] den Gang des Strafverfahrens selbst.
- Er sichert die "Exklusivität der verfahrensmäßigen Schuldfeststellung" als Voraussetzung für die Bestrafung des Angeklagten[540].

Der weitgefaßte Gehalt des Prinzips der Unschuldsvermutung soll hier nur skizziert werden. Ein näheres Eingehen auf die im folgenden aufgeführten Aspekte der Unschuldsvermutung ist für die Lösung des hier zu untersuchenden Problems entbehrlich.
Die Straßburger Menschenrechtskommission interpretiert die Unschuldsvermutung in erster Linie als eine Regel für die Beweisaufnahme und die Beweiswürdigung; der Strafrichter dürfe kein Strafverfahren mit der Überzeugung eröffnen, der Angeklagte sei schuldig[541]. Dadurch soll der Angeklagte vor einem voreingenommenen Richter geschützt werden[542]. Roxin[543] versteht die Unschuldsvermutung vor allem als Konkretisierung des verfassungsrechtlichen Übermaßverbotes: Was einem in Wahrheit Unschuldigen schlechterdings nicht zugemutet werden könne, dürfe keinem Verdächtigen vor seiner rechtskräftigen Aburteilung auferlegt werden. Desweiteren wird die Unschuldsvermutung als Korrelat zum staatlichen Strafanspruch bezeichnet[544], und es wird die Ansicht vertreten, in der Unschuldsvermu-

---

538 Köster, S. 179.

539 Sax, in Grundrechte, S. 909, 987.

540 IntKommEMRK (Vogler), Art. 6, Rz. 401, 403; ders., in Festschrift für Kleinknecht, S. 429, 436; Marxen, GA 1980, 365, 373. A.A. OLG Hamburg, MDR 1992, 396, 397, wonach die "Exklusivität" des Erkenntnisverfahrens lediglich eine rechtspolitische Forderung sei.

541 Kommissionsbericht 788/60 vom 30.3.1963 (Fall Pfunders), Yearbook 6, 740, 790 f.

542 Kommissionsbericht 1727/62 vom 17.2.1965, Yearbook 8, 410 ff.; Peukert, EuGRZ 1980, 247, 260; ebenso OLG Celle, NJW 1971, 1665, 1666; KG, JR 1966, 109.

543 § 11 II, S. 59.

544 Krauß, in Strafrechtsdogmatik, S. 153, 158.

tung stünden sich Strafanspruch des Staates und Freiheitsanspruch des Individuums entgegen[545].

Die Unschuldsvermutung wird hauptsächlich im Zusammenhang mit folgenden Problemen diskutiert:

- Inwieweit verstößt eine übermäßig lange Untersuchungshaft (bei einer Dauer der Untersuchungshaft, die eng an die zu erwartende Strafe angenähert ist) gegen die Unschuldsvermutung[546]?

- Sind vorverurteilende Pressekampagnen im Vorfeld eines Verfahrens mit der Unschuldsvermutung in Einklang zu bringen[547]?

- Sind Verfahrenseinstellungen mit dem Grundsatz der Unschuldsvermutung vereinbar und ist es legitim, dem Angeklagten im Fall einer Einstellung des Verfahrens die Kosten gemäß § 467 StPO aufzubürden[548]?

- Ist die strafschärfende Verwertung von nach §§ 154, 154a StPO eingestellten Nebendelikten und ausgeschiedenen Tatteilen angesichts der Unschuldsvermutung zulässig[549]?

- Verstößt der Widerruf der Strafaussetzung zur Bewährung wegen der Begehung einer Straftat (§ 56f Abs. 1 Satz 1 Nr. 1 StGB) vor deren rechtskräftiger Aburteilung gegen das Prinzip der Unschuldsvermutung?

Der letztgenannten Fragestellung soll im folgenden nachgegangen werden.

---

545 BVerfGE 19, 342, 347.

546 Vgl. dazu Vogler, ZStW 82 [1970], 743, 773 f.; Kühl, NJW 1980, 806 ff.; Frowein/Peukert, Art. 6 EMRK, Rdn. 117 f.; Schorn, S. 222 f.

547 Siehe dazu IntKommEMRK (Vogler), Art. 6, Rz. 409; Frowein/Peukert, Art. 6 EMRK, Rdn. 14; Marxen, GA 1980, 365 f.

548 Dazu Frowein, in Festschrift für Huber, S. 553, 559 ff.; Frowein/Peukert, Art. 6 EMRK, Rdn. 115 f.; Kühl, JR 1978, 94 ff.; ders., NJW 1988, 3233 ff. und (ausführlich) Unschuldsvermutung, S. 79 ff.; Vogler, ZStW 89 [1977], 761, 786 ff.; Liemersdorf/Miebach, NJW 1980, 371 ff.; BVerfGE 74, 358 ff.; EGMR, EuGRZ 1987, 399 ff. (Fälle Lutz, Englert und Nölkenbockhoff; in diesen Entscheidungen erklärte der EGMR die Schuldwahrscheinlichkeitsklauseln in Auslagen- und Entschädigungsentscheidungen bei nicht-verurteilender Beendigung des Strafverfahrens für vereinbar mit Art. 6 Abs. 2 EMRK).

549 Siehe zu diesem Problemkreis Vogler, in Festschrift für Kleinknecht, S. 429 ff. sowie die Diss. von Appl, Die strafschärfende Verwertung von nach §§ 154, 154a StPO eingestellten Nebendelikten und ausgeschiedenen Tatteilen bei der Strafzumessung.

III. Der Widerruf der Strafaussetzung zur Bewährung und die Unschuldsvermutung

Die Unschuldsvermutung gemäß Art. 6 Abs. 2 EMRK ist verletzt, wenn eine Gerichtsentscheidung zum Ausdruck bringt, daß der Angeklagte schuldig ist, ohne daß zuvor der gesetzliche Nachweis seiner Schuld erbracht worden ist[550].

Die h.M. in Rechtsprechung[551] und Schrifttum[552] sieht in dem Widerruf der Strafaussetzung zur Bewährung vor der rechtskräftigen Verurteilung wegen der Nachtat keinen Verstoß gegen die Unschuldsvermutung[553]. Begründet wird dieses Ergebnis in erster Linie damit, daß die Rechtsgarantie aus Art. 6 Abs. 2 EMRK nur in demjenigen Verfahren gelte, welches mit dem Ziel eingeleitet werde, den Verdächtigen zur Aburteilung zu bringen. Dagegen stehe die Unschuldsvermutung der Feststellung strafbaren Verhaltens in anderen Verfahren nicht entgegen und verbiete es nicht, daraus Schlußfolgerungen für dieses Verfahren zu ziehen[554].
Bei dem Widerruf handele es sich nicht um eine Maßnahme im Vorgriff auf die Strafe, sondern vielmehr darum, eine bereits rechtskräftig abgeurteilte Straftat nunmehr zu vollstrecken[555].

---

550 EKMR, EuGRZ 1991, 408 (Beschwerde-Nr. 13942/88, M.K. gegen die Schweiz), unter Hinweis auf EGMR, EuGRZ 1983, 475, 479 (Fall Minelli) und EGMR, EuGRZ 1987, 399, 403 (Fall Lutz).

551 OLG Hamburg, MDR 1992, 396 f.; OLG Celle, NJW 1971, 1665 f.; KG, JR 1966, 109; OLG Hamm, StV 1992, 284, 285; OLG Köln, NJW 1991, 505 f.; OLG Düsseldorf, OLGSt Nr. 6 zu § 56f StGB; wistra 1991, 186; StV 1992, 283, 284; NStZ 1992, 300; OLG Zweibrücken, StV 1985, 465; OLG Stuttgart, MDR 1991, 982.

552 Dreher, NJW 1964, 1581, 1582; Dreher/Tröndle, § 56f StGB, Rdn. 3b; Lackner, § 56f StGB, Rdn. 3; Ruß, in LK, 10. Aufl., § 56f StGB, Rdn. 2a; Gollwitzer, in LR, Art. 6 MRK, Rdn. 158; Frank, MDR 1982, 353, 360 f.; Wendisch, JR 1992, 126, 127; Karlheinz Meyer, in Festschrift für Tröndle, S. 61, 74.

553 Gegen die Geltung der Unschuldsvermutung im Widerrufsverfahren nach § 67g StGB hat sich Böckenhauer, S. 87 ff., ausgesprochen.

554 BVerfG, NStZ 1988, 21; OLG Hamburg, MDR 1992, 396 f.; KG, JR 1966, 109; OLG Hamm, StV 1992, 284, 285; NStZ 1992, 350; OLG Celle, NJW 1971, 1665, 1666; Dreher, NJW 1964, 1581, 1582; Gollwitzer, in LR, Art. 6 MRK, Rdn. 129.

555 OLG Düsseldorf, StV 1992, 287.

Das bedeutet, daß das Widerrufsgericht, ohne in Konflikt mit der Unschuldsvermutung zu geraten, eine Straftat feststellen und daraus Folgerungen, nämlich den Widerruf der Strafaussetzung, ziehen kann[556].

Als Zwischenergebnis kann somit festgestellt werden, daß die Frage der Verletzung der Unschuldsvermutung im Fall des Widerrufs vor rechtskräftiger Nachtatverurteilung eng mit der Beantwortung der Frage verbunden ist, ob die Unschuldsvermutung im Widerrufsverfahren Anwendung findet. Es ist deshalb zunächst der Anwendungsbereich der Unschuldsvermutung näher zu beleuchten.

Eindeutig und einhellig verneint wird eine Geltung der Vermutung der Unschuld für den Zivilprozeß[557]. So ist etwa der Zivilrichter, der über einen Schadensersatzanspruch aus unerlaubter Handlung zu befinden hat, nicht gehindert, einem solchen Begehren gemäß § 823 Abs. 2 BGB i.V.m. einer ein Schutzgesetz darstellenden Strafrechtsnorm trotz fehlender rechtskräftiger Verurteilung durch ein Strafgericht zu entsprechen.
Der Zivilrichter kann zwar stattdessen auch das Zivilverfahren bis zur Erledigung des Strafverfahrens aussetzen (§ 149 ZPO), verpflichtet ist er hierzu jedoch nicht.

Die Unschuldsvermutung gilt ferner nicht in Verfahren, die tendenziell nicht auf eine Schuldfeststellung gerichtet sind. So darf etwa ein Ausländer nach § 46 Nr. 2 AuslG wegen einer noch nicht rechtskräftigen Verurteilung ausgewiesen werden, da die Auslieferung einen Akt der Rechtshilfe und nicht der Rechtspflege darstellt[558].

---

556 Auch nach der Spruchpraxis der EKMR fällt das Widerrufsverfahren nicht unter den Anwendungsbereich des Art. 6 EMRK; vgl. E 1140/61, Rec. 8, 57 ff., 62; E 1760/63, Rec. 20, 1; E 2306/64, Rec. 21, 23.
Eine detaillierte Übersicht über die Spruchpraxis zur Anwendbarkeit des Art. 6 EMRK findet sich bei Frowein/Peukert, Art. 6 EMRK, Rdn. 35 f.

557 IntKommEMRK (Vogler), Art. 6, Rz. 383; Karlheinz Meyer, in Festschrift für Tröndle, S. 61, 63; Frowein, in Festschrift für Huber, S. 553, 556, unter Hinweis auf Entscheidungen der EKMR; Peukert, EuGRZ 1980, 247, 259.

558 IntKommEMRK (Vogler), Art. 6, Rz. 384, 387 f.; Karlheinz Meyer, in Festschrift für Tröndle, S. 61, 63; BVerwG, JR 1969, 474, 475 (zu § 10 Abs. 1 Nr. 2 AuslG 1965).

Die Unschuldsvermutung ist somit ihrem Wesen nach ein nur für das Strafverfahren erforderlicher Grundsatz[559].

Die Unschuldsvermutung deswegen nur in Verfahren anzuwenden, die mit dem Ziel einer Verurteilung geführt werden, würde jedoch den sachlichen Geltungsbereich der Unschuldsvermutung in einer nicht gerechtfertigten Weise beschränken[560]. Die Frage des Anwendungsbereiches der Rechtsvermutung der Unschuld ist eng mit ihrer Zweckbestimmung verknüpft. Das in einer Kriminalstrafe zum Ausdruck kommende sozialethische Unwerturteil darf einem Betroffenen erst dann vorgehalten werden, wenn seine Schuld in einem strafgerichtlichen Verfahren festgestellt worden ist[561]. Deshalb ist nicht die formelle Differenzierung in Strafverfahren und andere Verfahren entscheidend. Maßgeblicher Ansatzpunkt ist vielmehr der Umstand, ob an den Vorwurf strafrechtliche Sanktionsfolgen geknüpft werden. Es kommt daher für die Anwendbarkeit der Unschuldsvermutung nicht auf das jeweilige Verfahrensziel sondern auf die Art und Wirkung der verhängten Sanktion an[562].

Die Unschuldsvermutung gilt somit für alle Verfahren, in denen eine Strafe oder eine ihr in ihren Wirkungen gleichzustellende strafrechtliche Sanktion verhängt wird[563].
Eine Strafe i.S. des Rechtsfolgensystems des StGB verhängt das Widerrufsgericht durch den Widerruf der Strafaussetzung sicher nicht. Es spricht keine Verurteilung aus, sondern ordnet die Vollstreckung der bereits verhängten Strafe an.
Die Frage ist, ob die Anordnung, die zur Bewährung ausgesetzte Strafe müsse jetzt vollzogen werden, eine strafähnliche Sanktion darstellt. Es geht somit nun darum, den Begriff der strafähnlichen Sanktion zu bestimmen[564].

---

559 Das BVerfG - obwohl für den Widerruf eine rechtskräftige Verurteilung wegen der Nachtat nicht verlangend, vgl. BVerfG, NStZ 1988, 21 - zieht den Anwendungsbereich der Unschuldsvermutung noch weiter, indem es davon ausgeht, daß die Unschuldsvermutung den rechtskräftigen Nachweis der Schuld verlange, bevor sie dem Verurteilten "im Rechtsverkehr allgemein vorgehalten werden darf", BVerfGE 74, 358, 371; BVerfG, NStZ 1988,21.

560 Mrozynski, JZ 1978, 255, weist zutreffend darauf hin, daß anderenfalls der Straftäter wegen der neuen Tat beliebig viele Nachteile hinnehmen müßte, wenn dies nur nicht im Vorgriff auf die künftige Strafe geschehen würde.

561 IntKommEMRK (Vogler), Art. 6, Rz. 388.

562 Vogler, in Festschrift für Tröndle, S. 423, 424, 427; Mrozynski, JZ 1978, 255.

563 BVerfGE 19, 342, 347; 35, 311, 320; Kühl, Unschuldsvermutung, S. 18 f.

564 Zur Schwierigkeit der Bestimmung der "strafähnlichen Sanktion" siehe Frister, S. 89 ff.

Unter den Begriff der strafähnlichen Sanktion fallen alle Maßnahmen, die einer Strafe gleichkommende Nachteile enthalten[565]. Darunter fallen zum einen finanzielle Belastungen durch eine Geldzahlungspflicht, wie sie bei einer Geldstrafe eintreten[566]. Zum anderen kommen Einbußen an körperlicher Bewegungsfreiheit in Betracht, wie sie die Freiheitsstrafe mit sich bringt. Um die letztgenannte Reaktion geht es beim Widerruf der Strafaussetzung zur Bewährung. Für den Verurteilten macht es keinen Unterschied, ob das Gericht eine Freiheitsstrafe verhängt - die anschließend vollstreckt wird - oder die Vollstreckung einer bereits ausgesprochenen Strafe anordnet. Die Wirkung bleibt in beiden Fällen die gleiche: Der Verurteilte muß ins Gefängnis und die Freiheitsstrafe verbüßen.
Deshalb muß die Schutzfunktion der Unschuldsvermutung dem Verurteilten in beiden Fällen zugute kommen. Nicht das Verfahrensziel ist entscheidend sondern die Art und Wirkung der verhängten Maßnahme. Die Unschuldsvermutung gilt deshalb nicht nur in den Verfahren, die mit dem Ziel einer Verurteilung geführt werden, sondern in allen Verfahren, in denen strafrechtliche Sanktionsmittel verhängt werden, wozu auch das Widerrufsverfahren gehört.

Als Ergebnis läßt sich deshalb konstatieren, daß es sich bei der Widerrufsentscheidung um die Verhängung einer strafähnlichen Sanktion handelt, bei der dem Verurteilten nicht nur eine in ihrem Bestand unsichere Vergünstigung entzogen, sondern die nach § 56g Abs. 1 StGB begründete und rechtlich gesicherte Anwartschaft auf Straferlaß bei durchgestandener Bewährung genommen wird.

Die Unschuldsvermutung hat die Funktion zu verhindern, daß gegen den Beschuldigten im Vorgriff auf die Strafe Maßnahmen ergriffen werden, die in ihrer Wirkung einer Strafe gleichkommen[567]. Erst wenn in einem Verfahren, das den Tatvorwurf selbst zum Gegenstand hat, die Schuld rechtskräftig festgestellt worden ist, dürfen hieran in anderen Verfahren strafrechtliche Rechtsfolgen geknüpft werden[568]. Die Unschuldsvermutung sichert damit die "Exklusivität der verfahrens-

---

565 BVerfGE 74, 358, 371; Karlheinz Meyer, in Festschrift für Tröndle, S. 61, 69; Vogler, in Festschrift für Tröndle, S. 423, 424.

566 Vogler, in Festschrift für Tröndle, S. 423, 424; Karlheinz Meyer, in Festschrift für Tröndle, S. 61, 69; Kühl, Unschuldsvermutung, S. 13.

567 BVerfGE 19, 342, 347; 74, 358, 371; BVerfG, NStZ 1988, 21; Vogler, in Festschrift für Tröndle, S. 423, 424, 427.

568 Vogler, in Festschrift für Tröndle, S. 423, 438; ders., in Festschrift für Kleinknecht, S. 429, 437; IntKommEMRK (Vogler), Art. 6, Rz. 403; OLG Schleswig, StV 1991, 173.

mäßigen Schuldfeststellung"[569]. Wegen dieser Exklusivität dürfen strafbare Handlungen, die nicht zum angeklagten historischen Ereignis gehören und damit nicht Gegenstand des Verfahrens sind, vor ihrer rechtskräftigen Feststellung weder straferschwerend noch schuldbegründend berücksichtigt werden[570].

Die Unschuldsvermutung will ausschließlich die Durchführung eines Verfahrens garantieren, ohne dessen Ausgang in irgendeiner Weise zu bestimmen. Die Unschuld des Beschuldigten wird also gerade deswegen vermutet, um ein ordentliches Gerichtsverfahren zum Beweis des Gegenteils zu erzwingen, bevor wegen des Tatschuldvorwurfs strafrechtlich relevante Entscheidungen getroffen werden[571]. Für die Überwindung der Unschuldsvermutung ist deshalb nicht entscheidend, daß das Widerrufsgericht die Überzeugung von der Tatbegehung erlangt; maßgebliches Kriterium ist vielmehr, daß die Überzeugung auf Grund bestimmter Verfahrensregeln gewonnen wird[572].

Aus der Unschuldsvermutung ergibt sich daher, daß der Nachweis der Schuld in der Form zu erbringen ist, die die StPO im Erkenntnisverfahren für die Schuldfeststellung vorsieht. Die StPO stellt genaue Verfahrensvorschriften zur Feststellung der Schuld und damit zur Überwindung der Unschuldsvermutung auf. Erforderlich ist eine staatsanwaltschaftliche Anklage, die vom zuständigen Gericht durch den Eröffnungsbeschluß zugelassen werden muß. Kernstück des Strafverfahrens ist dann die Hauptverhandlung[573], in der über die Anklage, wie sie sich nach dem Zwischenverfahren darstellt, entschieden wird. Die Hauptverhandlung ist mit umfassenden Verteidigungsmöglichkeiten für den Angeklagten ausgestattet[574]. Nur in der Hauptverhandlung gelten die Grundsätze der Öffentlichkeit, Mündlichkeit[575]

---

569 Marxen, GA 1980, 365, 373.

570 Vogler, NStZ 1987, 127, 129.

571 Vogler, in Festschrift für Kleinknecht, S. 429, 436 f.; ders., in Festschrift für Tröndle, S. 423, 437 f.; IntKommEMRK (Vogler), Art. 6, Rz. 401-403, 419; Mrozynski, JZ 1978, 255, 257.

572 Mrozynski, JZ 1978, 255, 257; Vogler, in Festschrift für Kleinknecht, S. 429, 442; IntKommEMRK (Vogler), Art. 6, Rz. 419.

573 Sieht man einmal von der Möglichkeit ab, einen Strafbefehl zu erlassen, vgl. §§ 407 ff. StPO.

574 Genannt seien hier Beweisantragsrecht; Fragerecht; Recht, Erklärungen abzugeben; letztes Wort.

575 Zu den Anhörungsformen im Widerrufsverfahren und den damit verbundenen Mißlichkeiten für den Anzuhörenden siehe oben S. 106 f. und S. 119 ff.

und Unmittelbarkeit. Am Ende der Hauptverhandlung hat das nach GVG/StPO zuständige Gericht über Schuld oder Unschuld des Angeklagten zu befinden. Der Angeklagte hat einen Anspruch auf Wahrung der Unschuldsvermutung bis zu einem in Rechtskraft erwachsenen Schuldspruch. Erst wenn das zuständige Gericht nach Durchführung des Strafverfahrens die Schuld des Angeklagten festgestellt hat, ist der gesetzliche Schuldnachweis erbracht. Erst von diesem Zeitpunkt an darf das Widerrufsgericht ohne Verletzung der Unschuldsvermutung von der Schuld des Verurteilten im Rahmen des Widerrufsverfahrens ausgehen.

Deshalb lassen noch so schwerwiegende Belastungsmomente und sogar ein glaubhaftes, keinen Zweifeln unterliegendes Geständnis die Geltung der Unschuldsvermutung unberührt. Dies gilt auch in Bezug auf die neuerdings vertretene Meinung[576], die zusätzliche Voraussetzungen an die Berücksichtigung eines Geständnisses stellt[577]. Diese bringen zwar ein deutliches Mehr an Rechtsstaatlichkeit für den Verurteilten; gleichwohl ist die Beachtung und strikte Einhaltung der Unschuldsvermutung unabdingbar, denn der Schutz, den die Unschuldsvermutung gewährt, gilt generell. Eine Relativierung auf Grund besonderer Umstände ist deshalb ausgeschlossen - es bestünde ansonsten die Gefahr der Aushöhlung der Unschuldsvermutung.
Man kann sonst davon auszugehen, daß die ausgesetzte Strafe und die wegen der neuen Tat zu erwartende Strafe als Einheit angesehen und zum Spielball der Beteiligten würden, in dem der juristisch nicht vorgebildete Verurteilte den übrigen Verfahrensbeteiligten häufig nicht gewachsen ist und Absprachen dieser Beteiligten weitgehend hilflos gegenübersteht. Dadurch würde die Schutzfunktion der Unschuldsvermutung in vielen Fällen auf der Strecke bleiben.

Solange es deshalb an einer rechtskräftigen Verurteilung fehlt, muß der Verurteilte wegen der neuen Tat als unschuldig gelten mit der Folge, daß die Widerrufsanlaßtat nicht als "begangen" i.S. des § 56f Abs. 1 Satz 1 Nr. 1 StGB angesehen werden kann.

IV. Ergebnis

Der Widerruf der Strafaussetzung zur Bewährung wegen der Begehung einer neuen Straftat vor deren rechtskräftiger Aburteilung verstößt gegen den Grundsatz der

---

576 Ostendorf, StV 1992, 288, 289; Horn, in SK, § 56f StGB, Rdn. 8; EKMR, StV 1992, 282, 283.

577 Glaubhaftes Schuldeingeständnis im Beisein eines Verteidigers vor einem Richter, kein begründeter Widerruf bis zum Zeitpunkt der Widerrufsentscheidung; vgl. oben S. 45.

Unschuldsvermutung, da die Unschuldsvermutung nur durch ein rechtskräftiges Urteil überwunden werden kann.

Zwar schließt Art. 6 Abs. 2 EMRK nicht aus, daß an strafrechtliche Verhaltensweisen für andere Verfahren Rechtsfolgen geknüpft werden; sobald jedoch strafrechtliche Sanktionsfolgen - hierzu gehören neben Strafen auch strafähnliche Sanktionen, z.B. Einbußen an körperlicher Bewegungsfreiheit, wie sie mit dem Widerruf der Strafaussetzung de facto verbunden sind - vor der Schuldfestellung verhängt werden, ist der Schutzbereich der Unschuldsvermutung tangiert. Immer dann, wenn strafrechtliche Rechtsfolgen - unabhängig davon, ob es um die rechtsförmliche Feststellung einer Straftat oder um andere Verfahren geht - verhängt werden, gilt die Unschuldsvermutung.

Das Widerrufsgericht darf deshalb erst dann ohne Verletzung der Unschuldsvermutung von der Schuld des Verurteilten ausgehen, wenn der gesetzliche Schuldnachweis unter Einhaltung der vorgeschriebenen Verfahrensregeln erbracht ist. Davon zu trennen ist die Frage, ob es von der strafrechtlichen Schuld des Verurteilten im Hinblick auf die neue Tat ausgehen muß. Diese Frage betrifft das Problem, ob das Widerrufsgericht an die Verurteilung gebunden ist und bedarf einer gesonderten Erörterung[578].

---

578 Siehe dazu unten S. 145 ff.

Neuntes Kapitel - Die Aufhebung eines rechtskräftigen Widerrufsbeschlusses

Als letztes soll das Argument der eine rechtskräftige Verurteilung wegen der Widerrufsanlaßtat nicht verlangenden Meinung, ein sich später als verfrüht und ungerechtfertigt herausstellender Widerruf könne nachträglich durch die Anwendung der Wiederaufnahmevorschriften der §§ 359 ff. StPO korrigiert werden[579], auf seine Tragfähigkeit hin untersucht werden.

Gegen den Beschluß des Gerichts, die Strafaussetzung wegen der Begehung einer neuen Straftat zu widerrufen, ist das Rechtsmittel der sofortigen Beschwerde gegeben (§ 453 Abs. 2 Satz 3 StPO). Legt der Verurteilte kein (form- und fristgerechtes) Rechtsmittel ein oder bestätigt das Beschwerdegericht den angefochtenen Beschluß, so wird dieser rechtskräftig.
Daß auch Beschlüsse formell rechtskräftig, d.h. im Rahmen desselben Verfahrens unanfechtbar, sein können, folgt für den Widerrufsbeschluß aus der eben erwähnten Möglichkeit, ihn binnen einer Woche anfechten zu können (§ 453 Abs. 2 Satz 3 StPO i.V.m. § 311 Abs. 2 StPO). Der Widerrufsbeschluß erwächst aber darüber hinaus auch in materielle Rechtskraft mit der über den betreffenden Prozeß hinausgehenden Sperrwirkung des "ne bis in idem", da er ebenso wie ein Sachurteil über den Verfahrensgegenstand endgültig und in vollem Umfang befindet[580].

Die Berechtigung für den Widerruf der Strafaussetzung zur Bewährung nach § 56f Abs. 1 Satz 1 Nr. 1 StGB kann nun nachträglich dadurch in Frage gestellt werden, daß das Strafverfahren wegen der neuen Tat mit einem rechtskräftigen Freispruch endet. Es fragt sich in einem solchen Fall, ob der Widerrufsbeschluß dann aufgehoben werden kann.

Das Beschwerdegericht kann seinen Beschluß, mit dem es die sofortige Beschwerde verwirft, nicht widerrufen, wenn er dem Verurteilten bereits bekannt gemacht (vgl. § 35 Abs. 2 StPO) worden ist[581].

---

579 Vgl. Ruß, in LK, 10. Aufl., § 56f StGB, Rdn. 14; Gribbohm, in LK, § 56f StGB, Rdn. 63; Lackner, § 56f StGB, Rdn. 15; Dreher/Tröndle, § 56f StGB, Rdn. 9; Stree, in Schönke/Schröder, § 56f StGB, Rdn. 16 m.w.N.

580 Geppert, GA 1972, 165, 171 f.; Schall, in Festschrift für Stree und Wessels, S. 735, 743; Groth, MDR 1980, 595, 596. Zu den davon zu unterscheidenden Beschlüssen mit lediglich "prozessualer Bedeutung" siehe BGHSt 32, 365 ff.

581 Vgl. Gollwitzer, in LR, § 311 StPO, Rdn. 16; Kleinknecht/Meyer-Goßner, § 311 StPO, Rdn. 7; Lemke, ZRP 1978, 281.

Denn die in erster Linie der Rechtssicherheit dienende Rechtskraft ist ein unverzichtbares Erfordernis der Rechtsstaatlichkeit. Dafür muß die Möglichkeit in Kauf genommen werden, daß eine unrichtige Entscheidung grundsätzlich nicht widerruflich ist.

Eine weit verbreitete Meinung in Judikatur und Schrifttum sieht in dem Wiederaufnahmerecht, speziell dem Wiederaufnahmegrund des § 359 Nr. 5 StPO, ein wirksames Korrektiv gegen unrichtige rechtskräftige Widerrufsbeschlüsse[582].

Das Wiederaufnahmeverfahren ist der wichtigste Fall einer Durchbrechung der Rechtskraft im Interesse einer materiell richtigen Entscheidung. Sein Grundgedanke besteht darin, eine durch rechtskräftiges Sachurteil abgeschlossene Strafsache wieder in das Hauptverfahren zurückzuversetzen, wenn nachträglich bekannt gewordene Tatsachen das Urteil in einer für das Gerechtigkeitsempfinden unerträglichen Weise als offensichtlich falsch erscheinen lassen.

Die "Wiederaufnahme eines durch rechtskräftiges Urteil abgeschlossenen Verfahrens" ist im Vierten Buch der StPO (§§ 359 ff. StPO) geregelt. Beschlüsse im Strafverfahren sind dort nicht angesprochen. Daraus ergibt sich zunächst, daß rechtskräftige Beschlüsse der unmittelbaren Anwendung der §§ 359 ff. StPO entzogen sind.
Es fragt sich indes, ob die §§ 359 ff. StPO einer entsprechenden Anwendung auf rechtskräftige Beschlüsse im Strafverfahren zugänglich sind.
Diese Frage wird kontrovers diskutiert.

Nach einer in Rechtsprechung und Schrifttum vertretenen Meinung kommt eine analoge Anwendung des Wiederaufnahmerechts nicht in Betracht[583]. Zur Begründung wird in erster Linie auf die Erfordernisse der Rechtssicherheit abgestellt und ausgeführt, daß eine Durchbrechung der Rechtskraft nur in den gesetzlich ausdrücklich bestimmten Fällen in Betracht komme. Daneben wird die Funktionsfä-

---

582 OLG Oldenburg, NJW 1962, 1169; OLG Düsseldorf vom 2.7.1992 - 4 Ws 214/92 -, unveröffentlicht; LG Bremen, StV 1990, 311; Groth, MDR 1980, 595, 596 f.; ders., ZRP 1979, 208; Lemke, ZRP 1978, 281, 282 f.; Wendisch, in LR, § 458 StPO, Rdn. 8; Hohmann, NStZ 1991, 507 f.; Schall, in Festschrift für Stree und Wessels, S. 735, 750 ff.; Dreher/Tröndle, § 56f StGB, Rdn. 9; Ruß, in LK, 10. Aufl., § 56f StGB, Rdn. 14; Lackner, § 56f StGB, Rdn. 15; Stree, in Schönke/Schröder, § 56f StGB, Rdn. 16; Burmann, StV 1986, 80, 83.

583 OLG Hamm, JZ 1952, 568; LG Hamburg, MDR 1975, 246; NStZ 1991, 149, 150; LG Freiburg, JR 1979, 161, 162; AG Lahn-Gießen, MDR 1980, 595; Gössel, JR 1992, 125, 126. Unklar Kleinknecht/Meyer-Goßner, der einerseits § 359 Nr. 5 StPO auf den Widerrufsbeschluß angewendet wissen will (§ 453 StPO, Rdn. 17), andererseits aber die Anwendung der §§ 359 ff. StPO ablehnt (vor § 359 StPO, Rdn. 5).

higkeit der Gerichte ins Feld geführt, die im Fall einer Vielzahl von Wiederaufnahmeverfahren nicht mehr gewährleistet sei.

Demgegenüber spricht sich eine an Verbreitung gewinnende Meinung, die ihren Ausgangspunkt in einer Entscheidung des OLG Oldenburg[584] hat, zu Recht für eine analoge Anwendung der Vorschriften über das Wiederaufnahmeverfahren auf Widerrufsbeschlüsse aus[585]. Dieses Ergebnis rechtfertigt sich aus der Überlegung, wenn Urteile und Strafbefehle im Wege der Wiederaufnahme beseitigt werden können, müsse eine Abänderung auch für die den Urteilen vergleichbaren, ebenfalls mit einer folgenschweren Einwirkung in die Rechtssphäre des Betroffenen verbundenen Beschlüsse möglich sein. Denn die materielle Gerechtigkeit kann nicht nur durch unrichtige Urteile, sondern auch durch unrichtige Widerrufsbeschlüsse nachhaltig gestört werden, insbesondere dann, wenn die im Beschlußverfahren ergangene Widerrufsentscheidung überhaupt erst die existenzbedrohende Wirkung einer Freiheitsstrafe spürbar werden läßt[586].

Auch wenn man die Anwendbarkeit der Wiederaufnahmevorschriften zur Korrektur unrichtiger Widerrufsbeschlüsse bejaht, wäre es verfehlt, hieran allzu große Erwartungen zugunsten des Verurteilten zu knüpfen. Der Strafvollzug dürfte sich nämlich im Fall eines späteren Freispruches unter spezialpräventiven Gesichtspunkten regelmäßig als sinnlos erweisen, denn der Verurteilte wird den Widerruf als Unrecht empfinden[587]. Hinzu kommt, daß er bis zum Abschluß des schwerfälligen Wiederaufnahmeverfahrens zumeist schon einen erheblichen Teil seiner Freiheitsstrafe, wenn nicht gar die gesamte Strafe, verbüßt haben dürfte. Eine Entschädigung für zu Unrecht erlittene Vollstreckungsmaßnahmen würde für den Verurteilten ein wahrlich schwacher Trost sein.

---

584 NJW 1962, 1169.

585 Vgl. die Nachweise in Fn. 582.

586 Dagegen kann der Wiederaufnahmeantrag nicht darauf gestützt werden, daß ein anderes Gericht in einer später ergangenen Entscheidung (hier OLG Celle, StV 1990, 504) eine abweichende Rechtsansicht vertritt, da diese keine "neue Tatsache" i.S. des § 359 Nr. 5 StPO darstellt; vgl. OLG Düsseldorf, JR 1992, 124, 125 mit zustimmender Anm. Gössel, JR 1992, 125.

587 Auf diesen Aspekt weist Burmann, StV 1990, 80, 83, zutreffend hin.

Zehntes Kapitel - Zusammenfassung und Ergebnis

I. Die Unzulässigkeit des Widerrufs der Strafaussetzung zur Bewährung wegen der Begehung einer neuen Straftat vor deren rechtskräftiger Aburteilung

Die Untersuchung hat gezeigt, daß entgegen der h.M. in der Judikatur und der Rechtslehre die Überzeugung des über den Widerruf befindenden Gerichts von der Begehung der Nachtat nicht ausreicht, um in rechtsstaatlich einwandfreier Weise den Widerrufsgrund des § 56f Abs. 1 Satz 1 Nr. 1 StGB festzustellen. Erforderlich ist vielmehr eine rechtskräftige Verurteilung wegen der neuen Straftat[588]. Erst eine rechtskräftige Verurteilung bietet eine der Bedeutung und Tragweite der Widerrufsentscheidung angemessene Richtigkeitsgewähr dafür, daß der Verurteilte die neue Straftat auch tatsächlich begangen hat und vermeidet die anderenfalls bestehende Gefahr widersprüchlicher Entscheidungen.

Die Auslegung der gesetzlichen Fassung des in der Praxis bei weitem wichtigsten Widerrufsgrundes ergibt ein zwiespältiges Bild.
Eine Wortinterpretation der Formulierung "eine Straftat begeht" läßt sowohl die Auslegung zu, daß eine rechtskräftige Verurteilung wegen der Nachtat erforderlich ist, als auch die Deutung, daß die Überzeugung des Widerrufsgerichtes von der Tatbegehung ausreichend ist.
Die systematische Stellung des § 56f Abs. 1 Satz 1 Nr. 1 StGB im Gesamtgefüge der Widerrufsgründe des § 56f StGB liefert ebenfalls keine ins Gewicht fallenden Anhaltspunkte. Zwar stellen die übrigen Widerrufsgründe (Weisungsverstoß, § 56f Abs. 1 Satz 1 Nr. 2 StGB; Auflagenverstoß, § 56f Abs. 1 Satz 1 Nr. 3 StGB) keine einer Verurteilung entsprechenden Anforderungen an die Feststellung des bewährungsbrüchigen Verhaltens; die mangelnde Vergleichbarkeit der Anknüpfungspunkte für den Widerruf verbietet es jedoch, hieraus Schlüsse für die an die "Begehung" der neuen Straftat zu stellenden Anforderungen zu ziehen.
Dagegen vermag die Entstehungsgeschichte als Beleg für die eine rechtskräftige Verurteilung nicht verlangende Meinung zu dienen. Denn aus der Streichung des

---

588 Damit beantwortet sich auch die Frage, inwieweit noch nicht rechtskräftig abgeurteilte Straftaten bei der Prüfung der Strafaussetzung zur Bewährung im Rahmen des Merkmals "Vorleben des Verurteilten" zu berücksichtigen sind.
Für die Frage, ob eine Strafe sogleich zu vollstrecken ist, darf nichts anderes gelten als für die Frage, ob eine zunächst zur Bewährung ausgesetzte Strafe nunmehr zu vollstrecken ist. Das bedeutet, daß schwebende Verfahren grundsätzlich zuungunsten des Verurteilten unberücksichtigt zu bleiben haben. Erst eine rechtskräftige Verurteilung darf bei der Prüfung der Strafaussetzung im Rahmen der Sozialprognose herangezogen werden.

Merkmals "Verurteilung" in § 25 Abs. 2 Nr. 2 StGB a.F. und dem Wegfall der Generalklausel des § 25 Abs. 2 Nr. 4 StGB a.F. läßt sich der Wille des Gesetzgebers ableiten, die frühere eine Verurteilung nicht verlangende Rechtslage zu rezipieren. Demgegenüber spricht die mit der Widerrufsnorm verfolgte ratio für das Abwarten einer rechtskräftigen Feststellung der Anlaßtat. Um dem mit dem Rechtsinstitut der Strafaussetzung zur Bewährung verfolgten Resozialisierungsziel bestmöglich Genüge zu tun, ist die Widerrufsentscheidung von einer größtmöglichen Richtigkeitsgewähr abhängig zu machen. Diese ist nach Durchführung einer Hauptverhandlung deutlich größer als nach einem summarischen Widerrufsverfahren. Eine den Resozialisierungsgedanken fördernde großzügige Praxis der Strafaussetzung zur Bewährung darf deshalb nicht durch eine restriktive und vorschnelle Handhabung des Korrekturinstrumentes des Widerrufs unterlaufen werden.

Blickt man über die einzelnen Widerrufsgründe des § 56f StGB hinaus auf das letzte Glied in der Kette der das Rechtsinstitut der Strafaussetzung zur Bewährung betreffenden Entscheidungen, so stellt man fest, daß der Gesetzgeber für den Widerruf des Straferlasses mit dem Erfordernis einer Verurteilung zu einer mindestens sechsmonatigen Freiheitsstrafe eine klare und verständliche Regelung geschaffen hat. Die unterschiedlichen Regelungsgehalte beider Widerrufsvorschriften verbieten jedoch - bedauerlicherweise - eine Übertragung der in § 56g Abs. 2 StGB normierten Kautelen auf den Widerruf der Strafaussetzung wegen der Begehung einer neuen Straftat.

Weitere Widerrufsbestimmungen wie der Widerruf der Aussetzung einer Unterbringung (§ 67g Abs. 1 Nr. 1 StGB), der Widerruf der Aussetzung eines Berufsverbotes (§ 70b Abs. 1 Nr. 1 StGB) sowie der Widerruf der Aussetzung einer Jugendstrafe (§ 26 Abs. 1 Nr. 1 JGG) lassen keine Rückschlüsse auf die Lösung der in dieser Arbeit behandelten Frage zu.

Die eine rechtskräftige Verurteilung wegen der Nachtat nicht für erforderlich haltende Auffassung verlangt für deren Feststellung, daß das Widerrufsgericht auf Grund zweifelsfreier Tatsachen in eigenständiger Würdigung die feste Überzeugung gewinnt, daß der Verurteilte die neue Tat begangen hat. Ein Widerruf wird nur dann für zulässig erachtet, wenn Täterschaft und Schuld in einer jeden vernünftigen Zweifel ausschließenden Weise festgestellt werden können. "Zweifelsfrei erwiesene Tatsachen" werden in aller Regel dann angenommen, wenn der Bewährungsbrüchige wegen der neuen Tat ein glaubhaftes Geständnis abgelegt hat, wobei neuerdings an die Verwertbarkeit eines Geständnisses zum Teil zusätzliche Erfordernisse gestellt werden.

Zwar vermag ein Tatgeständnis auf den ersten Blick ein zuverlässiges und ausreichendes Beweismittel für die Feststellung der Begehung der neuen Straftat darzustellen; bei einer genaueren Betrachtung dieses Beweismittels offenbaren sich jedoch beträchtliche Unsicherheitsfaktoren, denn Geständnisse können aus vielerlei Gründen falsch sein. Hinzu kommt, daß es dem Widerrufsgericht wegen der Schriftlichkeit des Widerrufsverfahrens zumeist verwehrt ist, sich ein eigenes Bild von der Glaubwürdigkeit der Aussageperson bzw. der Glaubhaftigkeit des vor der Vernehmungsperson abgelegten Geständnisses zu machen.
Da der Widerruf praktisch gesehen für den Verurteilten dieselbe Wirkung wie eine neue Verurteilung hat, muß an die Überzeugungsbildung des zuständigen Richters von der Tatbegehung, die sich auf Tatbestandsmäßigkeit, Rechtswidrigkeit und Schuld beziehen muß, der gleiche Beurteilungsmaßstab angelegt werden wie an die persönliche Gewißheit des Tatrichters im Fall einer Verurteilung. Diese Überzeugung kann das Gericht nur aus dem Inbegriff einer Hauptverhandlung schöpfen, für die die Grundsätze der Unmittelbarkeit und Mündlichkeit gelten.

§ 453 Abs. 1 Satz 2 StPO sieht als Ausprägung des Grundsatzes des rechtlichen Gehörs vor, daß der Verurteilte vor der Entscheidung über den Widerruf zu hören ist. Die in das Ermessen des Widerrufsgerichtes gestellte Art und Weise der Beteiligung des Probanden erfolgt zumeist in schriftlicher Form. Zwar genügt die schriftliche Anhörung des Verurteilten den Mindestanforderungen des Art. 103 Abs. 1 GG; dem auch im Widerrufsverfahren Geltung beanspruchenden fundamentalen Rechtsgrundsatz des fairen, rechtsstaatlichen Verfahrens wird damit jedoch nur unzureichend Rechnung getragen. Da sich der Widerrufsbeschluß als urteilsähnliche Entscheidung darstellt, indem er die Vollstreckbarkeit des Strafausspruches anordnet, ist die Forderung legitim, das Widerrufsverfahren mit für den Verurteilten ähnlich stark ausgeprägten Verteidigungsrechten wie in der Hauptverhandlung auszustatten. Aus dem Grundsatz des fairen Verfahrens ergibt sich deshalb das Postulat einer mündlichen Anhörung des Verurteilten. Die Notwendigkeit dieser Anhörungsform ergibt sich zum einen daraus, daß gerade der anwaltlich nicht vertretene Verurteilte häufig kaum oder nur eingeschränkt in der Lage ist, die für einen für ihn positiven Abschluß des Widerrufsverfahrens relevanten Umstände vorzutragen. Zum anderen kann das über den Widerruf entscheidende Gericht die für einen Widerruf neben der Bejahung einer neuen Straftat noch zu stellende Negativprognose wesentlich zuverlässiger treffen, wenn es sich ein persönliches Bild von dem Verurteilten machen kann.
Gleiches gilt für die Überlegung, ob sich durch eine (Neu-) Gestaltung des Bewährungsprogrammes nach § 56f Abs. 2 StGB ein Widerruf (noch) vermeiden läßt.

Um das Verstehensdefizit des Verurteilten gegenüber den sonstigen am Widerrufsverfahren beteiligten rechtskundigen Verfahrenssubjekten zu kompensieren, empfiehlt es sich, die auch im Vollstreckungsverfahren mögliche Bestellung eines Pflichtverteidigers voll auszuschöpfen.

Ein weiteres schwerwiegendes Argument für die Notwendigkeit einer rechtskräftigen Verurteilung wegen der Nachtat vor dem Ausspruch des Widerrufs einer Bewährungsstrafe ergibt sich aus dem Prinzip der Unschuldsvermutung. Die Unschuldsvermutung als ein Hauptstandbein des rechtsstaatlichen Verfahrens verbietet, daß eine Gerichtsentscheidung zum Ausdruck bringt, daß ein Angeklagter schuldig ist, ohne daß zuvor der gesetzliche Nachweis seiner Schuld erbracht worden ist. Zwar geht es im Widerrufsverfahren nicht um die rechtsförmliche Feststellung der Schuld und wird in diesem Verfahren keine Verurteilung ausgesprochen; die Unschuldsvermutung ist jedoch immer dann tangiert, wenn strafrechtliche Sanktionsfolgen, wie sie mit dem Widerruf de facto verbunden sind, verhängt werden. Die Unschuldsvermutung ist deshalb immer dann verletzt, wenn das Widerrufsgericht von der Schuld des Verurteilten ausgeht, ohne daß zuvor der gesetzliche Schuldnachweis unter Einhaltung der vorgeschriebenen Verfahrensregeln, d.h. in einer Hauptverhandlung mit allen Verfahrensgarantien für den Angeklagten, erbracht worden ist.

Der Notwendigkeit einer rechtskräftigen Aburteilung der Widerrufsanlaßtat steht schließlich auch nicht die Möglichkeit entgegen, einen sich später als verfehlt herausstellenden Widerruf unter Anwendung der Wiederaufnahmevorschriften der §§ 359 ff. StPO zu beseitigen. Denn der Strafvollzug dürfte sich im Fall eines späteren Freispruches unter spezialpräventiven Gesichtspunkten regelmäßig als sinnlos erweisen.

II. Bindung des Widerrufsgerichtes an eine rechtskräftige Verurteilung wegen der neuen Straftat

Ist somit für den Widerruf der Strafaussetzung zur Bewährung immer eine rechtskräftige Verurteilung zu verlangen, so stellt sich die Frage, ob der Widerrufsrichter an dieses rechtskräftige Erkenntnis gebunden ist oder ob er gleichwohl einen beantragten Widerruf mit der Begründung ablehnen darf, der Verurteilte habe die Nachtat nicht begangen.

Das Zuwarten des Widerrufsrichters auf eine rechtskräftige Verurteilung wegen der Nachtat erscheint auf den ersten Blick nur dann sinnvoll, wenn eine Bindungswirkung des Widerrufsgerichtes an die rechtskräftige Feststellung der neuen

Straftat besteht. Eine solche Wirkung hätte zur Folge, daß sich die Prüfungskompetenz des Widerrufsgerichtes auf die übrigen Voraussetzungen für den Widerruf der Strafaussetzung zur Bewährung beschränken würde.
Ist das Widerrufsgericht dagegen nicht gebunden, kann es die Entscheidung des Prozeßgerichts überprüfen. War das erkennende Gericht zu der Überzeugung gelangt, daß der Verurteilte die neue Straftat begangen hat, und hatte es deswegen eine Strafe verhängt, so braucht sich das Widerrufsgericht daran nicht zu halten und kann gleichwohl einen beantragten Widerruf mit der Begründung ablehen, der Verurteilte habe die neue Tat nicht begangen.

Die Meinungen über eine derartige Bindungswirkung sind in Judikatur und Schrifttum geteilt[589].
Zu unterscheiden sind dabei zwei Fragestellungen:
Zum einen, ob das Widerrufsgericht seiner Widerrufsentscheidung im Fall einer rechtskräftigen Verurteilung die Begehung der Straftat zugrunde legen muß. Zum anderen ist zu fragen, ob es im umgekehrten Fall gezwungen ist, vom Nichtvorliegen einer strafbaren Handlung auszugehen, wenn insoweit bereits ein rechtskräftiger Freispruch ergangen ist.

Die zweite Frage ist leicht zu beantworten. Da nach dem in dieser Untersuchung erarbeiteten Ergebnis ein Widerruf eine rechtskräftige Verurteilung wegen der Nachtat zwingend voraussetzt, besteht im Fall eines Freispruches oder einer aus anderen Gründen erfolgten Nicht-Verurteilung zwangsläufig eine Bindungswirkung für das Widerrufsgericht. Die Prüfung der Widerrufsvoraussetzungen ist für das Widerrufsgericht in diesem Fall beendet.

Im ersten Fall stellt sich für das Widerrufsgericht das Problem, ob es sich sowohl an die rechtliche Bewertung der Tat als auch an die maßgeblichen Feststellungen des erkennenden Gerichts zu halten hat.

---

589 Für eine Bindungswirkung: OLG Hamm, GA 1957, 57 (zu § 25 Abs. 2 Nr.2 StGB a.F.); Schäfer, S. 59; Böckenhauer, S. 96 ff. (bezogen auf den Widerruf nach § 67g StGB).
Gegen eine Bindungswirkung haben sich ausgesprochen:
Stree, NStZ 1992, 153, 156 f.; Ruß, in LK, 10. Aufl., § 56f StGB, Rdn. 2a; Gribbohm, in LK, § 56f StGB, Rdn. 10; Lackner, § 56f StGB, Rdn. 3; OLG Düsseldorf, NStZ 1990, 541 = MDR 1990, 1133 (zu § 59b StGB ergangen); Horstkotte, in LK, § 67g StGB, Rdn. 20 (bezogen auf den Widerruf der Aussetzung einer Unterbringung); ebenso jetzt Dreher/Tröndle, § 56f StGB, Rdn. 3b (anders noch in der Vorauflage [45. Aufl.], § 56f StGB, Rdn. 3 b).

Gesetzliche Vorschriften, denen eine Bindung des Widerrufsgerichtes an eine rechtskräftige Verurteilung wegen einer neuen Straftat zu entnehmen ist, existieren nicht[590].
Für eine Bindung könnte der Gedanke der Rechtssicherheit sprechen. Hinzu kommt, daß bei dem Verurteilten - berechtigte - Zweifel darüber aufkommen könnten, ob die ausgesprochene Verurteilung zu Recht erfolgt ist, wenn nunmehr ein anderes Gericht zu einer anderen Überzeugung wegen des Tatvorwurfs gelangt. Darüber hinaus besteht die Gefahr, daß das Widerrufsgericht Befugnisse ausüben könnte, die nur dem Rechtsmittelgericht zustehen.
Andererseits kann aber gerade das Gerechtigkeitserfordernis dem Widerrufsgericht nahelegen, seiner Entscheidung nicht das von ihm für falsch gehaltene Erkenntnis zugrunde zu legen. Wie fragwürdig eine Bindung an ein rechtskräftiges Urteil sein kann, machen unterschiedliche Rechtsauffassungen deutlich. Ist beispielsweise eine rechtskräftige Verurteilung auf eine Rechtsansicht gestützt, die im Schrifttum kritisiert wird und zu der auch der BGH kurz nach Erlaß des Urteils eine abweichende Meinung vertritt, die einen Freispruch zur Folge gehabt hätte, so würde es der Gerechtigkeit zuwiderlaufen, wenn das Widerrufsgericht gezwungen wäre, sich nach der rechtskräftigen Entscheidung zu richten, obwohl es selbst die Gegenauffassung vertritt[591].

Ähnliche Bedenken, die allerdings wegen der deutlich besseren Erkenntnismöglichkeiten des erkennenden Gerichts seltener zum Tragen kommen dürften, gelten hinsichtlich der tatsächlichen Feststellungen, auf denen die Verurteilung beruht.
Ist das Widerrufsgericht zu der Erkenntnis gelangt, daß es z.B. an hinreichenden Beweisen für eine Straftat fehlt, so ist es mit dem Gerechtigkeitspostulat unvereinbar, wenn es gleichwohl die neue Straftat bejahen und bei Vorliegen der übrigen Widerrufsvoraussetzungen den Widerruf aussprechen müßte. Ein Widerstreit zwischen Rechtssicherheitsinteressen auf der einen und Gerechtigkeitsbelangen auf der anderen Seite ist zugunsten des Gerechtigkeitsinteresses zu lösen. Das Widerrufsgericht darf nur dann widerrufen, wenn es selbst vom Vorliegen des Widerrufsgrundes überzeugt ist, wozu insbesondere auch gehört, daß es selbst von der Begehung der neuen Straftat überzeugt ist.

---

590 Eine gesetzlich angeordnete Bindungswirkung besteht nur im Fall des § 190 StGB.

591 Beispiel nach Stree, NStZ 1992, 153, 157.

III. Entscheidungskonzentration auf das erkennende Gericht

Ist also eine rechtskräftige Verurteilung wegen der Anlaßtat zu verlangen, bevor die Strafaussetzung zur Bewährung widerrufen werden kann, so folgt daraus zwangsläufig, daß das Gericht, das über den Widerruf zu befinden hat, mit der Widerrufsentscheidung zuwarten muß, bis die Verurteilung wegen der neuen Tat rechtskräftig wird. Dies bedeutet, daß mit der Widerrufsentscheidung unter Umständen - falls der Verurteilte Rechtsmittel gegen die neue Verurteilung einlegt - längere Zeit gewartet werden muß und sich damit der Abschluß des Widerrufsverfahrens erheblich verzögern kann. Hinzu kommt - da eine Bindung des Widerrufsgerichts an ein verurteilendes Erkenntnis zu verneinen ist -, daß das Widerrufsgericht auch nach rechtskräftigem Abschluß des Erkenntnisverfahrens bezüglich der Nachtat nicht daran gehindert ist, einen Widerruf mit der Begründung, es sei von der Begehung der neuen Tat nicht überzeugt, abzulehnen.

Um diese möglichen negativen Auswirkungen und um eine aufwendige Doppelbefassung zweier unterschiedlicher Gerichte - Hauptverhandlung vor dem erkennenden Gericht wegen der neuen Tat, hauptverhandlungsähnliches Verfahren vor dem für den Widerruf zuständigen Gericht - zu vermeiden, empfiehlt sich de lege ferenda eine Kompetenzverlagerung für die Widerrufsentscheidung auf das Gericht, das über die neue Straftat zu befinden hat[592]. Ein Optimum an Rechtsstaatlichkeit würde gewährleistet; die Praktikabilität einer solchen Entscheidungskonzentration beweisen die in anderen europäischen Ländern gesammelten Erfahrungen[593].

Verfahrenstechnisch bietet es sich an, daß das auch für die Widerrufsentscheidung zuständige - erkennende - Gericht die im Hinblick auf die ausgesetzte Strafe zu treffenden Bewährungsentscheidungen (Widerruf, Straferlaß, Maßnahmen nach § 56f Abs. 2 StGB) auf der Basis des Ergebnisses der in der Hauptverhandlung wegen der Nachtat durchgeführten Beweisaufnahme im Anschluß an das Urteil bezüglich der neuen Tat durch gesondert zu verkündenden Beschluß trifft.

Eine derartige sachliche und zeitliche Konzentration der Entscheidungen über den Widerruf und über die neue Straftat auf das erkennende Gericht bietet zudem den

---

592 Die Idee einer Kompetenzverschiebung ist nicht neu. Bereits in der 42. Sitzung des Sonderausschusses für die Strafrechtsreform vom 7.12.1966 (Niederschrift über die 42. Sitzung des Sonderausschusses für die Strafrechtsreform, S. 779) wurde die Möglichkeit in Erwägung gezogen, daß der Richter, der die neue Tat abzuurteilen hat, auch über den Widerruf einer Strafaussetzung zur Bewährung entscheidet, wenn der Verurteilte in der Bewährungszeit eine neue Tat begeht.

593 Z.B. in der Schweiz, in Dänemark und in den Niederlanden.

Vorteil, daß ein Gericht eine einheitliche Kriminalitätsprognose im Hinblick auf die zur Bewährung ausgesetzte Tat und für die neue Straftat - sofern wegen dieser eine Strafaussetzung in Betracht kommt - stellen kann, wodurch widersprüchliche Entscheidungen vermieden werden können und die Transparenz der Entscheidung(en) für den Verurteilten verstärkt wird.

Desweiteren kann durch eine umfassende Persönlichkeitsbeurteilung unter Einbeziehung der "alten" und der "neuen" Straftat der der Widerrufsvermeidung dienenden Vorschrift des § 56f Abs. 2 StGB zu mehr Anerkennung verholfen werden. Schließlich werden durch eine Entscheidungskonzentration richterliche Ressourcen freigesetzt - ein gerade in Zeiten knapper staatlicher Haushaltsmittel positiver Nebeneffekt.

Wird gegen das verurteilende Erkenntnis ein Rechtsmittel eingelegt und verzögert sich dadurch der Eintritt der formellen und materiellen Rechtskraft, droht allerdings die Gefahr, daß der inzwischen rechtskräftig[594] gewordene Widerrufsbeschluß[595] vollstreckt wird und sich damit der Vollzug der zur Bewährung ausgesetzten Freiheitsstrafe doch noch als irreparabel verfehlt herausstellt, sofern der Verurteilte in der Berufungs- oder Revisionsinstanz freigesprochen wird. Um eine halbherzige Lösung der Problematik zu vermeiden, ist es geboten, die Vollstreckung eines rechtskräftig gewordenen Widerrufsbeschlusses in den Fällen, in denen der Verurteilte oder/und die Staatsanwaltschaft Rechtsmittel gegen das Urteil einlegt/einlegen, solange auszusetzen, bis eine rechtskräftige Entscheidung über die neue Tat vorliegt. Wird dann vom Obergericht die Verurteilung kassiert, so ist dem Widerrufsbeschluß die Grundlage entzogen. Die Widerrufsentscheidung ist durch

---

594 Der Widerruf der Strafaussetzung wird rechtskräftig, sofern nicht der Verurteilte innerhalb einer einwöchigen Frist (vgl. § 311 Abs. 2 StPO) sofortige Beschwerde einlegt, § 453 Abs. 2 Satz 3 StPO.

595 Sei es, daß gegen den Widerrufsbeschluß kein Rechtsmittel eingelegt wird, sei es, daß das Beschwerdegericht - zuständig für die Entscheidung über die sofortige Beschwerde ist bei Widerrufsbeschlüssen des AG das LG, bei Widerrufsbeschlüssen des LG das OLG und bei Widerrufsbeschlüssen des OLG der BGH, vgl. §§ 73 Abs. 1, 121 Abs. 1 Nr. 2, 135 Abs. 2 GVG - bereits über die sofortige Beschwerde entschieden hat, während das Berufungs- oder/und das Revisionsverfahren noch nicht zum Abschluß gelangt ist/sind, was wegen der unterschiedlichen Dauer eines Beschwerdeverfahrens einerseits und eines Berufungs- oder/und Revisionsverfahrens andererseits in der Regel der Fall sein dürfte.

Beschluß aufzuheben[596], die Vollstreckung der ausgesetzten Strafe darf nicht (mehr) erfolgen.

Bei der hier vorgeschlagenen Lösung wird nicht verkannt, daß von dem Zeitpunkt an, in dem der Verdacht entsteht, ein Verurteilter, dessen Strafe zur Bewährung ausgesetzt worden ist, könne eine neue Straftat begangen haben, bis zu dem Moment, in dem ein Widerruf der Strafaussetzung endgültig vollzogen werden kann, bedingt durch das Rechtsmittelsystem der StPO ein beträchtlicher Zeitraum liegen kann. Diese dem Suspensiveffekt immanente Konsequenz ist jedoch keine spezifische Erscheinung der hier vertretenen Lösung. Das zeigt sich in den sonstigen Fällen, in denen bereits zu Freiheitsstrafen verurteilte Personen bis zur endgültigen Ausschöpfung des Instanzenzuges vom Strafvollzug verschont bleiben[597].
Um gleichwohl die Zeitspanne von der Einleitung eines Widerrufsverfahrens bis zum Vollzug einer zur Bewährung ausgesetzten Strafe so knapp wie möglich zu halten, ist die Forderung zu stellen, daß - jedenfalls in den Fällen, in denen neben der Anfechtung eines verurteilenden Erkenntnisses zugleich der Widerruf einer gewährten Strafaussetzung ausgesprochen wurde - die Durchführung des Rechtsmittelverfahrens zu beschleunigen ist, nicht zuletzt durch eine Verbesserung des Justizapparates auf sächlichem und personellem Sektor.

596 Was voraussetzt, daß die Widerruflichkeit gesetzlich zugelassen wird, da die mit der sofortigen Beschwerde anfechtbaren Beschlüsse grundsätzlich mit ihrer Bekanntmachung unwiderruflich werden.

597 Sieht man einmal von der Möglichkeit der Anordnung der Untersuchungshaft zur Sicherung der Strafvollstreckung ab.

LITERATURVERZEICHNIS

Alsberg/Nüse/Meyer: Der Beweisantrag im Strafprozeß, 5. Aufl., Köln/Berlin/Bonn/München 1983.

Alternativ-Entwurf eines Strafgesetzbuches, Allgemeiner Teil, 2. Aufl., Tübingen 1969 (zitiert: Alternativentwurf).

Amelunxen: Strafaussetzung zur Bewährung durch den Richter, DRiZ 1953, 148.

Amtlicher Entwurf eines allgemeinen Deutschen Strafgesetzbuchs nebst Begründung (Reichsratsvorlage), Berlin 1925, Nachdruck Bonn 1954.

Appl, Ekkehard: Die strafschärfende Verwertung von nach §§ 154, 154a StPO eingestellten Nebendelikten und ausgeschiedenen Tatteilen bei der Strafzumessung, Frankfurt am Main/Bern/New York/Paris 1987.

Arndt, Adolf: Das rechtliche Gehör, NJW 1959, 6-8.

Baumann, Jürgen: Die Bedeutung des Artikels 2 GG für die Freiheitsbeschränkungen im Strafprozeß, in Festschrift für Eberhard Schmidt, Göttingen 1961, S. 525-550.

Baumann/Weber: Strafrecht, Allgemeiner Teil, 9. Aufl., Bielefeld 1985.

Baumbach/Lauterbach/Albers/Hartmann: Zivilprozeßordnung mit Gerichtsverfassungsgesetz und anderen Nebengesetzen, 50. Aufl., München 1992 (zitiert: Bearbeiter, in Baumbach/Lauterbach/Albers/Hartmann.

Baur, Fritz: Der Anspruch auf rechtliches Gehör, AcP 153 [1954], 393-412.

Baur, Fritz Rolf: Probleme der unbefristeten Unterbringung und der Entlassungsprognose bei psychisch kranken Tätern (§ 63 StGB), MDR 1990, 473-485.

Beneke, Bernhard: Das falsche Geständnis als Fehlerquelle im Strafverfahren unter kriminologischen, speziell kriminalpsychologischen Aspeken, Frankfurt am Main/Bern/New York/ Paris 1990.

Beulke, Werner: Anmerkung zum Beschluß des OLG Düsseldorf vom 14.12.1983, JR 1984, 509-511.

Bietz, Hermann: Empfiehlt sich eine erweiterte Strafaussetzung zur Bewährung? ZRP 1977, 62-67.

Binding, Karl: Grundriß des deutschen Strafrechts, Allgemeiner Teil, 8. Aufl., Leipzig 1913, Nachdruck 1975.

Bischofberger, Peter: Die Verfahrensgarantien der Europäischen Konvention zum Schutze der Menschenrechte und Grundfreiheiten (Art. 5 und 6) in ihrer Einwirkung auf das schweizerische Strafprozeßrecht, Diss. Zürich 1972.

Blösch, Wolfgang: Wann kann die Strafe nach dem Widerruf der Strafaussetzung vollstreckt werden? NJW 1963, 1296-1297.

Blumenstein, Thomas: Anmerkung zum Beschluß des OLG Düsseldorf vom 13.6.1991, NStZ 1992, 132-133.

Bockelmann/Volk: Strafrecht, Allgemeiner Teil, 4. Aufl., München 1987.

Böckenhauer, Michael: Der Widerruf der Aussetzung der Vollstreckung der freiheitsentziehenden Maßregeln der Besserung und Sicherung nach § 67g StGB, Diss. Kiel 1985.

Boetticher, Axel: Zum Widerruf der Strafaussetzung zur Bewährung, NStZ 1991, 1-6.

Brunner, Rudolf: Jugendgerichtsgesetz, Kommentar, 9. Aufl., Berlin/New York 1991.

ders.: Anmerkung zum Beschluß des LG Osnabrück vom 12.6.1991, NStZ 1991, 534-535.

Bruns, Hans-Jürgen: Die Strafaussetzung zur Bewährung, GA 1956, 193-240.

ders.: Strafzumessungsrecht, 2. Aufl., Köln/Berlin/Bonn/München 1974 (zitiert: Bruns, Strafzumessungsrecht).

ders.: Leitfaden des Strafzumessungsrechts, Köln/Berlin/Bonn/München 1980 (zitiert: Bruns, Leitfaden).

ders.: Prozessuale "Strafzumessungsverbote" für nicht mitangeklagte oder wieder ausgeschiedene strafbare Vor- und Nachtaten? NStZ 1981, 81-86.

ders.: Anmerkung zum Urteil des BGH vom 20.8.1982, StV 1983, 15-17.

Bublies, Werner: Die Aussetzung des Restes der Ersatzfreiheitsstrafe, Berlin 1989.

Burmann, Michael: Zur Parallelität vorläufiger Freiheitsentziehungen im Erkenntnisverfahren und im Widerrufsverfahren, StV 1986, 80-83.

v. Caemmerer, Dora: Probation. Aufbau und Praxis des englischen Systems der Bewährungshilfe, München/Düsseldorf 1952.

Dahs/Feigen: Offizialverteidigung auch im Strafvollstreckungsverfahren? NStZ 1984, 66-67.

Dencker, Friedrich: Zum Geständnis im Straf- und Strafprozeßrecht, ZStW 102 [1990], 51-79.

Dölling, Dieter: Die Verlängerung der Bewährungszeit nach § 56f II StGB, NStZ 1989, 345-348.

ders.: Der Täter - Opfer- Ausgleich, JZ 1992, 493-499.

ders.: Die Weiterentwicklung der Sanktionen ohne Freiheitsentzug im deutschen Strafrecht, ZStW 104 [1992], 259-289.

Dörr, Dieter: Faires Verfahren, Kehl am Rhein/Straßburg 1984.

Dreher, Eduard: Anmerkung zum Beschluß des OLG Köln vom 22.1.1963, MDR 1964, 75-77.

ders.: Anmerkung zum Beschluß des OLG Braunschweig vom 8.2.1964 und zum Beschluß des OLG Stuttgart vom 2.3.1964, NJW 1964, 1581-1583.

Dreher-Maassen: Strafgesetzbuch mit Erläuterungen und den wichtigsten Nebengesetzen, München und Berlin 1954.

Dreher/Tröndle: Strafgesetzbuch und Nebengesetze, 46. Aufl., München 1993.

Dünkel, Frieder: Rechtliche, rechtsvergleichende und kriminologische Probleme der Strafaussetzung zur Bewährung, ZStW 95 [1983], 1039-1075.

Echterhölter: Rudolf, Die Europäische Menschenrechtskonvention im Rahmen der verfassungsmäßigen Ordnung, JZ 1955, 689-693.

Eisenberg, Ulrich: Jugendgerichtsgesetz mit Erläuterungen, 4. Aufl., München 1991.

ders.: Anmerkung zum Beschluß des BVerfG vom 3.6.1992, JZ 1992, 1188-1191.

Eisenberg/Ohder: Aussetzung des Strafrestes zur Bewährung, Berlin/New York 1987.

Elf, Renate: Die Relativierung der lebenslangen Freiheitsstrafe für Mord durch die rechtsgestaltende Wirkung der Rechtsprechung des BVerfG und der Strafgerichte, NStZ 1992, 468-470.

Engel, Erwin: Zuständigkeit und Stellung des Staatsanwalts im Verfahren zur Bewährungsüberwachung, NStZ 1987, 110-112.

Eyrich, Heinz: Gedanken zur Bewährungs- und Straffälligenhilfe in Europa, in Festschrift für Kurt Rebmann, München 1989, S. 181-198.

Feltes, Thomas: Strafaussetzung zur Bewährung bei freiheitsentziehenden Strafen von mehr als einem Jahr, Heidelberg 1982.

Frank, Ulrich: Der Widerruf der Strafaussetzung zur Bewährung und der Widerruf der Aussetzung des Strafrestes, MDR 1982, 353-361.

Frisch, Wolfgang: Prognoseentscheidungen im Strafrecht, Heidelberg/Hamburg 1983.

Frister, Helmut: Schuldprinzip, Verbot der Verdachtsstrafe und Unschuldsvermutung als materielle Grundprinzipien des Strafrechts, Berlin 1988.

Frowein, Jochen: Zur Bedeutung der Unschuldsvermutung in Art. 6 Abs. 2 der Europäischen Menschenrechtskonvention, in Festschrift für Hans Huber, Bern 1981, S. 553-562.

Frowein/Peukert: Europäische Menschenrechtskonvention, EMRK-Kommentar, Kehl am Rhein/Straßburg/Arlington 1985.

Ganter, Hans Gerhard: Die Spruchpraxis der Europäischen Kommission für Menschenrechte auf dem Gebiet des Strafvollzuges, Bonn 1974.

Geerds, Friedrich: Anmerkung zum Beschluß des BGH vom 19.7.1968, JZ 1969, 341-343.

Geis, Max-Emanuel: Die pragmatische Sanktion der "verfassungskonformen Analogie": Kritische Anmerkung zur neuesten "Lebenslänglich-Entscheidung" des BVerfG, NJW 1992, 2938-2940.

Geppert, Klaus: Gedanken zur Rechtskraft und Beseitigung strafprozessualer Beschlüsse, GA 1972, 165-183.

ders.: Der Grundsatz der Unmittelbarkeit im deutschen Strafverfahren, Berlin/New York 1979.

ders.: Das Opportunitätsprinzip, Jura 1986, 309-319.

ders.: Zum "fair-trial-Prinzip" nach Art. 6 Abs. 1 Satz 1 der Europäischen Menschenrechtskonvention, Jura 1992, 597-604.

ders.: Grundlegendes und Aktuelles zur Unschuldsvermutung des Art. 6 Abs. 2 der Europ. Menschenrechtskonvention, Jura 1993, 160-165.

Goerlich, Helmut: Wiedereinsetzung und erster Zugang zu Gericht, NJW 1976, 1526-1529.

Gössel, Karl Heinz: Anmerkung zum Beschluß des OLG Düsseldorf vom 2.5.1991, JR 1992, 125-126.

Glofke, Christian: Widerruf von Strafaussetzungen? ZRP 1968, 35-36.

Greger, Reinhard: Das 23. Strafrechtsänderungsgesetz, JR 1986, 353-358.

Grethlein, Gerhard: Probleme der Strafaussetzung zur Bewährung und des Entzugs der Fahrerlaubnis, DAR 1957, 253-256.

Groth, Klaus-Ulrich: Anmerkung zum Beschluß des AG Lahn-Gießen vom 20.3.1979, MDR 1980, 595-597.

Grünhut, M.: Bedingte Verurteilung, ZStW 64 [1952], 127-155.

Guradze, Heinz: Die Europäische Menschenrechtskonvention, Kommentar, Berlin und Frankfurt am Main 1968.

Haberstroh, Dieter: Unschuldsvermutung und Rechtsfolgenausspruch, NStZ 1984, 289-295.

Hanack, Ernst-Walter: Rechtliches Gehör, Vollstreckbarkeit und Verhaftung beim Widerruf der Strafaussetzung zur Bewährung, JZ 1966, 43-52.

Hauser, Robert: Kurzlehrbuch des schweizerischen Strafprozeßrechts, 2. Aufl., Basel und Frankfurt am Main 1984.

Hauser/Rehberg: Schweizerisches Strafgesetzbuch, 11. Aufl., Zürich 1986.

Hein, Thomas: Verlängerung der Bewährungszeit nach deren Ablauf? NStZ 1983, 252-253.

Hellebrand, Johannes: Anmerkung zum Beschluß des OLG Düsseldorf vom 16.12.1988, StV 1989, 160-162.

Henrichs, Wilhelm: Änderung der ZPO durch die Konvention von Rom? MDR 1955, 140-143.

Herrmann, Joachim: Die Reform der deutschen Hauptverhandlung nach dem Vorbild des anglo-amerikanischen Strafverfahrens, Bonn 1971.

Heubel, Horst: Der "fair-trial" - ein Grundsatz des Strafverfahrens? Berlin 1981.

Hirsch, Hans Joachim: Wiedergutmachung des Schadens im Rahmen des materiellen Strafrechts, ZStW 102 [1990], 534-562.

Hohmann, Ralf: Anmerkung zum Beschluß des LG Hamburg vom 17.10.1990, NStZ 1991, 507-508.

Horn, Eckhard: Der Aussetzungswiderruf und das Absehen davon, JR 1981, 5-8.

ders.: Systematischer Leitsatz-Kommentar zum Sanktionenrecht [Loseblatt], Frankfurt am Main, ab 1983, Stand: 25. Lieferung 1993 (zitiert: Horn, in sLK).

ders.: "Vertrauensschutz" contra Aussetzungswiderruf? In Gedächtnisschrift für Hilde Kaufmann, Berlin/New York 1986, S. 545-555.

ders.: Wann beginnt die nach § 56f II StGB verlängerte Bewährungszeit? NStZ 1986, 356.

ders.: Anmerkung zum Beschluß des OLG Zweibrücken vom 9.4.1987, JR 1988, 31-32.

ders.: "Bewährungsstrafe": Bewährung, sonst Strafe, ZRP 1990, 81-82.

Horstkotte, Hartmuth: Der Allgemeine Teil des Strafgesetzbuches nach dem 1. September 1969, NJW 1969, 1601-1606.

Hübner, Claudia: Allgemeine Verfahrensgrundsätze, Fürsorgepflicht oder fair trial? Tübingen 1983.

Internationaler Kommentar zur Europäischen Menschenrechtskonvention [Loseblatt], Grundwerk 1986, Köln/Berlin/Bonn/München (zitiert: IntKommEMRK [Bearbeiter]).

Jagusch, Heinrich: Über die Strafaussetzung zur Bewährung (§§ 23-25 StGB), JZ 1953, 688-690.

Jescheck, Hans-Heinrich, [Hrsg.]: Die Freiheitsstrafe und ihre Surrogate im deutschen und ausländischen Recht, Baden-Baden 1983 (zitiert: Bearbeiter, in Jescheck).

ders.: Lehrbuch des Strafrechts, Allgemeiner Teil, 4. Aufl., Berlin 1988.

Junker: Über Gnadenwesen, insbesondere über den Beauftragten für Gnadensachen und über die bedingte Strafaussetzung (bedingten Straferlaß) durch die Gerichte, ZStW 63 [1951], 428-455.

Kanein, Werner: Ausländerrecht, 4. Aufl., München 1988.

Kanein/Renner: Ausländerrecht, 5. Aufl., München 1992.

Karlsruher Kommentar zur Strafprozeßordnung und zum Gerichtsverfassungsgesetz mit Einführungsgesetz, hrsg. von Gerd Pfeiffer, 3. Aufl., München 1993 (zitiert: Bearbeiter, in KK).

Katholnigg, Oskar: Zur Zuständigkeit der Staatsanwaltschaft in der Strafvollstreckung, NStZ 1982, 195-196.

Kaufmann, Armin: Die Strafaussetzung zur Bewährung und das Verbot der reformatio in peius, JZ 1958, 297-301.

Kleinknecht/Meyer-Goßner: Strafprozeßordnung, 41. Aufl., München 1993.

Klug, Ulrich: Das Verhältnis zwischen der Europäischen Menschenrechtskonvention und dem Grundgesetz, in Gedächtnisschrift für Hans Peters, Berlin/Heidelberg/New York 1967, S. 434-444.

Klussmann, Günther: Widerruf der Strafaussetzung wegen einer neuen Straftat bei mehreren Vorverurteilungen, NJW 1973, 685-687.

KMR, Kommentar zur Strafprozeßordnung [Loseblatt], neubearbeitet von Gerhard Fezer und Rainer Paulus, 8. Aufl., Neuwied 1993 (zitiert: Bearbeiter, in KMR).

Kober, Eva-Maria: Bewährungshilfe und Ursachen des Widerrufs, München 1986.

Koch, Hartmut: Verfahrensfehler beim Bewährungsbeschluß und Widerruf der Strafaussetzung zur Bewährung, NJW 1977, 419-422.

Köster, Rolf-Jürgen: Die Rechtsvermutung der Unschuld, Diss. Bonn 1979.

Kohlmann, Günter: Waffengleichheit im Strafprozeß? In Einheit und Vielfalt des Strafrechts, Festschrift für Karl Peters, Tübingen 1974, S. 311-321.

Kratzsch, Dietrich: Verstoß gegen Auflagen oder Weisungen - selbständiger Grund für den Widerruf einer Strafaussetzung? JR 1972, 369-374.

Krause, Dietmar: Widerruf der Strafaussetzung zur Bewährung bei unbekanntem Aufenthalt des Verurteilten, NJW 1977, 2249-2250.

Krauß, Detlef: Der Grundsatz der Unschuldsvermutung im Strafverfahren, in Strafrechtsdogmatik und Kriminalpolitik, hrsg. von Heinz Müller-Dietz, Köln/Berlin/Bonn/München 1971, S. 153-178 (zitiert: Krauß, in Strafrechtsdogmatik).

Krey, Volker: Zur Einschränkung des Notwehrrechts bei der Verteidigung von Sachgütern, JZ 1979, 702-715.

Kühl, Kristian: Zur Beurteilung der Unschuldsvermutung bei Einstellungen und Kostenentscheidungen, JR 1978, 94-100.

ders.: Haftentschädigung und Unschuldsvermutung, NJW 1980, 806-810.

ders.: Unschuldsvermutung, Freispruch und Einstellung, Köln/Berlin/Bonn/München 1983 (zitiert: Kühl, Unschuldsvermutung).

ders.: Rückschlag für die Unschuldsvermutung aus Straßburg, NJW 1988, 3233-3239.

Kühne, Hans-Heiner: Strafprozeßlehre, 4. Aufl., Heidelberg 1993.

Kuhlmann, Goetz-Joachim: Ausschließung und Ablehnung des Staatsanwalts, DRiZ 1976, 11-16.

Kunert, Franz: Der zweite Abschnitt der Strafrechtsreform. Die wichtigsten Änderungen des StGB zum 1.4.1970, NJW 1970, 537-545.

Kunert, Karl Heinz: Kurze Freiheitsstrafe und Strafaussetzung zur Bewährung nach den Vorschriften des Ersten Gesetzes zur Reform des Strafrechts, MDR 1969, 705-712.

ders.: Gerichtliche Aussetzung des Restes der lebenslangen Freiheitsstrafe kraft Gesetzes, NStZ 1982, 89-96.

Kusch, Roger: Anmerkung zum Beschluß des OLG Oldenburg vom 12.6.1987, NStZ 1988, 502-503.

Lackner, Karl: Die Strafaussetzung und die bedingte Entlassung, JZ 1953, 428-432.

ders.: Strafgesetzbuch mit Erläuterungen, 20. Aufl., München 1993.

Larenz, Karl: Methodenlehre der Rechtswissenschaft, 6. Aufl., Berlin/ Heidelberg/New York/Tokyo 1991.

Leibholz/Rinck/Hesselberger: Grundgesetz für die Bundesrepublik Deutschland. Kommentar an Hand der Rechtsprechung des Bundesverfassungsgerichts [Loseblatt], 7. Aufl., Band II, Köln 1993.

Leipziger Kommentar: Strafgesetzbuch, Großkommentar, hrsg. von Heinrich Jagusch und Edmund Mezger, 8. Aufl., Berlin 1957-1958 (zitiert: Bearbeiter, in LK, 8. Aufl.).

ders.: Strafgesetzbuch, Großkommentar, hrsg. von Hans-Heinrich Jescheck, Wolfgang Ruß und Günther Willms, 10. Aufl., Berlin/New York 1985-1989 (zitiert: Bearbeiter, in LK, 10. Aufl.).

ders.: Strafgesetzbuch, Großkommentar, hrsg. von Burkhard Jähnke, Heinrich Wilhelm Laufhütte, Walter Odersky, 11. Aufl., Berlin/New York, ab 1992 (zitiert: Bearbeiter, in LK).

Lemke, Michael: Gegenvorstellungen gegen rechtskräftige, die Strafaussetzung widerrufende Beschlüsse, ZRP 1978, 281-284.

Liemersdorf/Miebach: Strafprozessuale Kostenentscheidungen im Widerspruch zur Unschuldsvermutung, NJW 1980, 371-376.

v. Liszt/Eb. Schmidt: Lehrbuch des Deutschen Strafrechts, 25. Aufl., Berlin/Leipzig 1927.

Löwe-Rosenberg: Die Strafprozeßordnung und das Gerichtsverfassungsgesetz, Großkommentar, 21. Aufl., Berlin 1963-1967 (zitiert: Bearbeiter, in LR, 21. Aufl.).

dies.: Die Strafprozeßordnung und das Gerichtsverfassungsgesetz, Großkommentar, 24. Aufl., Berlin/New York, ab 1984 (zitiert: Bearbeiter, in LR).

Lorenz, Max: Die bedingte Verurteilung und die bedingte Entlassung, JR 1949, 393-401.

Maatz, Kurt Rüdiger: Die Verlängerung der Bewährungszeit anstelle des Widerrufs nach der Neufassung von § 56f Abs. 2 StGB durch das 23. Strafrechtsänderungsgesetz, MDR 1988, 1017-1020.

Marxen, Klaus: Medienfreiheit und Unschuldsvermutung, GA 1980, 365-381.

Maunz/Dürig: Grundgesetz, Kommentar [Loseblatt], Stand: München 1993 (zitiert: Bearbeiter, in Maunz/Dürig).

Maurach/Gössel/Zipf: Strafrecht, Allgemeiner Teil, Teilband 2, 7. Aufl., Heidelberg 1989.

Meier, Joachim: Zur gegenwärtigen Behandlung des "Lebenslänglich" beim Mord, Diss. Bochum 1989.

Meister, H.-G.: Mängel der neuen §§ 23 ff. StGB, DRiZ 1953, 218-219.

Merkel, A.: Lehrbuch des Deutschen Strafrechts, Stuttgart 1889.

Meurer, Dieter: Strafaussetzung durch Strafzumessung bei lebenslanger Freiheitsstrafe, JR 1992, 441-450.

Meyer, Karlheinz: Grenzen der Unschuldsvermutung, in Festschrift für Herbert Tröndle, Berlin/New York 1989, S. 61-75.

Meyer, Klaus: Strafaussetzung - Bewährung - Bewährungshilfe, Bonn 1963.

Molketin, Rüdiger: Zur Verteidigung der Rechtsordung bei folgenschweren Trunkenheitsfahrten, NZV 1990, 289-298.

Moos, Ruth: Das Geständnis im Strafverfahren und in der Strafzumessung, Diss. Göttingen 1983.

Mosler, Hermann: Das Völkerrecht in der Praxis der deutschen Gerichte, Karlsruhe 1957.

Mrozynski, Peter: Die Wirkung der Unschuldsvermutung auf spezialpräventive Zwecke des Strafrechts, JZ 1978, 255-262.

ders.: Zur Problematik strafrechtlicher Weisungen, JR 1983, 397-403.

Müller, Egon: Der Grundsatz der Waffengleichheit im Strafverfahren, NJW 1976, 1063-1067.

ders.: Einige Bemerkungen zur Bedeutung der Europäischen Menschenrechtskonvention für das Ermittlungsverfahren in der Bundesrepublik Deutschland, in Strafverteidigung und Strafprozeß, Festgabe für Ludwig Koch, Heidelberg 1989, S. 191-197.

Müller-Dietz, Heinz: Die Stellung des Beschuldigten im Strafprozeß, ZStW 93 [1981], 1177-1270.

Müller-Emmert/Friedrich: Die Strafrechtsreform. Das Zweite Gesetz zur Reform des Strafrechts (2. StrRG) vom 4.7.1969, DRiZ 1969, 273-278.

v. Münch, Ingo, [Hrsg.]: Grundgesetz - Kommentar, Band 3, Art. 70 - Art. 146, 2. Aufl., München 1983 (zitiert: Bearbeiter, in v. Münch).

Mysegades, Hinnerk: Zur Problematik der Strafrestaussetzung bei lebenslanger Freiheitsstrafe, Frankfurt am Main/Bern/New York/Paris 1988.

Nagler, Johannes: Die Strafe, Leipzig 1918, Neudruck 1970.

Niemöller/Schuppert: Die Rechtsprechung des Bundesverfassungsgerichts zum Strafverfahrensrecht, AöR 107 [1982], 387-498.

Oske, Ernst-Jürgen: Formelle Rechtsfragen zum Widerruf der Strafaussetzung (§ 25 Abs. 2 StGB), MDR 1966, 290-293.

Ostendorf, Heribert: Bewährung ohne Freiheitsstrafe - eine Falltür im Jugendstrafrecht? NJW 1981, 378-383.

ders.: Kommentar zum Jugendgerichtsgesetz (Reihe Alternativkommentare), Neuwied/Darmstadt 1987 (zitiert: Ostendorf, AK-JGG).

ders.: Unschuldsvermutung und Bewährungswiderruf, Anmerkung zu der gegen die Bundesrepublik Deutschland gerichteten Individualbeschwerde vor der Europäischen Kommission für Menschenrechte, StV 1990, 230-232.

ders.: Bewährungswiderruf bei eingestandenen, aber nicht rechtskräftig verurteilten neuen Straftaten? StV 1992, 288-292.

Pahr, Willibald P.: Der Verfassungsrang der Europäischen Menschenrechtskonvention in Österreich, EuGRZ 1975, 576-577.

Peters, Karl: Fehlerquellen im Strafprozeß, Band 2, Karlsruhe 1972 (zitiert: Peters, Fehlerquellen).

ders.: Fehlurteil, in Handwörterbuch der Kriminologie, 2. Aufl., Ergänzungsband, Berlin/New York 1979, S. 259-272 (zitiert: Peters, Fehlurteil).

ders.: Strafprozeß, 4. Aufl., Heidelberg 1985 (zitiert: Peters, Strafprozeß).

Peukert, Wolfgang: Die Garantie des "fair trial" in der Straßburger Rechtsprechung, EuGRZ 1980, 247-269.

Pöpperl, Peter: Anmerkung zum Beschluß des OLG Bamberg vom 5.7.1984, NStZ 1985, 39.

Pohlmann: Anmerkung zum Beschluß des LG Essen vom 30.1.1961, RPfl. 1961, 435-436.

Preiser, Wolfgang: Das öffentliche Interesse an der Strafvollstreckung (§ 23 Abs. 3 Ziff. 1 StGB), NJW 1956, 1009-1014.

ders.: Zwei Grundfragen der Strafaussetzung zur Bewährung, NJW 1956, 1221-1224.

Revel, Ute: Anwendungsprobleme der Schuldschwereklausel des § 57a StGB, Köln/Berlin/Bonn/München 1989.

Röhl, Hellmut: Das rechtliche Gehör, NJW 1964, 273-279.

Roxin, Claus: Strafverfahrensrecht, 22. Aufl., München 1991.

Rüping, Hinrich: Der Grundsatz des rechtlichen Gehörs und seine Bedeutung im Strafverfahren, Berlin 1976.

ders.: Der Schutz der Menschenrechte im Strafverfahren - Wesentliche Erfordernisse eines gerechten Strafverfahrens -, ZStW 91 [1979], 351-363.

Sandermann, Almut: "Waffengleichheit" im Strafprozeß, Diss. Köln 1975.

Sax, Walter: Grundsätze der Strafrechtspflege, in Die Grundrechte. Handbuch der Theorie und Praxis der Grundrechte, hrsg. v. Karl August Bettermann/ Hans Carl Nipperdey/Ulrich Scheuner, Dritter Band, 2. Halbband, Berlin 1959, S. 909-1014 (zitiert: Sax, in Grundrechte).

Schäfer, Gerhard: Praxis der Strafzumessung, München 1990.

Schätzler, Johann-Georg: Handbuch des Gnadenrechts, 2. Aufl., München 1992.

Schall, Hero: Der rechtskräftige Widerruf der Strafaussetzung zur Bewährung im Spannungsfeld von Prozeß- und Sanktionenrecht, in Festschrift für Walter Stree und Johannes Wessels, Heidelberg 1993, S. 735-752.

Schlothauer, Reinhold: Gerichtliche Hinweispflichten in der Hauptverhandlung, StV 1986, 213-228.

Schlüchter, Ellen: Das Strafverfahren, 2. Aufl., Köln/Berlin/Bonn/München 1983.

Schmid, Bernhard: Rang und Geltung der Europäischen Konvention zum Schutze der Menschenrechte und Grundfreiheiten vom 3. November 1950 in den Vertragsstaaten, Diss. Basel und Frankfurt am Main 1984.

Schmidt, Eberhard: Einführung in die Geschichte der deutschen Strafrechtspflege, 3. Aufl., Göttingen 1965 (zitiert: Eb. Schmidt, Einführung).

ders.: Lehrkommentar zur Strafprozeßordnung und zum Gerichtsverfassungsgesetz. Nachträge und Ergänzungen zu Teil II [Strafprozeßordnung], Nachtragsband I [StPO], Göttingen 1967 (zitiert: Eb. Schmidt, Lehrkommentar).

Schmidt, Roland: Das Zusammentreffen von lebenslanger mit weiteren Freiheitsstrafen - Zugleich ein Beitrag zur Schuldschwereklausel des § 57a Abs. 1 Satz 1 Ziff. 2 StGB, Diss. Kiel 1986.

Schmidt-Hieber, Werner: Ausgleich statt Geldstrafe, NJW 1992, 2001-2004.

Schneble: Zum Widerruf der Strafaussetzung bei erneuter Verurteilung, SchlHA 1955, 327-328.

Schneider, Gerhard: Anmerkungen zum Begnadigungsrecht, MDR 1991, 101-104.

Schöch, Heinz: Anmerkung zum Beschluß des OLG Schleswig vom 16.1.1980, JR 1981, 164-166.

ders.: Bewährungshilfe und Führungsaufsicht in der Strafrechtspflege, NStZ 1992, 364-372.

ders.: Empfehlen sich Änderungen und Ergänzungen bei den strafrechtlichen Sanktionen ohne Freiheitsentzug? Gutachten C zum 59. Deutschen Juristentag, Hannover 1992.

Schönke/Schröder: Strafgesetzbuch, Kommentar, 7. Aufl., München und Berlin 1954 (zitiert: Bearbeiter, in Schönke/Schröder, 7. Aufl.).

dies.: Strafgesetzbuch, Kommentar, 24. Aufl., München 1991 (zitiert: Bearbeiter, in Schönke/Schröder).

Schorn, Hubert: Die Europäische Konvention zum Schutze der Menschenrechte und Grundfreiheiten und ihr Zusatzprotokoll in Einwirkung auf das deutsche Recht, Text und Kommentar, Frankfurt am Main 1965.

Schrader, Henning: Der Widerruf der Strafaussetzung nach Ablauf der Bewährungsfrist (§§ 25, 25a StGB), NJW 1973, 1832-1834.

ders.: Die Verlängerung der Bewährungszeit (zum Verständnis des § 56f Abs. 2 StGB), MDR 1990, 391-394.

Schreiber, Hans-Ludwig: Besondere Umstände in der Tat und in der Persönlichkeit des Verurteilten, in Festschrift für Friedrich Schaffstein, Göttingen 1975, S. 275-291.

Schröder, Horst: Bedingte Verurteilung, NJW 1952, 6-10.

ders.: Zur Verteidigung der Rechtsordnung, JZ 1971, 241-244.

Schütz, Harald: Beiordnung eines Prozeßbevollmächtigten oder Bestellung eines Pflichtverteidigers in Verfahren nach §§ 56f, 57, 57a StGB? NStZ 1985, 347-348.

Schultz, Hans: Der Bedingte Strafvollzug nach dem Bundesgesetz vom 18. März 1971, Schweiz. Zs. f. Strafrecht 89 [1973], 52-79.

ders.: Einführung in den Allgemeinen Teil des Strafrechts, Zweiter Band, 4. Aufl., Bern 1982 (zitiert: Schultz, Einführung).

Schulze, Hans-Eugen: Die Anwendung von § 25 StGB, NJW 1957, 772-774.

Schumacher, Wilhelm: Die vorläufige Entlassung, Breslau-Neukirch 1934.

Schwerin, Götz: Unschuldsvermutung und der Widerruf einer Strafaussetzung zur Bewährung wegen einer neuen Straftat, SchlHA 1991, 205-207.

Spaniol, Margret: Das Recht auf Verteidigerbeistand im Grundgesetz und in der Europäischen Menschenrechtskonvention, Berlin 1990.

Statistisches Bundesamt, (Hrsg.): Rechtspflege, Fachserie 10, Reihe 3 Strafverfolgung, 1990.

Stenger, Carola: Gegebener und gebotener Einfluß der Europäischen Menschenrechtskonvention auf die Rechtsprechung der bundesdeutschen Strafgerichte, Pfaffenweiler 1991.

Stern, Klaus: Das Staatsrecht der Bundesrepublik Deutschland, Band I, 2. Aufl., München 1984.

Strasser, Wolfgang: Unschuldsvermutung, faires Verfahren und Verteidigungsrechte, EuGRZ 1992, 451-456.

Stratenwerth, Günter: Schweizerisches Strafrecht, Allgemeiner Teil II: Strafen und Maßnahmen, Bern 1989.

Stree, Walter: Deliktsfolgen und Grundgesetz, Tübingen 1960.

ders.: Anmerkung zum Urteil des BGH vom 24.3.1982, NStZ 1982, 327-328.

ders.: Probleme des Widerrufs einer Strafaussetzung wegen einer Straftat, NStZ 1992, 153-160.

ders.: Neue Probleme der Aussetzung einer lebenslangen Freiheitsstrafe, NStZ 1992, 464-468.

ders.: Anmerkung zum Beschluß des OLG Schleswig vom 31.3.1992, JR 1993, 39-41.

Streng, Franz: Strafrechtliche Sanktionen, Stuttgart/Berlin/Köln 1991.

Sturm, Richard: Die Strafrechtsreform. Zum Allgemeinen Teil des Strafgesetzbuches nach dem Ersten Gesetz zur Reform des Strafrechts, JZ 1970, 81-87.

Sydow, Karl-Heinz: Erfolg und Mißerfolg der Strafaussetzung zur Bewährung, Diss. Bonn 1963.

Systematischer Kommentar zum Strafgesetzbuch [Loseblatt], Band 1, Allgemeiner Teil, 6. Aufl., Neuwied/Kriftel/Berlin 1993 (zitiert: Bearbeiter, in SK).

Temming, D.: Die Revision gegen Urteile von DDR-Gerichten, NStZ 1992, 112-117.

Terhorst, Bruno: Eingestellte Nebendelikte und ihre Verwertung bei der Strafbemessung, MDR 1979, 17-19.

ders.: Anmerkung zum Urteil des BGH vom 16.3.1983, JR 1984, 170-171.

Tettinger, Peter J.: Fairneß und Waffengleichheit, München 1984.

Thomann, Roland: Das Vollstreckungs- und Vollzugsgericht, Stuttgart 1973.

Trechsel, Stefan: Schweizerisches Strafgesetzbuch, Kurzkommentar, Zürich 1989.

Vogler, Theo: Die Spruchpraxis der Europäischen Kommission und des Europäischen Gerichtshofs für Menschenrechte und ihre Bedeutung für das deutsche Straf- und Strafverfahrensrecht, ZStW 82 [1970], 743-781.

ders.: Straf- und strafverfahrensrechtliche Fragen in der Spruchpraxis der Europäischen Kommission und des Europäischen Gerichtshofs für Menschenrechte, ZStW 89 [1977], 761-795.

ders.: Die strafschärfende Verwertung strafbarer Vor- und Nachtaten bei der Strafzumessung und die Unschuldsvermutung (Art. 6 Abs. 2 EMRK), in Festschrift für Theodor Kleinknecht, München 1985, S. 429-443.

ders.: Anmerkung zum Urteil des BGH vom 30.10.1986, NStZ 1987, 127-130.

ders.: Zum Aussetzungswiderruf wegen einer neuen Straftat (§ 56f Abs. 1 Nr. 1 StGB), in Festschrift für Herbert Tröndle, Berlin/New York 1989, S. 423-438.

ders.: Die strafrechtlichen Konventionen des Europarats, Jura 1992, 586-593.

Vorschläge der DVJJ - Kommission zur Reform des Jugendkriminalrechts, DVJJ-Journal 1-2/1992, 4-39.

Walter/Geiter/Fischer: Halbstrafenaussetzung - ein ungenutztes Institut zur Verringerung des Freiheitsentzugs, NStZ 1989, 405-417.

dies.: Halbstrafenaussetzung - Einsatzmöglichkeiten dieses Instituts zur Verringerung des Freiheitsentzugs, NStZ 1990, 16-24.

Wegener, Manfred: Die mündliche Anhörung des Verurteilten vor der Strafvollstreckungskammer, MDR 1981, 617-621.

Weigend, Thomas: Die kurze Freiheitsstrafe - eine Sanktion mit Zukunft? JZ 1986, 260-269.

ders.: Sanktionen ohne Freiheitsentzug, GA 1992, 345-367.

Wendisch, Günter: Anmerkung zum Beschluß des OLG Düsseldorf vom 11.2.1988, JR 1989, 168-169.

ders.: Anmerkung zum Beschluß des OLG Düsseldorf vom 2.5.1991, JR 1992, 126-127.

Wendt, Peter: Zur Frage der innerstaatlichen Geltung und Wirkung der Europäischen Konvention zum Schutze der Menschenrechte, MDR 1955, 658.

Wetterich/Hamann: Handbuch der Rechtspraxis, Band 9, Strafvollstreckung, 4. Aufl., München 1989.

Wiener Kommentar zum Strafgesetzbuch, hrsg. von Egmont Foregger, Friedrich Nowakowski, 7. Lieferung §§ 43-56 StGB, Wien 1980 (zitiert: Bearbeiter, in Wiener Kommentar).

Wittig, Klaus: Die Praxis der Strafaussetzung zur Bewährung bei Erwachsenen, Diss. Göttingen 1969.

Zieschang, Frank: Das Sanktionensystem in der Reform des französischen Strafrechts im Vergleich mit dem deutschen Strafrecht, Berlin 1992.

Zipf, Heinz: Anmerkung zum Beschluß des OLG Hamburg vom 22.12.1978, JR 1979, 380-381.

Zugehör, Horst: Die Strafaussetzung zur Bewährung in der Praxis, Diss. Bonn 1964.

Kolibri 360 GmbH
Ferdinand-Jühlke-Straße 7
99095 Erfurt, Deutschland
produktsicherheit@kolibri360.de